当代交通运输领域经典译丛

Illustrated Guide to Intermodal Transport by Land in the United States (3rd Edition)
美国陆路多式联运操作实务

[美] Malcolm Newbourne 著

孙 铭 王建伟 武 斌 译

人民交通出版社股份有限公司
China Communications Press Co.,Ltd.

内容提要

本书是一本从卡车承运人视角对卡车运输公司多式联运业务开展进行系统介绍的实操性专业读物。书中对多式联运业务所涉及的各个环节进行了详细描述，内容包括：卡车承运人与铁路公司以及船公司之间合作时所涉及的协议、地点、装备；卡车承运人多式联运装备的使用与配置；政府对多式联运业务中卡车承运人的监管，以及多式联运业务中给卡车承运人提供业务的托运代理人、经纪人等的监管。

本书有助于读者了解和学习多式联运实务，可供对多式联运行业感兴趣的实际工作者、管理人员以及相关专业的大专院校师生参考使用。

图书在版编目（CIP）数据

美国陆路多式联运操作实务 / 孙铭，王建伟，武斌译.—北京：人民交通出版社股份有限公司，2018.6
ISBN 978-7-114-14712-8

Ⅰ.①美… Ⅱ.①孙…②王…③武… Ⅲ.①陆路运输—多式联运—研究—美国 Ⅳ.①F547.12

中国版本图书馆 CIP 数据核字（2018）第 099685 号

著作权合同登记号：01-2018-4477

书　　名：	美国陆路多式联运操作实务
著 作 者：	Malcolm Newbourne
译　　者：	孙　铭　王建伟　武　斌
责任编辑：	曹　静
责任校对：	孙国靖
责任印制：	张　凯
出版发行：	人民交通出版社股份有限公司
地　　址：	（100011）北京市朝阳区安定门外外馆斜街3号
网　　址：	http://www.ccpress.com.cn
销售电话：	（010）59757973
总 经 销：	人民交通出版社股份有限公司发行部
经　　销：	各地新华书店
印　　刷：	北京市密东印刷有限公司
开　　本：	787×1092　1/16
印　　张：	12.25
字　　数：	281千
版　　次：	2018年6月　第1版
印　　次：	2018年6月　第1次印刷
书　　号：	ISBN 978-7-114-14712-8
定　　价：	36.00元

（有印刷、装订质量问题的图书由本公司负责调换）

序

我与马尔克姆·纽波恩相识已30年有余。在我担任一家运输贸易杂志的编辑期间,马尔(译者注:马尔克姆·纽波恩的简称)作为一家大型承运人公司的经理,前来投稿,这便促成了我们的首次相识。

马尔特别擅长阐述,表达能力很强,以至于我甚至相信他在前世是一名杰出的教师。30多年来,作为朋友和领导(我在马尔手下工作了短暂的一段时间,那是我第一次真正从事运输领域的工作,而之前仅是一名贸易记者),马尔教给我许多运输和物流的基础知识。

据我40年来的行业经验,马尔不仅善于传道授业,他还是我所见过最杰出、知识最渊博的运输/物流技术人员。我们初识之后,我也在此领域获得了一定的地位和名望,但其大部分都归功于马尔的教导。直到如今,每当工作中遇到新的难题时,我就会咨询马尔,而他总会为我将问题解释清楚。

马尔几乎熟知运输和物流领域的所有方面,知识面之广泛令人惊叹。据我所知,马尔在多式联运领域更是独一无二的权威。马尔作为承运人成功经营自己的多式联运公司近20年,经验丰富。在运营和管理上,若有他不懂的地方,那一定是不重要的方面。这本著作不仅呈现了马尔所积累的知识,还为那些不熟悉该领域的读者(正如年轻时身为杂志编辑的我)提供一个全面的介绍,这也是此书的重要之处。

由于我的语言功底或许对他有所帮助,马尔在物流领域精湛的知识与广泛的经验深刻地影响着我。不论我是否可以居功,我坚信这本著作对于或多或少投身于多式联运的读者们非常重要。

此著作是马尔的经典之作,将会在我的职业生涯中长久地占有重要地位。在多式联运行业繁荣发展的背景下,这本书对于读者而言,既是一个基础知识的宝库,也是提供解决方案的锦囊。

科林·巴雷特
2002年4月

前　言

　　本书适用于对多式联运行业感兴趣的普通读者和科研人员，旨在介绍行业操作流程以及多式联运中承运人部分的背景知识。全书视角鲜明，以笔者的从业经验和背景知识出发进行详述。

　　通常人们在结束自己职业生涯的时候，带走了积累多年的宝贵知识或技能，却未留下文字记录与后人分享，实属遗憾。为避免这种情况发生，我坚持记录工作中的所得。我的职业为我提供了广泛的学习平台，所学的知识和技能在运输行业大有用处。现已完成三本专著，本书是第四本。

　　在从事技术性较强的领域时，特别需要了解相关背景知识，但这并非意味着运输领域充斥着大量的数学公式和结论，而是指有些方面包含了不易理解、基于特定规则和逻辑的知识。运输公司随着这些规律而起伏不定，若承运人不封闭自己，不重复别人的做法，而是善于积累事实，并将其发展，则相对容易取得成功。

　　这种事实即人们通常所说的经验。若员工不能理解其负责职能的缘由、意义和工作流程，如货运流程，就会变成例行公事，缺少创新。员工在多式联运这个领域若未能理解这个系统是如何构成的，将会造成很大的危害。

　　在从事运输行业的过程中，我获得了喜悦与满足，谨希望阅读此书的读者朋友们收获同样的喜悦。

马尔克姆·纽波恩
于佛罗里达州马可岛
2009 年 8 月

译者的话

以集装箱和挂车为主要载运单元的多式联运，降低了劳动消耗、节省了运输费用、提高了运输效率，使运输过程发生了革命性的变化。在联运过程中，货物装箱后可直接运送到目的地，运输途中转换运输工具时无需换装，从而减少了中间环节。运输途中由于使用专业机械装卸，且不涉及箱内的货物，货损货差、货物被窃事故大为减少，从而在一定程度上提高了货运服务质量。各个运输环节的各种运输工具之间配合密切、衔接紧凑，货物所到之处中转迅速及时，大大减少货物停留时间，从根本上保证了货物安全、迅速、准确、及时运抵目的地。

多式联运的作业环节一直是国内外交通运输管理领域学者和实际工作者关注的话题，美国运输行业管理和企业管理专家 Malcolm Newbourne 著的这本《美国陆路多式联运操作实务》则是这方面研究的代表著作。本书作者所讲述的多式联运的目标是实现陆路货物在多种运输方式之间的换装，而卡车运输是多式联运环节中唯一具有灵活性的部分。因此，作者从卡车承运人的视角，基于其多年的业务管理实践和实际工作经验，详细介绍了卡车运输公司开展多式联运的各个环节，其中包括：与铁路公司以及船公司之间合作时所涉及的协议、地点、装备等；卡车承运人多式联运装备的使用与配置；政府对多式联运业务中卡车承运人的监管，以及多式联运业务中给卡车承运人提供业务的托运代理人、经纪人等的监管。

在交通运输部运输服务司综合运输服务处的直接领导下，我们完成了《美国陆路多式联运操作实务》这本书的翻译工作。本书内容可分为九个部分：第一章卡车运输与多式联运，全面介绍了卡车运输多式联运市场，在总结卡车承运人弱势地位的基础上，提出了卡车驾驶员的管理、计算机自动化的应用以及卡车运输的定价模式等；第二章铁路运输与多式联运，强调了在卡车承运人与铁路公司之间的业务中，铁路公司的主导性地位，并对货运场站以及铁路公司多式联运装备的相关事项进行了阐述；第三章船公司，从卡车承运人的视角出发，提出了与船公司之间的换装统一化和设施使用协议，对陆海联运中使用到的装备进行简单描述，最后提出自动化技术在联运中的应用；第四章多式联运装备，在前文叙述了卡车运输、铁路运输以及船公司的基础上，详细地对多式联运装备进行了介绍和说明；第五章政府监管，包括政府对卡车承运人认证、装备安全以及质量限制等方面的管制；第六章代理人与经纪人，对给卡车承运人提供多式联运业务的提供商进行了详细的阐述；附录1对铅封保护的意义进行了讨论；附录2对文中涉及的多式联运相关术语给出了解释；附录3阐述了汽车承运人在安全问题服务时长方面的内容。本书从多式联运实操业务入手，章节安排有助于读者了解和学习多式联运实务，适于对多式联运行业感兴趣的实际工作者、管理人员和教学科研人员使用。

本书的翻译分工如下：孙铭、王建伟、武斌总负责；前言、第六章由王建伟、武斌、刘瑞娟完成，第一章由孙铭、晏文隽完成，第二章由付鑫完成，第三章、第四章由朱文英、高洁完成，附录则由孙铭、武斌、付鑫、朱文英、高洁共同完成。王建伟、孙铭、武斌负责最后校对。

在此感谢长安大学经济与管理学院的马暕老师和孙启鹏老师对本书提出了细致的修订意见；感谢王苗苗、赵玲、李敏、郭萌洁等长安大学研究生对译稿内容的修订和校对。

特别感谢交通运输部运输服务司综合运输服务处处长李华强、甘家华博士多次对翻译工作的指导和帮助；感谢交通运输部规划研究院所长谭小平、交通运输部科学研究院主任李忠奎、发展和改革委员会综合运输研究所副研究员李玉涛、北京交通大学荣朝和教授、对外经贸大学王晓东副教授、东南大学张永副教授、世能达物流（天津）有限公司经理王睿在分章节评阅中提出的宝贵意见和建议。最后，要感谢人民交通出版社股份有限公司的领导和编辑人员，感谢朱伽林社长、韩敏总编，使得"当代交通运输领域经典译丛"的出版得以实现，感谢李斌主任一贯的鼎力支持，感谢曹静编辑对本书的专业性编辑和校对。

对于交通运输行业的管理人员、科研人员以及广大的从业者而言，我们认为这是一本比较合适的专业工具性读物和参考用书，因此也希望这本书能引入一个鲜明的视角，帮助各位读者增加对多式联运业务中卡车承运人的责任、特点及其装备的理解。但作为一本实操性学术专著，本书涵盖的知识广泛，专业程度高，因此，限于译者的知识体系和英语水平，本书在翻译过程中难免存在诸多偏颇和不足之处，希望能够得到各位读者的悉心指正。

译　者
2017年12月

出 版 说 明

作为工具书,本书专为那些对水陆联运感兴趣的人和该领域的从业人员准备。除此之外,还为想要学习多式联运业务的人给予系统的指导,因为本书介绍了多式联运发展历史与当前使用规则之间相关联的、广泛的基本背景,还介绍了多式联运的实际作业以及物流知识。

本书所讲述的多式联运,目标是实现陆路货物在多种运输方式之间的换装。具体来说,就是在卡车运输公司、铁路运输公司和船公司之间换装。多式联运承运人主要是卡车运输公司,也称为驳运人、货运代理或者集装箱承运人。本书的定位是介绍联运卡车运输公司都做什么,怎么去做以及它们所使用的工具。

本书作者以优异的成绩毕业于美国锡拉丘兹大学商学院的交通运输专业。50年来,作者一直从事卡车运输、铁路运输、多式联运和美国政府的交通管理工作。在个人计算机还未出现之前,作者致力于运用大、小型计算机来协调运输、工业交通、物流需求等方面。他曾设计了系统程序并书面出版。

该书尽可能地量化有关多式联运的类型和细节,例如卡车运输公司(本地、本区、本国)所采用的联运贸易基本工具。随着铁路运输公司实现与汽车运输的对接,其贡献和需求得到了解决。书中也描述了轮船和卡车的对接,介绍了换装的具体分类,并且给出了专业角度的简报列表。这些交通因素是它们将要涉及的专业部分的关键。

货运代理(或者经纪人)的单独分类规定了客户关系和客户机会,对照实际存在的各种业务,其分类并不完整。就多式联运硬件来说,装备在不同的方面均超越了早期公认的分类,还有一些是重复的。美国政府印发的分类非常宽泛,其中也有一些重复。

目　　录

第一章　卡车运输与多式联运 ··· 1
- 第一节　市场：本地、区域、国内和联程运输的卡车多式联运市场 ········ 2
- 第二节　卡车承运人的劣势（脆弱性） ··· 14
- 第三节　操作方法与调度 ··· 17
- 第四节　安全 ··· 23
- 第五节　多式联运卡车承运人的定价方法 ····································· 34
- 第六节　信息获取渠道 ·· 40
- 第七节　保险 ··· 42
- 第八节　可用信息获取途径 ··· 44
- 第九节　计算机和自动化 ··· 47
- 第十节　卡车驾驶员：成功的核心（招揽、签约和留住卡车驾驶员） ··· 51

第二章　铁路（运输）与多式联运 ·· 57
- 第一节　概念与背景：多式联运中关于铁路的考量 ························· 58
- 第二节　换装协议：卡车承运人与铁路之间的协议及内容 ················ 59
- 第三节　铁路公司关于换装协议的看法 ·· 61
- 第四节　铁路运输：集装箱场站与转运地点 ·································· 63
- 第五节　铁路公司开展多式联运时使用的（运输）装备 ··················· 70
- 第六节　铁路堆场运营：计算机决策支持的结构 ···························· 77

第三章　船公司 ··· 81
- 第一节　卡车承运人和船公司之间的换装及协议 ···························· 83
- 第二节　装备泊位区和集装箱堆场 ··· 89
- 第三节　与内陆多式联运相关的港口 ··· 94
- 第四节　相较水路运输供应商，卡车承运人的不足 ························· 99
- 第五节　船公司的装备：挂车底盘和集装箱 ································· 102
- 第六节　关于内陆运输的船公司自动化 ······································· 111

第四章　装备 ·· 115
- 第一节　多式联运装备概述 ·· 115
- 第二节　运输装备（定位） ·· 118
- 第三节　多式联运装备详解 ·· 123

第五章　美国政府关于多式联运卡车运输的相关内容 ······················· 129
- 第一节　多式联运卡车承运人的认证 ·· 129
- 第二节　多式联运运输装备的安全问题 ······································· 130

	第三节	州和联邦政府对多式联运载重的限制	131
	第四节	联邦法规方面	132
	第五节	国家(和地方)的调控作用	137

第六章 多式联运卡车承运人之货运提供商：托运代理人、经纪人和其他 ………138

 第一节 揽货人：多式联运卡车承运人的业务来源 …… 139
 第二节 国外货运代理人作为货物提供商 …… 142
 第三节 铁路公司作为：托运经纪人/代理人 …… 145
 第四节 船公司作为：托运经纪人/代理人 …… 149
 第五节 卡车运输公司作为其他卡车运输公司的多式联运业务提供商 …… 152
 第六节 物流业务：向多式联运货运公司提供工作 …… 155
 第七节 货运信息平台：互联网服务提供商 …… 157
 第八节 装备：非铁路公司、船公司与其他运输承运人基于非资产型卡车运输公司(作为托运经纪人)所有权的考虑 …… 159

附录1 铅封保护没有意义吗？ …… 164
附录2 多式联运中的术语 …… 166
附录3 汽车承运人：安全问题服务时长(HOS) …… 172
索引 …… 180
作者介绍 …… 184

第一章 卡车运输与多式联运

多式联运中仅卡车承运人具有主动性。多式联运中最主要的组成部分是集装箱和挂车,它们需要安装到铁路车厢或者船舶上才能进行货物运输。然而,铁路车厢只能在铁轨上运行,而船舶也只能在可使用的码头停泊。

多式联运在物流和经济领域的成功,主要取决于其对卡车承运人的管理和控制。但多式联运业务中的部分用户往往意识不到这一点,他们认为卡车运输公司可以任意支配。运送过程中的维护日程表(补充了铁路和船期表)多依赖于相关卡车承运人。

卡车运输公司运送货物顺利与否,取决于多种因素。成功的多式联运主要取决于以下因素的质量和可获得性:

第一,卡车承运人掌握进行多式联运的基本条件,并具有丰富的货运业务方面的管理知识。卡车承运人管理的基本需求是控制,这可以反映出其在多式联运中满足多种需求的能力。

第二,卡车/牵引车:多式联运业务中的卡车承运人,往往会将货物装满一辆卡车,即8级,荷载为80000磅(约3.63t)的联轴牵引车。根据承运人的实际情况和所在位置,牵引车的转弯半径应尽可能小。商业操作的灵活性以及大多数联运卡车运输公司规模的限制,促使卡车驾驶员转变成为承包商(一般认为承包商是卡车的一部分),促使牵引车趋向于配备有卧铺的驾驶室。这种组合往往会导致多式联运中卡车配置的低效率;过长、过重以及燃料经济性较低。

第三,牵引车牵引的**集装箱或半挂车(挂车、货箱、载运单元等)**一般归其他人所有。每次运输都要有集装箱或挂车运输提单且需单独执行。多式联运业务已经从完全使用铁路装备,发展到了与国际集装箱、专门提供装备的小规模专业化公司及卡车运输企业共享装备。任何情况下,该过程都差别不大。

卡车驾驶员按照协议(合同)将载运单元提走时,需要办理相关手续,也可以使用"仅此一次"的方式来完成控制方交付的货物集散工作。这两种情况下,在协议需要的特定工作完成时,都需要将载运单元送回,货物继续通过铁路或水路运走。

空车回程运输时,如果是卡车承运人,则返回到货物所有者或铁路码头;如果是轮船所有者,就需要返回到港口或港口作业区。卡车运输公司的工作范围包括:将货物装载到挂车或集装箱内、交付已经装载(卸载)完毕的集装箱、在各个点之间进行运输(不论是有货的还是空的)。

本章主要涉及以下几个与多式联运相关的部分。

市场种类:卡车运输公司在本地、区域、国内和联程运输的相关业务。
卡车承运人的脆弱性:海洋运输和国内运输之间的定价和服务压力不同。
操作方法:卡车由调度系统控制,调度系统可以是高度自动化的,也可以是卡片系统。

安全问题：需要在几个小时内满足客户需求,这是一个挑战,特别是在使用非自有装备时。

运输机会：根据运输区域范围的不同,业务开展的方式分为干线运输、本地运输和联程运输。

定价方法：按照客户的里程数、吨英里数(周转量)、载货返程或其他计算方法进行计算。

信息获取渠道：主要包括信息来源、机构、期刊和网站。

保险：客户和公众有可能忽略这些防护需求,而多式联运承运人必须购买保险。

可用信息获取途径：虽然多式联运业务很复杂,但总有方法解决问题。

自动化：卡车运输公司的基本要素构建时需要使用"自动化"。此处忽略硬件、网络等,单纯介绍使用"自动化"相关工具可以做什么。

卡车驾驶员：是成功的关键。由于工作很艰苦,卡车驾驶员几乎全都是男性。卡车驾驶员每天需2~10组手推车支架、敲击挂车底盘销,这些都是典型的重体力工作。专业的多式联运卡车驾驶员可以分为本地运输驾驶员、每周固定工作时间的驾驶员、新手驾驶员和工作狂驾驶员。很少有卡车驾驶员为卡车运输公司内部员工或有附属联盟。

本章涉及的相关客户,都已经演变成多式联运市场的主导供应商,应该对他们进行区别对待。这些客户可以分为：经纪人、国外货运代理、装备企业、行业企业、托运代理、铁路公司、船公司、卡车货运企业、长途卡车运输公司和零担卡车运输公司等。

第一节　市场:本地、区域、国内和联程运输的卡车多式联运市场

多式联运卡车承运人市场,按照货运业务的范围可分成三类,分别为本地、区域以及国内市场。进行不同种类的运输时,卡车运输公司的决定主要取决于以下三个方面：

(1)牵引类型；

(2)卡车运输公司是否自有挂车底盘；

(3)运输业务不是简单地把货箱从A点运到B点,需要进行适当的转运等。

本地运输,指可以当天完成(收取或配送)的业务,一般是300mile(约483km)以内的单一方式运输。

区域货物多式联运,是依据卡车货运企业服务市场的地理范围来界定的。可能是州际运输,一般来说运距是500~1500mile(805~2414km)。

国内运输,指超过1500mile(约2414km)的运输。

一、本地运输

本地运输,指可以当天完成(收取或配送)的业务,一般是300mile(约483km)以内的单一方式运输。

1. 客户

本地业务的客户非常多,不仅包括临近地区能够控制自己实际业务的托运人/收货人/货运承揽人,还包括具有卡车运输公司资质的海外公司,主要有：

用户——经销商、制造商、铁路公司、船公司等。

经纪人——托运代理、第三方物流公司、国外货运代理。

铁路公司——Triple Crown、诺福克南方铁路公司、美国邮政署、北伯林顿铁路公司、CSX、UP。

船公司——所有的船公司。作为合作伙伴或供应商,船公司这类客户对卡车货运企业的吸引力最小。

2. 本地短驳

本地短驳可能会从铁路集装箱堆场或海港开始,进行短距离[150mile(约241km)以下]的货物往返运输。本地运输中,行驶时间和距离都很重要,卡车运输公司很可能对临时的回程业务不感兴趣,尤其在燃油附加费很高的情况下。

载货返程的距离越远,当天(或以后)最优化利用牵引力(牵引车)的概率越小。如果使用计算机系统寻求运距和牵引力之间的平衡,则需要对货运业务具有较好的理解和处理技能,以及需要控制人员具有较强的自律能力。

3. 配送

配送业务需要提前计划并尽早安排(有充裕的时间进行卡车运输的安排,才能使卡车到达收货码头时不发生拥堵)。如果所有者、卡车运输公司、供应商等没有合适的货物,载运单元可能会空箱返回;如果是海事安全管理局的货,卡车运输公司就会选择CROWLEY集装箱。

本地卡车运输公司要在营业时间内将回程货物从多式联运堆场或海港送上火车或船舶。如果没有合适的回程配载,此时的时间比空车回程的距离更有价值。除非有回程(装载)货物,否则卡车运输公司就会在次日早上空回。因此,空车返回的概率很大。

回程时使用的装备取决于装备的所有者或控制方,即给卡车运输公司提供相关业务的人,主要有三种情况:①回程配载;②知道回程有货;③愿意或能够给卡车运输公司提供运输业务。货物的可获得性使得装备所有者坚持将集装箱只用于某些特殊领域(如食品、非报废产品等)。除此之外,卡车运输公司的调度系统和人员也很关键。

卡车运输公司回程装载国内货物的情况很常见,这可能是载运单元所有者授意的,也可能不是。如果所有者不知情,就是卡车运输公司忽视了相关责任及风险。为了实现多式联运服务,此处的载运单元在返回之前就应该是空的。

4. 集货

公铁联运或公水联运都要从集货开始。载运单元装载后开始运送,此时虽然负有交付货物的责任,但具体运输会有不同的安排。这时载货返程可能是对某货物首次运输的交货,需要配合集货时间进行相应的安排。返程时没有"事先确定"的集货也很常见,此时的集货时间可能取决于回程配送的时间。

如果是临时集货(非重复性的),并且承运人或卡车没有服务或薪酬激励,集货的服务质量就会较差。卡车运输公司为了能够收取货物,会使用交货装备在其他地点集货。如遇临时集货,事先的时间安排可能就会出现问题。因此卡车运输公司在配送货物时,会有偶发事件发生。

为了避免因承运人迟到和满足各自需求而造成的码头拥堵,托运人通常会坚持把载运单元放在收发货区域。这可以使卡车运输公司按照托运人的日程表安排工作,卡车运输公司能够按照火车或轮船日程表,从托运人处将货物拉出站。此时的关键是能否给予卡车足够的信息。或者,如果只是希望卡车运输公司收货并自由地运送货物,那么集货时间的要求就不应太严格。但也有例外,比如如果载运单元"影响"了码头的后续工作,此时就要着重考虑时间安排。

发货人使用跟踪装置和计算机报告记分卡进行信息传递,以缓解拥堵。这种方式已经应用到了大多数整车运输当中,并且对于本地多式联运承运人来说越来越重要。本地货运业务由独立承包商负责,同时其卡车货运企业一般受该业务支配。这里的"支配"并不是驾驶和指挥,可能只是对外部架构和纪律进行调整,即安装跟踪装备。

本地卡车运输公司提供托运人需要的服务以从中获利。由于自然环境等因素,货物的运输仍需克服多式联运自身固有的不足,包括:依靠缺乏弹性的中间商,铁路或船只在多个集装箱码头转运。卡车运输公司需要在所有参与者的各种要求的夹缝中求生存,这些要求有:收益、里程、载运单元所有权、港口作业区或港口时间、托运人时间安排、铁路出站、集装箱堆场时间等。

二、区域货运

区域货物多式联运,是依据卡车货运企业服务市场的地理范围来界定的。可能是州际运输,通常是与总部相邻且距离在1500mile(约2414km)以内的州。

实际覆盖范围在很大程度上取决于承运人对业务范围、阶段的掌握以及驾驶员情况等的控制能力。区域业务可以由本地的短驳业务发展而来,也可以按照计划寻求增长和发现新市场。

1. 客户

区域货运的客户类型和业务与本地承运人略有不同。通常最具潜力的是提供重复(固定)线路、集装箱堆场或海港的客户。卡车运输公司关注的是:用户、经纪人和运输公司。

(1)**用户**:经销商、制造商、进口商、出口商、卡车承运人、美国邮政总局。

(2)**经纪人**:托运代理、各种第三方物流、外国货运代理。

(3)**运输公司**:包括铁路公司和船公司。

①**铁路公司**:BNSF、联合太平洋、加拿大国家、CSX、NS等。

②**船公司**:有无挂车底盘、附属的卡车货运企业。

2. 业务的可获得性

从业务角度,区域运输可以在地理层面定义为卡车在各市场之间运送多式联运单元,且在线路上提供卡车承运人功能。如果本地运输是在纽约商业区内的多式联运服务,那么区域运输就是在纽约港和巴尔的摩海港之间的多式联运服务。交付进口货物时,货物经巴尔的摩出口到达匹兹堡,再从哥伦布返回。如果有较强的业务处理技巧,再加上点运气,往返于巴尔的摩和纽约港口之间的集装箱可能会有货可运。

3. 区域运输的一些特点

区域多式联运表面上看起来比本地联运业务简单,货物的运距更长。驾驶路程增加,减小了驾驶员的调度压力。需要电话和卫星联系的情况会更少。如果中途有突发情况,需要进行维修,则要返程。如果不把该情况产生的花费计入成本,那么可以考虑通过公路达的汽车维修企业来处理这种情况,以防产生系统破坏性问题。

途中出现的维修问题通常反映在对配送车辆、自有或掌控装备的维护,卡车驾驶员的审核等检查程序上,以及运输线路如何设定、运输业务如何运行等方面的管理较差或缺乏预案。应急保障计划可以减少维修,虽然不是最优解决方案,但起码比更换方案要好。

区域运输需要合理的组织构架,成功的关键在于控制,采用多货运场站长途运输(装卸)支持系统的企业更容易获得成功。许多区域多式联运企业没有货运场站,可以将港口作业区或下落点安排为承运人或集装箱堆场。一些多式联运企业具有多个货运场站。如果每个货运场站都是"国际化"场站,那么这些场站就会是本地运输的一个据点,而不支持区域运输。大宗商品承运人(不论整车还是零担)需要更加关注长途运输业务需求的可持续性。能控制铁路挂车的承运人通常会操作多种自有装备。不论怎样,管理技能、卡车驾驶员培训、客户需求以及工具(如计算机能力、GPS和互联网应用)等方面的努力都有助于区域运输的成功。

区域运输的成功和收益取决于真实或虚拟的外部运输场站的承载能力。卡车一旦解挂(将货物进行交付并且将空的挂车卸下),就会处于完全或部分可安排配送或装载的空置状态。即使承载能力不足,企业牵引车和驾驶员聚集的场所也一定尽量不要出现助长不满情绪、竞争对手挖墙脚等负面影响。

承运人依靠集中调度使卡车保持高效率。基本要求是:提前计划,合理制订火车、船舶的日程表,能够识别出铁路和轮船多式联运中的无序服务。

使用多式联运智能系统会产生积极效果。所有装备供应商的货物在配送或收取时都需要一段时间,这段时间称为"免租期",在此时间段内载运单元是空的或者要换装给卡车运输公司。例如:如果铁路或者轮船5天免收仓储费,2天免收逾期费,那么卡车运输公司A和用户B在进行货物集散时,可以根据"免租期"和客户的需要对货物的运送进行具体安排。可能不需要立刻进行自动运送。卡车运输公司可以在运送之前,试着找出平衡办法并进行运送控制。

调度可以决定在仓储"免租期"结束前(直到存储不再免费),进站货箱是否离开港口(或集装箱堆场),然后再运往目的地。如果时间要求较高,卡车运输公司的货箱就要在免租期内进入运输场站(或其他安全的地方)。调度人员依靠调度经验,可以预测出承运人卡车驾驶员的工作年限(运输调度越好,工资越高,可以使卡车驾驶员工作越久)和客户满意度(进站货物要考虑在内,而不是集中到达)。其实卡车运输公司的生存是岌岌可危的。

4.挂车底盘的使用和处置

(1)卡车运输公司不是挂车底盘所有者

如果卡车运输公司不是挂车底盘所有者,那么区域承运人使用的装备既是其资产也是其负债。使用非自有车轮必须预先计划好,以防自有挂车底盘的调配失衡。区域运输中,很少有卡车运输公司在海港或集装箱堆场以外接收轮船挂车底盘的现象(除了Horizon公司)。铁路挂车或集装箱也是这样,无论装载还是空载,都需要返回到初始铁路堆场以平衡平车供应。

例外:如果挂车底盘的所有者就是卡车运输公司的老板[例如,马士基公司(丹麦一家航运公司）和 Bridge 公司］或者是优质客户，情况就有可能不同，挂车底盘（集装箱）所有者可以通过调整单向运输的权限以平衡装备供给。但这个权限很有可能今天能用，而明天就不能用了。或，海港的挂车底盘所有者可能需要特定尺寸的内陆载运单元，并准许内陆港进行专门的进口运输。如果船公司将集装箱装载到自己的挂车底盘上可以提高其收益，那么出现装备失衡的情况会大大降低。

卡车运输公司接收轮式集装箱进行运输时，并没有考虑挂车底盘归还时会有损害。如果承运人将轮船或铁路公司的装备移动到合适的位置以外且没有归还，船公司和铁路公司会非常生气。它们会利用未来业务和合同成本（如，以单独运输方式将载运单元运回到合适位置所产生的代价）对卡车运输公司进行惩罚。因此，本地和区域卡车运输公司会根据收据将载运单元送回到目的地，并会尽全力弥补发生的过失。

相反，如果装备重置对船公司和铁路公司有利，它们就会提供帮助。只要得到所有者许可，某公司的挂车底盘就可以放在另一个所有者的集装箱之下。在卡车运输公司运送的方向，挂车底盘所有者将其挂车底盘用于内陆运输的情况很常见。比如：卡车运输公司运输一列进口箱，到达内陆后，卸下集装箱，将挂车底盘置于另一条集装箱线路上返回到初始地，此时就需要进行平车载运集装箱运输（COFC）。2009 年，马士基航运效仿弗吉尼亚港口联营的成功经验，在没有集装箱所有权限制的情况下，收取挂车底盘使用费。

当铁路公司需要对挂车或集装箱堆场的存货负责时（此时这些存货占有一定空间且铁路部门缺乏将其运出的铁路车厢或相关业务），铁路公司可以允许卡车运输公司在铁路站点之间使用其自有或其能够控制的载运单元进行长途运输，巴尔的摩就曾采用该做法。铁路挂车数量的急剧下降减少了现代多式联运系统中的这些机会。

一旦通知下达，就强制要求有轨或无轨控制装备从铁路货运场站进行运输，因此集货时要严格遵守时间，以避免产生存储费用，同时使货运场站保持通畅。

如前所述，因为结构坚固，所以集装箱很少需要维修。维护重点是挂车底盘、挂车以及装备使用的电力装置、移动部件、轮胎等能够保证车辆性能和基本安全的装备。

2009 年，美国国会规定了针对陆路行驶装备所有者和提供者的责任：卡车承运人应该避免产生巨额的道路维修费用和缺陷装备的援助费用。

轮船自有挂车底盘的维修使得水路运输承运人对维修系统的监督技术越发成熟，同时合同运营商在装备发生故障时可提供帮助且从中获益。这种做法可以使卡车运输公司避免全部或部分的维修成本。卡车驾驶员必须在修理时知道如何签章、该签什么。无论卡车驾驶员是自己运营还是受雇开车，为了保护承运人和其自身的利益，都需要学会如何在收据上签字。装备出现故障时，已经越来越难以从铁路公司获得赔偿或报销。

许多公路汽车维修公司可以直接为船公司和铁路公司工作，卡车运输公司和这些供应商之间的关系非常重要。只有在严格遵守换装协议的情况下，铁路公司才会支付维修费用。船公司在处理其同承运人之间的事情上更加实际。不论是针对船公司还是铁路公司，卡车承运人接收挂车底盘和挂车时，都应该对挂车底盘和挂车的基本情况有所了解。

在故障、轮胎或修复问题的压力下，卡车驾驶员和调度员往往不会严格遵守报销程序。在公路救援电话部门不作为的情况下，如果卡车运输公司的卡车驾驶员或承包商不理解自己所签署的内容，则最终由卡车运输公司承担这部分成本。因此卡车驾驶员必须正确签署，但这说起来容易做起来难。

若无法实现卡车驾驶员的正确签署,将会出现金字塔式的报销问题:当文件中存在违规操作时,装备所有者将不会支付费用。抢修企业会威胁卡车运输公司,如果这次不付费,以后将不再提供服务。最后,卡车运输公司顺势将责任推给卡车驾驶员。若卡车驾驶员是自有经营者,则由其负责该费用。

出现事故时,某些可以从承包商或卡车驾驶员那里获利的承运人期待事故的发生。小型承运人不会将获利点放在国道服务公司未回应其求救的赔偿上,或放在船公司、经纪人不同其进行后续的业务往来上。承运人不会默许船公司终止其换装合同,或为卡车驾驶员/配送人员的错误支付费用,该类费用应该由卡车驾驶员支付。

(2)承运人自有挂车底盘

承运人自有挂车底盘时,如果拥有挂车底盘的卡车承运人不把挂车底盘看作是固定资产,不执行挂车底盘作为资本资产的生产力,而认为挂车底盘与厢式挂车和卡车挂车相同,这会使得多式联运的潜在利润边缘化。

如果挂车底盘装备的所有者就是卡车运输公司,为了克服占用成本问题,挂车底盘装备的配置必须灵活,并给予最理想收入和/或更高的卡车生产力(例如,八销挂车底盘和可滑动连轴)。如果卡车运输公司拥有挂车并且雇佣或承包卡车驾驶员,那么就会让卡车驾驶员扮演"多种角色"。借助公司的挂车底盘,卡车驾驶员就能将集装箱抬起,并将挂车底盘直接转到下一个可用集装箱下。卡车驾驶员更倾向于自有或租赁挂车底盘,如果不必在集装箱目的地归还挂车底盘,卡车驾驶员会联系其他挂车底盘以能够匹配下一次运输(无论在什么地方)。为了克服所有权、维护、审批和许可的成本,需要有更高的生产力。给予适当的调度能力,卡车驾驶员的态度、卡车运输公司的客户服务都会变得更好。

但卡车运输公司对多式联运业务并不关注,自有经营者尤为如此。它们的系统比较陈旧,如果本次运输结束时挂车底盘的使用和下次集货时挂车底盘的使用是分离的,它们就会使用水路运输承运人的挂车底盘。不管是否合法,这个不利的现实使得卡车运输公司及其卡车驾驶员、承包商都会使用所有权不匹配的挂车底盘和货箱。

2009年马士基公司降低了在纽约地区港口使用其挂车底盘的逾期费。由于挂车底盘的归还要求并不清晰,所以任何集装箱所有者都可以租赁使用。为了适应业务量的下降,马士基公司制订的目标为提高生产力、改善控制维护、减少泊位区面积。

向卡车运输公司支付额外搬运(转换)非自有挂车底盘(额外移动以获得挂车底盘和/或安排挂车底盘的费用)的费用,并不比缴纳保证金高效使用货运承运人的挂车底盘更好。运输费用可能会(也可能不会)使卡车运输公司更加了解非竞争定价。这个定价方法虽然简单,但经常会失败,因为一个人支付挂车底盘移动费用,而另一个人支付运输的装载费用,这并不是最好的营销方法。

卡车运输公司拥有(或持有)装备,能够根据轮船客户的需求提供可靠的服务。因此,卡车运输公司是轮船客户的首选承运人。即使卡车运输公司当时没有自有装备,基于其调度和客户服务水平,它们也会更容易获得运输业务。

在区域多式联运企业中,雇佣卡车驾驶员的情况并不常见。这似乎是自有经营者控制本地业务的结果,并且区域业务会随着承运人的增长而发展。此外,相较成本而言,低费率使得区域卡车运输公司很难在支付工资的基础上对其员工(或路上住宿)进行有效的激励。卡车驾驶员的激励补偿工作很难监督。目前,对卡车驾驶员职业道德要求的降低以及相关竞争行业的薪资标准,使得受雇驾驶员的职业素养往往低于这个职业所要求的最优水平。

不使用雇员时,卡车承运人会放弃控制组织和效益。对于容易量化且几乎不会产生其他外部收益的业务,他们经常交给承包商。受雇卡车驾驶员远离家乡,难以回程,这会产生相应的成本。与区域多式联运一样,卡车驾驶员在具体业务中会得到一定的补偿,而这部分补偿就是卡车驾驶员的收益。签约的货运成本是可控的。"不利的状况"时有发生,如难以调度、无法保证自有经营者业务量或区域卡车承运人效益差等。

5. 政府的许可和注册监管

国家可能会通过许可和注册方式进行监管,这将转变联邦监管形式。燃料税的分配和征收都存在困难。官方的主要目标是对州际运输进行追踪,以确保征收合理的燃油税。相应的规则很难总结,但这对区域承运人来说很重要。有必要按照各州对业务发展模式或计划模式的要求,进行相关规则的普及。从这方面来讲,互联网非常重要,所有州都有网站提供规则的查询。报告需求其实不复杂,复杂的是越来越多的州加入到承运人业务当中。

考虑到国家税收的需要,卡车运输公司应该在偶发运输和操作之前向承运人支付费用。卡车运输公司的选择是为了得到可以自己经营的许可证,或使用境外服务供应商的许可证。在境内较好的选择是自己运输或者请代理运输。

提供临时的(一次)或永久的(年度)、各种(燃料和商业登记)运输注册的"许可"服务层出不穷。对于单次运输来说,这种服务有益且值得。如果需要提供重复服务,可以通过支付该项服务成本而省去各种烦琐的办事程序。

小型承运人处理国家税收和注册规章问题的"解决方案"很多。计算机软件、公共会计师、公司内部会计或职员等都能够帮助卡车运输公司完成该项工作。

注册通知代理(如国家居民服务)是面向各州推出的一项重要的服务,投入成本较少,每年维护即可。使用这种代理符合美国交通运输部(DOT)和州政府的要求。卡车承运人可以在自己的实体店为自己代理,这在相应部门的报告中有明确说明。

联邦政府,一般由美国交通运输部代表,权限包括限制承运人效益、限制卡车运输公司注册、卡车驾驶员工作时间和其所购的安全保险等。本书对政府参与的业务并不详述,所以此处只是简要提及。

美国交通运输部关注的是承运人安全方面的监管,以及保护公众的责任和进行货物赔偿的保险。保险范围包括:一般商品、危险品(类)、大宗货物和干货等。保险发展迅速,因为这是政府对个人的保护,能够使个人免受潜在的和真正的外部威胁与交通危害。卡车驾驶员专业许可内容主要包括:背景核实、紧急应变技能、港口卡车驾驶员等。

对于多式联运的各个承运人来说,只有他们是共同承运人,其共同利益才是经济的。在港区或进出口区,他们并不关心费率或相关费用。

三、国内市场

全国范围内的多式联运卡车运输是否拥有铁路 Z 式厢卡车、U 式厢卡车或海洋集装箱,比计划好的业务更具技术含量。1500mile(约 2414km)距离的卡车运输成本一般比铁路长途运输要高。对速度的高要求、铁路发货延误等都是全卡车联运长期存在的原因。

变化：铁路公司无法获得挂车所有权，导致了Z式厢卡车大量减少。船公司提供的集装箱没有轮子但可以堆叠。铁路车厢一次可以运送两个堆叠的无轮集装箱，比运送一个带轮集装箱成本更低且燃料利用效率更高。进行国内货物运输时，经纪人利用可用的空集装箱通过铁路、长途汽车运送，以平衡装备流。

20世纪30年代，就已经出现了挂车位于火车车厢上的平车载运挂车运输。在长达40年的时间里，联合包裹服务公司(UPS)一直是铁路联运的主要用户。随着铁路挂车装备的减少，货运经纪人开始进行装备收购，并成为长途运输承运人，与铁路公司签订长途运输合同。J·B·亨特可能是第一个使用自有类型集装箱和挂车底盘的卡车承运人，他使铁路运输装备供给成为多式联运的重要组成部分，多式联运业务自此被改写。

北美地区的运输需求结构太过复杂，以至于卡车承运人不能仅开展陆桥或内陆的国际集装箱运输。这些线路中，对于装备所有权的限制、回程及操作控制的需求都非常多。卡车运输公司在致力于成为纯正的远距离多式联运公司，而不仅仅是能够生存下去。在多种运输方式间的"半挂牵引车"承运人，存活率更高。几乎没有卡车货运企业将全国多式联运市场作为其单一业务的主要来源。

燃料价格不断上涨、排放困扰、西部港口拥堵、巴拿马运河运力扩大以及世界供应链中断等，都是限制卡车承运人在全国市场快速发展的主要问题。卡车承运人在铁路交通拥堵时进入市场，且他们的创新行为(例如，使用联合锁具、牵引车排放上限等)已经使他们赶超了铁路。

21世纪初没有多式联运卡车承运人敢开设横贯全国的长途运输线路。竞争带来的不是形式上的改变，而是本质上的变化。现在很难找到一个大部分业务都不是多式联运业务的大型"普通"卡车承运人。例如，区域或国内市场包括UPS、亨特、施耐德和联邦快递。短驳承运人之所以依然存在，是为了给经纪人和国内市场的铁路班列提供服务，他们主要在铁路运输的两端进行卡车运输。

船公司的责任远远超出了海运提单条款中所载明的其对客户的责任。大运量客户都非常受重视，如食品供应商、汽车制造商、玩具进口商、家具销售商和其他具有类似生产线的企业。船公司或其子公司采用整列方式进行集装箱运输并没有坏处，而在长途运输中使用铁路方式很有效，这就是多头运输方式。

不论是否签订合同，卡车运输公司都愿意承担由水路运输承运人所造成的时间责任，因为这可以获得在全国市场逆袭的机会。成功的营销，可以使船公司获得时间敏感型业务，这些业务往往需要有很明确的时间保证。若出现失误，则会影响卡车运输公司的国内市场。

水路运输承运人在为以下负面结果承担潜在责任时，船公司在价格支付上可能缺乏理性：

(1)对于特定的收件人或承运人来说，工厂停工可能会不止一次地发生。除此之外，还有海上天气、码头拥堵、内陆延误或装备问题。工厂或生产线关闭给工厂经理、物流或运输主管带来的损失和无奈，是没有办法弥补的。

(2)卡车运输公司通常可以预见这类问题，尤其在水路运输方式情况下。如果水路运输承运人避免了这类问题，承运人将会从中受益。

(3)众多轮船业务控制人在时间安排上因各自需求而存在差异,给承运人造成困难。对于小型卡车承运人尤为如此,因此他们寻求国外货运代理、其他经纪人和船公司的援助。对业务的主观理解有助于卡车运输公司根据业务直觉找到货源。

(4)内陆运输(或客户装载)问题导致的出口船只航行延误,通常是可以预见的,还有可能出现转机。托运人周末之前的时间可以累积,随着工作周的即将过去,装载量会不断增加。

(5)水路运输承运人经常会利用这一点来装船(如果周六可以收货)。公水联运(通常是公路—铁路—公路—水路多式联运)会使用卡车承运人进行卡车运输以满足船舶航行日程表的时间安排。

卡车货物集散时间增加时,铁路运输服务中特定的股道会导致运输出现成本过高、时间过长以及装备错位的情况。

按照铁路线路计算的成本具有非竞争性(因为在线路上没人跟他们竞争)。轨道里程过长,成本可能就会很高。随着短驳成本成为多式联运成本中最主要的部分,长途运输卡车运输公司或许更具竞争优势。这种情况下,不论卡车平衡与否,只要卡车还有可用空间,就都会吸引到业务。

以下是在美国市场中,能够使长途卡车承运人获益的一些因素:

(1)船公司需要的服务,要比现有铁路多式联运所能提供的服务更高。

(2)多式联运短驳的目的地与铁路枢纽目的地相反(产生"倍增成本",并且比直接通过卡车运输公司运输成本更高)。

(3)铁路公司不关注这条线路或者只有一条线路可用的铁路,并且存在业务过剩或短缺现象(价格和服务上的不足)。

(4)船公司需要多式联运装备。

当多式联运铁路段效率低下时,运输时间追踪较差。在铁路码头设置多式联运终点集装箱堆场或起重操作的跨越区是不对的。在跨越区,铁路车厢没办法左右来回转动地迂回向前,可能只有"锁定"到笨重的汽车上才能到达起重装备。在缺乏铁路码头操作人员的帮助、合理的业务架构,或业务量庞大的情况下,一个堆场的装运可能需要数天。铁路服务通常给多式联运卡车运输公司提供了市场机会,即他们所提供的服务是轨道服务没有办法提供的。

从海湾地区到西海岸(美国)、从俄亥俄州辛辛那提到芝加哥以及从辛辛那提到东北部海港的线路都存在上述问题。除此之外,其他线路也可能有此问题,但这些线路是有一定历史的。只要抓住盈利机会,就可以解决铁路公司在线路构建上的这些问题。

不论车厢是空载还是装载,铁路公司运送多式联运车厢时都会产生成本。如果到目的地后没有回程货物(空箱或装载箱),铁路公司就会提高费率以支付来回的成本,或采取去市场化,就会变得缺乏竞争力。铁路公司对经营不好的服务线路需要支付逾期费(支付给非自有挂车或车厢的租金),从成本角度来看直通卡车运输会更好。

不论出于什么原因,只要铁路运输服务差,卡车的服务费率(多式联运或国内长途运输)都会优于公路—铁路—公路的服务费率,或者对时间非常敏感的长途运输卡车承运人,更有可能占领市场。

如果定价合理且有竞争性,港口的铁路运输还是很有优势的,这些优势包括:多式联运的平车列车将采用整船运输;比起清除在码头因超出卡车承载能力而产生的拥堵,较高的价格和较慢的运输速度更容易让人容忍。收货人或船公司按照要求将集装箱完好无损地送往目的地的能力非常重要。根据收货人的需求平衡轨道运输、集装箱码头仓储和卡车运输公司逾期费,可以使收货人避免日益增加的港口或集装箱码头仓储费用所带来的压力。

在铁路公司产出波动(例如星期一)期间,配送承运人需要设定货物滞留责任以及仓储费用的缓冲。

以上内容说明了在平稳或紧急情况下,铁路公司是如何在国内多式联运市场线路上控制挂车、国内集装箱、国际集装箱或卡车承运人挂车的。

还会有其他情况出现,具体包括:①工厂停产,且产品不能换装;②挂车存货过多,且没有铁路车厢运输;③挂车已装载完毕等待运输,但没有铁路车厢可用;④泊位区挂车中的特种产品(例如冰箱、游轮等)。

(美国)国内业务的相关提醒:卡车承运人的操作问题给托运人、收货人、经纪人等创造了机会;半挂牵引车、错误的装备等是严重的调度失误,希望不要影响到卡车承运人。这些失误都会被用户或经纪人抓住,以降低费率;单向运输中常见的状况为,缺乏平衡的计划导致卡车运输公司去程定价出现问题;没有考虑相关卡车动力时,忽视卡车驾驶员想法、补货或做"人情",即使在互联网装载匹配程序可以对卡车承运人或自有经营者提供现金流救助的情况下,都会产生严重的经济问题。

四、联程运输:同类型承运人间的换装

"联程运输"一词在运输中,指承运人之间的多种关系,仅限于同种运输方式的不同卡车承运人之间运输单一货物的协作。一个承运人将集装箱或挂车转移(联程运输)给同一运输方式的另一个承运人(另一个卡车运输公司),以完成一次运输。虽然这个概念适用于铁路部门,但这里讨论的是卡车承运人间的联程运输。

美国政府机构备案的关税和规章中,承运人间货物联程运输装载条例有明确规定。有关美国当局税收文件中清楚地载明了各方责任。这些税收文件阐明了相关定义,完整地列出了承运参与者。卡车运输公司认为合理的免责条款也都载明其中,就是所谓的"移籍"。承运人之间的协议要提交给州和联邦监管机构(通常会用到反垄断保护出版代理)。关税(规则和税率)相关规章需要向美国政府机构备案。

大量的(美国)法律先例表明,如果航运从业者反对已实施的税收规定,可以与出版代理和政府机构对簿公堂。但在当今的多式联运领域,这种状况却比较少见。自20世纪初的"卡马克修正案"之后,实施了近80年的"放松管制"。直到20世纪80年代,为了给予公众(包括承运人和托运人)最好的保护,对"卡马克修正案"进行了修订。

卡马克修正案一个比较严重的缺陷体现在对多式联运卡车承运人的业务处理上。简单来说,在任何索赔情况下,由于没有考虑多式联运卡车承运人的实际责任,该法律都会危及出发地及目的地的卡车运输公司。

2001年的多式联运业务中,合法的联程运输业务主要在船公司和卡车承运人(作为水路运输收费方)之间展开。税收文件中称卡车承运人为参与者,他们享有税收条款和判例法

中规定的保护和责任。货物集散业务中,卡车承运人需签订相关合同。没有合同,就没有税收保护,会增加其自身风险。这些风险在法律上还没有明确的规定,并且很少被律师、法庭或参与者熟知。

有些铁路税收也涉及卡车承运人。对于门到门的全物流运输,水路运输比铁路运输更具优势。十年后,在堆场到堆场的服务中铁路运输会更具优势。

铁路公司将挂车/集装箱交给另一个承运人时,铁路换装协议中清楚地载明了铁路公司的全部责任。铁路公司为经纪人工作时,这些客户认可的铁路规则(协议)中该责任更加明确。除非涉及铁路税收中指定的卡车承运人,铁路公司一般不被看作是联程运输的参与者。铁路公司根据协议为卡车运输公司交换设备时,将"全部"责任转嫁给卡车运输公司。

多式联运卡车承运人之间的联程操作并不简单。然而,承运人相关范围的潜在扩张有助于其开发客户、提供更全面的服务、增加收入且解决紧急问题,这些都使得联程运输更具吸引力。有时,为了避免反竞争行为的指控,志同道合的承运人会将正式文件合并起来,这些文件通常是经陆路运输委员会或美国司法部正式批准的文件。

对卡车承运人来讲,税收文件或合同规定下的联程运输是最好的。这些合同对已完成运输装备的处置,有明确规定或规范以解决后续问题。例如:

(1)(自有或其管理的)铁路挂车或集装箱由卡车承运人接收,卡车承运人在芝加哥交费,最终在俄亥俄州交货。交货后,会安排指定泊位区或享有特定折扣的逾期费。直接换装中空挂车一般必须返回到起点,如果超过了"免租期"或没有重载就返回到铁路系统中,就不会有逾期费用的优惠。

(2)运输结束后,轮船集装箱通过指令换装到牵引车。关税参与者可以从操作中获益,比起拥有换装集装箱的临时卡车运输公司,其通常会收到更加优惠的集装箱码头位置和逾期费折扣,以及轮船自有挂车底盘使用权。

(3)依据已生效的换装协议,卡车承运人或经纪人的自有货箱由铁路公司接收。货箱在终点换装时,铁路公司的"全部"责任终止。卡车驾驶员接收运载单元前没有进行仔细检查时,这个"全部"尤为如此。

但这些合同或文件提供的内容中往往缺少不同承运人或不同运输方式间的联程运输。

从比较"实际"的角度来讲,联程运输通常发生于两个彼此熟悉且相互信任的卡车运输公司之间。或者,联程运输可以通过经纪人进行安排(以获得最低价格)。经纪人会熟悉并信任彼此。这就是所谓的"实际",不是标准术语,这会出现在承运人和不熟识的装备所有者都面临重大的潜在责任时。

联程运输过程示例

示例1:载运单元属于同一个所有者或供应商

不论货箱的所有者是谁,载运单元都要在特定的发货地、集装箱堆场、集装箱码头或港口等地接收。除了承运人接手控制时会检查换装细节,发货地人员很少考虑换装问题。

这个例子中,承运人1签收载运单元后,对运输装备换装过程负有全部责任,直到交换给另一个承运人。除自身需求和装货日程表外,承运人1忽视了其他所有责任。为了保证运输能够顺利开展,需要做以下工作:

①计算卡车运输公司2(承运人2)的价格。包括：长途运输成本、停靠点成本(称重等)、集装箱码头挂车底盘成本等。

②确认承运人2与所有者或供应商之间有换装协议。

如果没有换装协议，载运单元使用结束时可能会出现问题。例如，承运人2可能在计费码头不接受载运单元，那么载运单元必须返回到承运人1处。尤其是有出现损坏或包装破损时。

③进口：如果保税货物能够获得承运人2的海关保税号，这只能确定承运人2有保税号。在到达港口或交货地点前，承运人1的保税号将一直使用。海关相关文件和其他进口单据对内陆承运人进行了详细说明。必须重新签发相关单据，但不能修改。如果承运人2没有在纸质的运输文件中出现，对于运送这批货物就没有责任，也没有海关特权。根据海关规定，承运人2的运输就是非法的。事实上，出现问题时海关特权会有所帮助。但承运人2运送货物时并没有这个特权，因此会存在一定风险。所以出现问题时承运人2应尽可能地提供法律引证。

④逾期罚款支付者和支付时间的相关协议。承运人2不知道承运人1占有载运单元的时间，但如果联程运输合法，载运单元终止运输时承运人2可能会被追究责任。一旦初始运输结束，承运人1就会签发指令，但承运人1并不知道承运人2使用载运单元的用途。

⑤集装箱装载运输。必须指定挂车底盘终点，港口运输比较特殊，挂车底盘的运输终止可能会发生在底盘仍然在集装箱之下时，或发生在送到终点泊位区几个小时后。应该注意，上述将可能涉及额外的短驳成本。

⑥装备中途维修。由于"世事难料"，运输开始前，就应该对装备中途维修有所了解。承运人1是换装承运人和责任承担者。如果装备供应商(所有者、托运人等)签有道路服务合同，承运人2最好利用这些合同。否则，任何成本都应该明确责任人。

⑦超重和警察职权责任。违反法律可能涉及牵引车、挂车和挂车底盘状态或使用类型(以及负载质量)，应该明确相关成本的承担责任。例如：当指派卡车驾驶员经由指定路线驾驶运送装备回程时，托运人或船公司不为此产生的成本负任何责任。

⑧根据已颁布的法律，正在重新撰写挂车底盘状态责任相关条款。其中应该包含挂车底盘或者挂失灵的问题。任何情况下都应该对卡车驾驶员的签名或对载运单元的接收进行监管。

⑨载运单元转运的位置。通常是到达目的地的中间地点，但也有其他情况。成本和交接的时间都很重要。在非运输码头交汇地点，一旦有人迟到，卡车驾驶员就会马上抱怨，甚至可能会放弃运输。

⑩及时确认实际运送状态，并预先安排。承运人2应提醒承运人1运输结束时间。承运人1必须实时跟进以确保其责任风险已经终止。没有例外情况发生，货物才能顺利配送，载运单元才能顺利返程(再次)。

⑪最终文件相关工作(配送、出口等)交付给承运人1，开具的账单及发票抬头为承运人1。

⑫载运单元集装箱码头证明需要由承运人2提供给承运人1。确保承运人1将协议保存好。还要提供损失和损害记录及计费款项。

示例 2:装备属于两个所有者

集装箱属于一家企业,挂车底盘属于另一家企业,两家企业之间必须相互认可。如果没有妥善处理时间问题,逾期成本可能会翻番。会出现将挂车底盘和集装箱的逾期成本分开单独计算的现象。

①货物所在地的集装箱的海运提单中会有清晰的目的地。因为货物很有可能是货箱所有者的债务,所以逾期费能够反映换装合同中的装货情况。比起运输空集装箱,卡车承运人在运输装货集装箱时时间会更充裕。

②挂车底盘所有者将挂车底盘放置在下一次运输位置时,可能会出现挂车底盘错配的状况。如果这样,就需要在运输终止前明确"免租期"合约责任。所有者可能还需要支付服务费用。

③如果挂车底盘是借用的,现在必须归还。当挂车底盘是合法运输的第一环节时,逾期费的计算需要追溯到与之相关的所有协议。

在整个联程运输过程中,牵引车交接单的责任都应由卡车运输公司1(承运人1)承担。承运人不论在何处接收载运单元,牵引车交接单都会清楚载明卡车运输公司1(承运人1)应对所有问题负责。卡车运输公司1(承运人1)已经可能被"明确禁止"同其他承运人换装。考虑到转运承运人之间的融洽程度,这个"明确禁止"的规定可能被忽视。如果卡车运输公司2(承运人2)损坏或丢失了货物、载运单元或其他,将会被起诉。然而,如果卡车运输公司2(承运人2)的保险涵盖范围不足或财力不足,或者承运人1更有财力和/或类似于卡马克修正案的情况,则卡车运输公司1(承运人1)必须承担所有责任及后果。

第二节 卡车承运人的劣势(脆弱性)

货运业务中,多式联运承运人在尺寸、客户影响力、装备使用、集装箱码头等方面会遭遇一些不平等的对待。

目前,货主依据货物的体积和运输的经济性来支付运费。通常托运人或收货人不具备最基本的交通规划能力和人事安排能力。责任人可能没有时间或兴趣将其业务运输方面的事宜授权给特定的承运人。第三方(批发商)可以将实际货主从这个苦差事中解救出来。第三方通常轮流使用运输服务企业或短驳卡车承运人的经纪人所掌握的知识和资源。短驳承运人通常使用自有经营者进行运输。

所有者或可靠的供应商与多式联运短驳承运人之间,几乎没有私人联系,甚至不认识。卡车运输公司和货主之间的任何类型经纪人或第三方托运公司都极易受到攻击。长期以来,只有在管理水平发生大幅改变的情况下以及成本效率不足时,短驳托运人才会发挥较大作用。

可以根据企业租用牵引车的数量对短驳卡车承运人进行分类。短驳企业雇佣牵引车的平均数量不到25辆。按照多式联运卡车运输公司的主要资产,雇佣卡车(自有经营者)数量来界定企业规模,会使企业规模模糊化。卡车运输公司会租用单一卡车自有经营者或多卡车所有者,或租用公司的装备。

短驳承运人可能是"航次租赁"合同商(即使这些牵引单元受雇于竞争对手),同时也可以以经纪人或出租人(但为独立承运人工作)的身份出现。责任承担往往不够明确,但一般下一级承运人并不知道实际的分包合同内容。承运人对占比很高的自有牵引车装备和受雇卡车驾驶员的本地业务的关注,能够提高其对本地业务的控制,也会提高其收益。

一、运力风险

由于受季节、船只和火车到达、国内和国外地理特征等因素影响,多式联运业务是不稳定的。这些因素会对牵引车和卡车驾驶员的可获得性产生影响,此时承运人的劣势会很明显。每辆卡车作业价值和卡车驾驶员雇佣价值不成比例时,就会产生运力风险,这个风险多年来一直存在。

承运人租用25个自有经营者的牵引车时,就有25个个人或企业为其工作。这些个人或企业在有保障的情况下工作。然而他们并不是该承运人的员工。只要"提供"的业务与协议内容一致,这些承包商就会按照协议进行工作。

同实际工作相比,对于"提供"这个词的解释,签约后常常会发生纠纷。凭"感觉"工作,这个"感觉"主要来自于自有经营者的经验积累。从承运人的发展角度来讲,用行话来说是:要么"吃不饱",要么"吃很撑"。对自有经营者来说,承运人假装提供鼓励以促成签约,这种带有欺骗性(给予承诺)的情况经常发生。

卡车承运人会寻找以其租用的泊位区为基础的业务。卡车运输公司要适应每天因为多种原因而造成一定比例(5%~10%)的业务(本质上这些原因是独立的)不能开展的状况。这个比例取决于众多相关的自有经营者,并且存在一个不连续的易出故障区域。卡车运输公司不仅了解自身车队的能力,还应为了保证业务顺利运转而持续工作。

25个卡车车队中的1个自有经营者解除其租赁,卡车运输公司将损失4%的运力。如果所有者毫无预警地解除5辆卡车的租赁,则卡车运输公司将损失20%的运力。

1和5都是小数额,但对于一个小型车队来说,失去该数量的卡车,其影响都不小。微小的变动都会影响到承运人的调度能力和客户的服务能力,致使无辜的托运人或接收人蒙受损失。工作能力损失会给承运人带来更大的竞争威胁。

二、影响和劣势

承运人缺乏独立性:小型承运人在处理不公平运输或日常灾害等问题时,几乎没有有效的手段。很多承运人将问题(如码头延迟)留给了与自有经营者相关联的合同商,但不给他们任何补偿。

未付运费，卡车驾驶员不会签字。承运人接受"指纹识别"，前提是没有给卡车驾驶员支付费用，对承运人来说这种负担很常见。这类承运人在获得补偿或赔偿卡车驾驶员的问题上，一般不做任何努力。他们不会让这些额外的成本威胁其业务基础，也无意给客户开账单和支付运费给卡车驾驶员。

很多卡车运输公司感觉自己太渺小，或者对于托运人有太多责任以至于不能够表现出自己的决心。然而，仍然有一些办法可以用来负担额外工作产生的成本以保留业务。

例如：托运人要求卡车驾驶员装货或卸货，但托运人并不支付运费，到达某目的地的装运港船上交货，运费到付。在装货结束（或开始）前，确保运费收取，承运人需要求助他的客户（经纪人、其他任何人），以确保运费的支付。如果卡车运输公司此时没有为确保运费收取而做任何努力（如卡车驾驶员没有接到电话指令或常识），之后再打电话也没有意义了。因为一旦工作结束，货运批发商（承运人客户、经纪人）不会再试图打电话询问支付运费问题。而经纪人也害怕得罪客户。这时没有任何人会弥补卡车驾驶员的成本，因此卡车驾驶员会不高兴，然后就会辞职，这将逐步影响到卡车承运人的运输基础。

额外工作获取报酬的方法还有很多。通常承运人需要知道其卡车服务对象的需求、这些需求定价，并且满足该需求，通常会带来可观的报酬。

一些用户极力强调承运人的不足：控制水平，是多式联运卡车运输公司必须考虑的，但他们往往缺乏对于现场的货运或人员问题的理解及解决能力。或者，只从自己的角度考虑问题，经纪人或其他类型的客户都会无视承运人的失败。

卡车驾驶员通常不会接受口头的或其他个人的指责，并且会以牙还牙地回击。接触过多种类型的经纪中介后，托运人可能会同卡车驾驶员发生口角，这可能会增加承运人的成本。

卡车驾驶员在码头、集装箱堆场或换装点受到的指责很难量化，同时几乎很难反击。产生账面损失时，调度员或发件人的言辞都会很激烈。其结果是，承运人的调度员往往不考虑当时的实际情况，忽视这些行为对卡车驾驶员的影响，不论他是有意还是无意。

虽然这些不公平的现象在资源危机时有下降的趋势，但在经济回升时又会反弹，因为经济回升时所有的业务都极具吸引力。

三、装备不足

多式联运中的挂车、集装箱和挂车底盘都是独立的，它们往往远离所有者。日常维护在现实业务中很难实施。对铁路（或其他）换装情况下的维修进行赔偿会非常耗时，还有可能不了了之。但根据最近的美国联邦法律和法规，这种情况可能会有所改变，最终责任仍然要由承运人及其卡车驾驶员来承担。除非在路边排查时被抓住，否则卡车运输公司更倾向于不维修装备，或只是简单修理。

一般由多式联运卡车驾驶员负责安全问题。据前所述，承运人认为卡车驾驶员是装备破旧的责任人。卡车驾驶员在实际业务中遇挫，承运人则可能会遭受生产损失和经济损失。

铁路公司在业务构建方面犹如一支军队。卡车运输公司在铁路集装箱堆场收发多式联运载运单元，不论其方法在本地是否有意义，都必须符合其组织架构。正式的合同优于运换装协议,运输换装协议在卡车运输公司控制铁路装备之前已经生效。该保护措施对于铁路公司来说很重要,但是对于卡车运输公司来说作用不大。

对于卡车承运人来说,签署协议且载明在同等条件下归还载运单元,具有一定商业风险。小型承运人通常因为没有阅读"此"协议(公司合同或个人小卡车收据)而承担一定风险。实际换装业务安排给卡车运输公司后,铁路公司的责任会相应转移。

铁路运输系统的业务安排以载运量为指导,并且尽量少地使用工作人员。通常使用计算机进行装备接收和控制。安全的就业环境会使员工懈怠,加之缺乏有力的监管,往往会导致闸口延误的状况出现。

在卡车承运人控制的出闸口,由铁路员工造成的延误是不可控的。卡车驾驶员发现破损的装备(装备使用之前,铁路部门几乎不或根本不检查装备,这种情况可能有所改变),需要维修,会进一步恶化这种情况。由于卡车驾驶员或调度员的问题,经常导致卡车驾驶员接收(在承运人名字处签字)并不适用于该线路运输的载运单元。当承运人需要其卡车有能够恰当描述装备的文件时,以上做法就会导致入闸问题(以及途中可能的警方检查问题),这些问题同出闸时的问题是不同的。出闸时,记录必须同牵引车交接单所示一致。裂痕、划痕、凹陷等,都必须在纸质文件中体现出来,或详细指出。如果入闸收据显示损坏(而出闸换装中没有显示),但入闸文件中并没有说明,就会产生维修费用。

第三节 操作方法与调度

一、多式联运卡车承运人的应用示例

操作基础:很多多式联运的短驳托运公司的最初经营都非常随意,因此,多式联运行业中会使用多种调度系统。客户关注的仅仅是货物运输,对货物运输的控制方法并不感兴趣。

运输业务启动时,卡车运输公司就需要考虑记录装备和货物情况。此时,没有时间或兴趣去做这些必要记录的个人,就不得不进行货物运输控制。卡车运输公司坚信,在运输业务中增加货物运输控制是有利的。由于越来越多的卡车承运人建立管控系统,如果卡车承运人隐藏自己的信息使自身不受控制,反而会制约其发展,增加其成本。

业界有一个伤感的笑话,"多式联运并不是外科手术,对吧?故而人人都可以做。"实际上并不是这样,多式联运的业务复杂,如果公司没有足够的赔偿能力,会导致其难以实现"真正"的卡车运输,甚至有可能失败。

货物运输控制中的调度需要其他部门提供支持。由于计算机(PC 和 Mac)应用程序的多样性以及计算机处理能力的提升,现在已经有专门的货物运输控制计算机应用程序。

此处的计算机指个人计算机,每个人都知道 PC 的意思,任意一个今天新购的有微软或 Mac 操作系统的计算机都可以实现卡车承运人对 100 个动力单元的控制。关键是承运人使用的软件,问题出现时,承运人要有应对措施。

货物作业和调度都要基于正式或非正式的客户信息。收到的每个订单都将会根据现有信息或订单中所指明的方式执行。接收订单和执行的步骤,会包含很多的子步骤,这些子步骤都是订单信息的记录,这些记录就是计算机数据。这些数据文件会以电子版或纸质版的形式保存,并同发票开具方式关联。

发票一旦开具,就变成了应收账款,进入会计系统。最好的做法不是重新输入作业数据,而是将这些作业数据集成到会计系统,虽然听起来有些复杂,但是处理起来很容易。每天运营的集成信息会升级为一个处理过的订单或调度记录,最终以适应当今电算化会计系统的方式保存下来。

开发一个用来连接运营数据和会计系统的程序,这个起连接作用的程序需要与承运人的计算机相适配。我们传送的数据是不可见的,对这些数据无须手动处理,这是对该系统的基本要求。

订单会以邮件、快递等形式接收:计算机对计算机、电话、传真、电子邮件,任何一种方式都需要提供:发货人/收货人、行动结束日期、工作区域、接收货物的地点、运输完成的地点、卡车运输公司薪酬数量、为卡车运输公司支付薪酬、货物是否是危险品。

当客户形式多样时,需要将客户订单标准化。虽然存在一定的困难,但这是可行的。如果卡车运输公司收到的订单输入形式间差异太大,自动化的收据就无法与之匹配,会增加成本,再手动处理这些数据不仅成本高且易出错,因此应该避免这类事情的发生。

更为实际的做法是把订单信息转化为卡车运输公司惯常使用的格式,每一次进行货物运输时,卡车运输公司内部每个人工作时都使用相同的表格,这就不需要再对客户订单的改变做任何解释。这些是免责条款,同时也是一般性法则,接收订单应该标准化,对卡车运输公司而言,这些订单信息无论在卡片系统还是计算机屏幕上,不管看起来还是感受上都应该是一致的。

二、人工系统

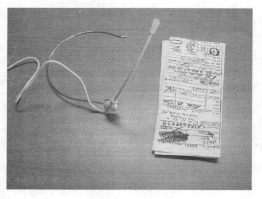

运营中的人工系统通常以卡片或者调度单的形式使用。

调度单也许是最原始的人工操作形式,这种形式要求承运人必须熟练掌握相关条款,调度单对卡车运输公司的适应性要求十分严格。调度单的使用对调度员控制卡车数量进行了限制,但对可同时使用的调度单的数量却没有限制。

调度表给调度员提供了一个作业的样本。

调 度 表

日期	卡车驾驶员 A	卡车驾驶员 B	卡车驾驶员 C	卡车驾驶员 D
开始时间				
离开地点				
挂车底盘提货时间				
集装箱提货时间				
牵引车提货时间				
到达场站				
是否有装备				
离开场站				
工作地点				
工作完成				

卡片系统变化较大。卡片可能是一个有纸质表格的插槽金属板夹,适合在一个调度平台上(与生产进度中使用的卡片架相类似)使用。实际使用的卡片(4in① ×8.5in),是放在工资单的卡片架上的,这种表格需要每次都把信息存储在相同的位置。

永久性卡片会用在动力单元上。牵引车卡片与订单中需要处理货物的临时卡片应能够匹配。集装箱和挂车底盘独立时,一个明智的笨办法是分别给它们两个卡片。

这些卡片会放在一个有很多工作分区的卡片架上,卡车驾驶员打进电话或者调度员下发订单时,卡片相应地被标注和移动。一旦订单关闭,这个永久的牵引车卡片就会移到下一个卡车驾驶员的订单中。该订单卡片就会关闭,并开具发票。挂车底盘卡片要么被关闭,要么在下一次运输时重新设置。永久性卡片见下表。

永 久 性 卡 片

卡样		调度平台图示		
		史密斯	琼斯	汤姆斯
日期	开始			
挂车/集装箱	到场站			
挂车底盘	工作地点			
作业地点	关闭			
	离开			

三、计算机的使用:半自动化

半自动化是现代计算机技术和计算机时代之前技术相结合的产物。大多数运输公司现

---

① 1in = 0.0254m,下同。

如今都利用试探算法实现人与计算机的对接。

卡车承运人有很多工作组件,其中任何一个组件实现了自动化,都可以认为是该承运人实现了半自动。

所有的业务功能都有独立程序以供个体承运人使用,这些工作并不在任何一种均衡、集成、总体的系统中,也许只是用一组程序串在一起以形成一个总体系统。这样做可以提高计算机工具的经济性和应用效率。

自动化的操作功能:计算机或人工。

联系:传真、电子邮件、计算机或人工电话。

客户的联络:自动应答、电子签名、追踪、口头与文件。

调度:卡片、调度单或计算机。

卡车驾驶员方向确定:地图程序、GPS、互联网、电话文本或语音。

装备控制:追踪牵引车或挂车的数据库。

维修与维护:数据库程序、专门软件。

订单输入:进入一个数据库程序。

定位装备:电话和短波收音机(适用于牵引车);GPS、无线电导航和政府部门的中央地址存储器的监督(适用于挂车)。

计算机程序和人工混合使用是多式联运承运人的最佳选择,混合使用既可以满足多式联运的需求,也不会要求卡车运输公司为了计算机输入做硬性改变。在需要使用计算机的部分,会有适合卡车驾驶员工作的各种选项。计算机程序串成的结果反映了多式联运业务过程中需求的灵活多样。

该做法的缺陷在于处理能力超过最大限度之后,需要投入更多的人力资本去应对解决该问题,使用者可能意识不到这一点,比如增加职员去做重复的工作以处理积压的业务,这似乎不合理,但却是最常用的处理办法。

有必要咨询熟知业务和程序的人。承运人使用顾问的成本效率并不高,因为顾问不是生产成本要素,除非他们能够提高承运人的生产力,他们通常关注自身专业能力而忽略了承运人的需求,但他们自己并没有意识到这一点。并且这些顾问常常在对承运人并不了解的情况下,把他们的知识强加于承运人的业务中,而承运人一旦按照这些建议执行很可能会产生破坏性的结果。

在运输业务开始和发展阶段,半自动化应用是一个明智的选择。但必须保持工具的有效性。业务的增长,给应用程序的处理能力带来了挑战,卡车运输公司需要掌握独立于外部的、最能实现公司增长和适应于货物多式联运的"新市场"程序。

四、运营和调度:自动化系统

这一部分主要针对具有一定计算机入门基础的承运人。对于计算机方面并不专业的卡车运输公司,需要从货物多式联运的视角整合计算机技术,可以采用以下三种计算机系统中的一种。

(1)动画设计模式。模拟货运和实际需求对自动化的诉求,但动画设计对多式联运本身不起任何作用。

(2)部门化的计算机系统。需要能够完全胜任运营的需求,一般在公司外部以一对一的方式购买,它们不专门针对多式联运,但却非常有效。

(3)内部生成系统。运营和其他业务的组成部分,由雇员、顾问或有货运经验的计算机程序员完成,可能没有那么的花哨,但对多式联运却是有益的。

考虑到货运业务的需要,计算机系统包括以下组件:订单进入和处理、卡车驾驶员控制、评级和定价、卡车驾驶员/卡车薪酬、集装箱和挂车控制、维护、挂车底盘控制、毒品监测、燃油消耗、执照和注册、铁路入站追踪、客户联系。

订单进入和处理:一般认为该部分是运营自动化的需求核心,可以采用书面记录的形式进行合理控制。接收订单时,需要将其转换成数据,对卡车承运人来说,这些数据直接影响到货物集散。

在订单进入环节,建立数据库最为重要。对这个环节多一点重视,就会对各个运营控制环节产生积极影响,也会对公司的会计、收账等其他许多方面产生积极影响。

订单输入程序必须设计成可选的,它不能盲目接受键入的任何命令,应该能够进行准确性检验,例如:

(1)挂车/集装箱号码和键入尺寸的匹配。

(2)检查订单中确认的等级。

(3)支付单位的信用。

(4)**如果匹配,那么每一个项目之间可以进行交叉检验**。

建立订单调度数据时,应该根据客户需要和地址配置装备、运输时间和场站。在最终的调度之前,系统应该制作一个包括每天到达位置、装备需要和工作时间预测能力的可行性报告,并基于此报告制订每天的动力装备使用计划。**这对利润、自动化的实现以及生产潜力的完全释放是十分必要的**。例如:

(1)检查特殊的需要,或者挂车的尺寸,或者是否在一天之内能回程安排新的运输。

(2)使用专门的船公司挂车底盘,在集装箱场站直接把载运单元送到更远的地方。过去惯常的做法是在某一集装箱场站接收并装好集装箱,然后再计划送货,而现在这些都可以提前计划。

(3)未来的几天里,在某区域内根据顾客的特殊需求匹配空载装备。

入站追踪:铁路入站追踪查询系统要相对完善,该系统用来定位按照驾驶员的行驶路径运送的货物。电子查询系统可以是自动的、手动的或半自动的。集装箱数量和用于运输的铁路场站可以从众多数据中被筛选出来,然后进行重建并且发送给正在运行的铁路追踪系统。卡车承运人的计算机系统会对此做出反应,并更新记录。

卡车驾驶员/牵引车运送货物的任务将作为订单执行,由调度员或计算机来完成。计算机系统经常与卡片或调度单配合使用,不过小型运输公司的无纸化调度系统(非整合的)会降低调度员的操作效率。

无纸化调度系统必须随着货物运送不断更新。这就把调度员变成了记录员,系统需要数据完成工作,因此调度员必须在计算机进行下一步工作之前输入数据。这个过程比较烦琐,需要通过卡车运输公司的协助来满足系统的需要。

自动化调度系统的服务对象是进行货物运输的卡车。随着调度系统自动化程度的提高和卡车运输公司熟练程度的提高，原有数量的卡车可以处理更多订单，运送更多货物，更少的监督人员可以调度更多的卡车。在不增加业务的前提下使用原有数量的卡车，用相同的或更多的人调度原有数量的卡车，说明自动化系统的配备并没有发挥其应有的效能，此时公司的会计部门就要考虑自动化调度系统的投入是否经济。实际上，人们往往忽略了他们业务开展主要依赖于卡车的事实，价格合适、服务足够，并且客户服务恰当的时候，卡车运输公司才能生存和发展，计算机仅仅是工具，而不是目标。

运营系统需要控制那些类似产品库存的多式联运装备，需要对集装箱、挂车和挂车底盘的初始换装和终止使用等事项进行维护记录。如果纸质系统存在并涉及相关成本，那么用基本的菜单和原始数据就可以解决问题。应用调度数据自动生成的一些无用的报告并对装备运行能力进行探究，并没有多大的实质意义。配套计算机系统的应用，使在线追踪和提供其他客户服务变得可行。

订单程序（或卡车根据调度运送货物）通信系统可以直接更新卡车运输公司数据库中的驾驶数据。这不仅节省调度员的时间和精力，还可以减少运送的次数，弥补半自动化的漏洞，实现货物运送的监测以及数据的自动更新，使得全局调度发挥良好的作用。

全球卫星定位系统可为调度提供支持，这些系统通常有自己的调度软件。如果承运人考虑的是彻底连接，支持作用会很显著；如果卡车承运人的计算机只允许部分连接，则作用有限，如果卡车运输公司不想对其计算机做任何改动，GPS 供应者可以通过数据的桥接将往来信息和卡车硬件进行混合。调度记录可以在任何阶段和时间更新。运用已知标记设置调度时间提醒，例如：

（1）记录离场时间并且计划货物到达顾客手中的时间，如同数学公式一样。

（2）货物到达指令发出后，检测货物在客户那里的停留时间，这依赖于客户的历史记录、允许滞留时间和产品类型等。

（3）使用被告知的或 GPS 显示的入场时间并计算离开时间。

在沟通质量小幅度下降甚至不变的情况下，互联网应用在降低成本方面有很大的潜力。定位追踪系统和互联网通信相结合的方法更有优势。几乎不存在没有信息需求的情况，例如地方使用的道路观测系统（CAM）对公众开放时，承运人（或他们的计算机）就可以使用该系统中的全球资源定位器。

通过访问当地的网站，可以选择路段监测交通情况。通过该网站，不仅能够找到目标卡车，还能监测道路拥堵或者道路缺陷。对于调度员来说，如果能将所有摄像头有效利用，其作用将不可估量。直接手动而不需要任何专门的系统仅仅是一些承运人的意愿。

装备控制对于集装箱、挂车底盘和挂车来说很重要，其重要性等同于那些装备本身。对换装后日期和地点的忽视会导致每天应该进行的换装无法进行，进而引发经济损失。规模最小的承运人可能会放弃他之前签署的运输路线。无论多么有运营经验，卡片架上的卡片都需要严格管理以保证其有效性。使用计算机程序通过库存数据库对装备进行维护，就不会出任何差错。为了实现这种数据价值，计算机程序必须根据随时更新的订单数据库为运营商提供相应数据和控制。

自有或租赁装备的维护一般与含有距离信息的系统关联。如果里程数是数据库的一部分，那么将其添加到订单信息中十分容易。作为订单数据的一部分，里程数可以附加到指定装备中,而后剥离成独立的记录。

以数据文件形式存储的与装备相关的里程数程序有很多潜在的应用,包括 PM 计划、重复性的维修追踪、轮胎更换和成本分析。基于该程序(可能是 GPS 能力),**燃油使用**、**批准和注册相关报告的制订**都与里程数程序中的结果有关。

调度员分配订单、调度卡车驾驶员和他们的卡车,都将从与之相关(驾驶员和卡车)的独立文件中提取数据。基于这样的假定,调度员可以毫不费力地实现他的驾驶控制能力。驾驶数据可提供卡车驾驶员执照日期、职业驾照约束(无危险的)和支付部分的项目。计算机能根据**日期**(执照更换)、**货物成分**(是否为危险品)、**支付类别**(多付还是少付)匹配出这些信息,进而使调度员能够识别出负面信息并停止订单的分配。

多式联运卡车运输公司自身的计算机操作能力都不是很专业,更多细节的项目都是可购买的,承运人是否使用所描述的功能,或者不在此范围的其他功能,取决于很多因素,最典型的是与公司如何运营、选择执行自动化的人员和培训那些使用计算机的人员相关的体系。

(1)如果系统的选择同过去的实践理念有明显的改变,就必须给予卡车驾驶员、操作人员和公司运营足够的关注。

(2)系统操作人员必须深度掌握多式联运的相关知识。换句话说,就是系统操作人员要知道什么是挂车底盘、如果没有合理考虑挂车底盘将会产生多少成本等问题。

(3)执行计划是什么?要用多少时间?人员应该怎么样培训?如果一个 5 万美元的系统中仅有 20% 被使用,则这个系统几乎是没有价值的。

适当的计算机自动化应用能够促使卡车运输公司的运营部门成为团队领导者,无论公司规模大小,应用计算机的成果都会很显著。运营系统与公司其他主要部门联系的程度,以及卡车驾驶员竞争力的提高,都体现了计算机自动化适当应用的积极效果。

第四节 安 全

2001 年"9·11"事件对汽车运输行业产生了永久性的影响。运输业务的所有方面都存在风险,尤以多式联运卡车运输风险最高。如果卡车驾驶员个人支付约束的定价压力以及对业务复杂性的认知能力比较低,多式联运的发展就会陷入困境。

本节主要包括两个部分:恐怖分子和日常安全。

第一个建议是如何最好地武装公司、计算机系统、运输装备、业务和个人以应对恐怖分子袭击。

第二个建议是关注日常安全,例如使用中的运输装备、服务时间和危险品的运输。

一、为应对狂徒而进行的准备行为

如果一个人表面看起来做好了准备,那么他的敌人就不会轻易地来挑战,或者不会利用和攻击他。在这个"做好准备"的表象下,应该有能够支持这个表象的能力,但这种"做好准备"的表象是必需的,这是第一步。承运人或卡车运输公司并不想因为被敌人想到了他的弱点而受到攻击,当今环境中最好的争辩就是完全不争辩。

多式联运卡车运输业务中通常有三种集装箱堆场操作方式,**固定集装箱堆场**、**卡车车**

站,或者无专门场地的操作,每一种操作方式都有不同的风险暴露在外,我(本书作者)并不是一个安全专家但是值得充分信任,以下论述的就是我所在公司中的各个部门,或是我职业生涯中做过的事。

在讨论业务的具体细节之前,应该介绍计算机系统的进入权限。

大多数公司通过电话线连接计算机,连接的方式可能是拨号或是 DSL,其应用与电子邮件一样较为有效。计算机连接到电话线上(如果是 DSL,则计算机将一直在线)很不安全。知道如何为配置调制解调器的计算机上植入自动电话回拨程序的人,可能会进入卡车运输公司通过电话线连接的计算机并查看卡车运输公司的订单、承运的货物以及所处的位置等内容。

卡车运输公司系统中的信息,以及与入站货物和场外集货相关的信息都是可读的。当通过这些信息可以知道货物的内容或其他敏感的货物信息时,这些信息就可能外泄。

卡车运输公司以及很多其他的小型业务公司,在使用计算机时并不顺手。他们对保护自身的技术几乎没有认识,需要对以下三种方法认真考虑并予以实施:

(1)不使用电话线时,应该拔下,这仅仅是一个保障措施。

(2)安装防火墙,以阻止计算机被入侵。

(3)设定一系列获得数据的密码,通常越复杂效果越好。

二、业务定位

1. 没有任何集装箱堆场(完全没有)

在完全没有集装箱堆场的情况下,卡车运输公司会把他们的货物带回家,把车停在本地加油站、卡车车站或自家后院。多式联运卡车驾驶员常常会在周末回家,这很容易招贼,因此卡车驾驶员的自我保护是非常必要的。恐怖分子企图袭击时,自我保护对生存来说非常重要。

卡车驾驶员必须养成下列习惯,且需重复学习以更好地保护自己。

(1)挂车停靠位置应该比后门窗高,有旋转门的多式联运装备工作时,需要堵住旋转门,其效果远好于贴封条或上锁,如果与其他挂车对向停靠,需确保其他挂车会在你离开之后才离开,最好靠墙停靠,并且在光线好的环境下工作。

(2)使用两个高级别的轮锁,离开时确保每一个门都锁上。

(3)不论牵引车停放在挂车前面还是后面,都必须用销子锁锁上挂车。如果要离开牵引车,不仅要用销子锁锁上挂车,还要把牵引车往后倒,直到车头后面接挂钩处的轮子动起来。

(4)如果离开就应该锁上牵引车门,并把所有的工作文件带回家。

(5)晚上把车停在有光照的地方,如果找不到这样的地方,就把车停在袭击者或窃贼采取行动时容易被发现的地方。

(6)得到停车场管理者允许后,再停车。

(7)确保卡车驾驶员不是单独收货,且最好是在白天进行收货作业,在驾驶员进行检查、接货或离开时,旁边有人监督。

(8)卡车运输开始时,应立即在调度员处进行登记。

2. 卡车停车场办公室/集装箱堆场

卡车停车场办公室/集装箱堆场最容易发生此处提及的极端情况。卡车驾驶员和卡车停车场雇员之间的友情是自然产生的,卡车驾驶员工作中的重要部分就是在该情形下处理遇到的各种人和事物。同种业务中,人们会讨论同类事情和遇到的相同问题,因此他们相互之间有共同语言。

犯罪分子寻找的袭击对象很可能是外国人,或至少不是卡车运输公司,他们无法用英语流畅地给出卡车停车场的各种指令,不会熟练地使用行话,与行家讨论时的无知言论会暴露出他们不是老练的驾驶员或对货运几乎不了解,所以他们仅仅是坐着旁听,不会加入那些业内人士的闲聊。

在柜台或者个人卡车停车场,卡车驾驶员通常只是挥舞一下加油卡或现金,这种不通过语言的加油指令难以被外人理解。

卡车停车场中的独立公司或承运人的办公室通常会吸引各类人群在此聚集,卡车驾驶员会去那里寻找更好的工作,以及他们想去的地方的订单。

销售人员可以操作出价软件、表单或其他类似的程序。对卡车停车场办公室进行简单的"装修"是很容易的。如果装备好计算机,卡车驾驶员就可以留出很多时间,避免在夜间或周末重启计算机。

电话号码和密码不应粘在监控前。

如果经纪人办公室同时也是承运人代理处,计算机就可能会与卡车运输公司的家庭计算机捆绑,这可是黑客的天堂。

使用笔记本电脑工作的代理人可以在晚上关闭计算机并带回家,没人可以在办公室的计算机或平板电脑上进入卡车运输公司的数据库。当卡车停车场没有雇员时,保洁和保安人员无法进入办公室。保安不会盘问在办公室或者接待室等待离开的卡车驾驶员,不会为难那些看上去没问题的陌生人而使他们感到不适。

卡车停车场里张贴的用于卡车驾驶员收取货物的警示语与无专门集装箱场站的警示语相同。

在卡车驾驶员准备搁置货物的地方:

(1)挂车停靠位置应该比后门窗高,有旋转门的多式联运装备需要在工作时堵住旋转门,其效果远好于只用封条或锁,如果你与其他的挂车对向停靠,确保他们在你离开之后才离开,也可以使用可倚靠的护栏。

(2)使用两个高级别的轮锁,并在离开时全部锁上。

(3)不论牵引车停在挂车的前面还是后面,只要离开牵引车,就要用销子锁锁上挂车,还要倒牵引车直到车头后面接挂钩处的轮子动起来。

(4)离开时锁上牵引车门,并带走所有的工作文件。

(5)晚上把车停在有光照的地方,如果找不到这样的地方,就把车停在袭击者或窃贼采取行动时容易被发现的地方。

(6)把车停在付费停车场,这样有保安看管。

(7)卡车驾驶员应该独自来收取载运单元,需同他人一起检查,卡车驾驶员不需要有陌生人陪同离开。

(8)当卡车运输开始时,应立即在调度员处进行登记。

在卡车驾驶员进入已被分配未知运载单元的地方时:

(1) 卡车驾驶员应在卡车停车场检查订单安排,应该有办法区分每单货物对应的卡车驾驶员。

(2) 使用相对直接且可实时改变的区分方法。

(3) 对到加油站的卡车驾驶员进行快速且清晰的拍照。

3. 卡车运输公司集装箱场站安保

场站应该修建得既方便又安全。集装箱场站既要对大多数进站的人提供安全保障,也要修建得美观便利,这并不意味乞丐、窃贼和狂徒能够很容易进入到场站内。

确保进出有安保场站的多数卡车属于场站的卡车运输公司,否则,应该对外部人员进行临时进出管理。

给场站的广场安装一圈向外倾斜的"Y"字形棘丝网,铁丝网会更好,网的高度8ft比较合适,10ft更好,6ft 几乎没什么用,纯属浪费。

无线电控制大门应该可以水平移动30ft[①],公司卡车驾驶员有远程控制开关。当场站里的人有危险或有货物需要停放时,才会对该卡车开启通行大门。同时限制场站的进站点。

集装箱场站区域应该有良好照明。明亮的场站可为合法的卡车驾驶员提供便利。光照应该是自动的;光电池可以为这个区域的日常照明提供保障,运动检测照明如同哨兵一样为场站提供动态检测。

这样被盗和被袭的可能性都很小。财产能够得到有效保护,卡车运输公司就不会被反政府者利用。卡车或牵引车上面的爆炸装置,可以在有货或空载被劫时使用。

场站里的建筑物需要**安装警报**,以确保任意情况下公司都能通过无线电实现自动反应连线。由于电话线可能被切断,因此最好的保护是每个雇员一对一地进站并设置多重密码。同时,应该记录每一次进入场站的时间。

进入场站的门越少越好,两个入口最好,一个为雇员入口,一个为卡车驾驶员入口。两个门都应该在围墙之内,**卡车驾驶员停车场应该远离大楼和装好货物的牵引车**。

卡车驾驶员入口:应有良好的照明和外部电话,电话和调度员直接相连(在同一个建筑物里)。这个入口可以进入卫生间、淋浴室、储物柜和文书室,卡车驾驶员进入需使用无钥匙锁,密码由卡车驾驶员设定。安全门禁的设置应该在卡车驾驶员和场站中做出均衡考虑,可能进入安保部门或接待室。应该加固入口大门周围的墙,如果卡车驾驶员允许24h进入清理区域和文书工作区域,连接的大门应仅在卡车驾驶员通过电话请求或约见的情况下才能被打开,没有必要把调度权给卡车驾驶员。

雇员入口:应有良好的照明,有挡雨棚,无钥匙锁,在入口和出口安装警报装置,每一个雇员应该有各自独立的密码,系统会对每一次的密码输入做记录。

如果大楼有多层,每层楼的入口都应该设安全门(如果是单层,安全门设在入口),在每

---

① 1ft = 0.3048m,下同。

个安全门里还应该安装紧急情况按钮。紧急情况按钮应安装在离调度员近的地方,这样调度员才能对大门进行远程控制。

临时入口:为访问者设计,访问者可以通过大楼外的电话联系,得到同意方可进入,本地运输卡车也要遵循并习惯于这种安排。

其他预约的多式联运卡车运输公司可以通过鸣笛或者电话方式进入。

这对进行临时工作面试的卡车驾驶员来讲是一个巨大的考验。他们不知道该如何使用门禁,并且也不想通过电话方式(可能觉得害羞)进入。现在的卡车驾驶员会接受或选择安全的方式,这取决于卡车运输公司所有者或管理者的决策。

如果场站是正在接受并分配货物的地点,接货的大门应该在围墙区域之外。这样的话,他们需要保持关闭,等待报关入境。在场站建筑物里面应该设有围栏,不仅可以防止货物被盗,也可以隔离不法分子,让他们无法在场站得到货物计费信息。

4. 站点的货物

没有加封的货物不能进站,尽管销子锁不方便但也应该使用。如果卡车驾驶员离开时留下货物,就应该对其上锁,并在回来时仔细检查封条。

危险品货物是媒体关注的焦点,事实上也需要特别关注危险品的安全,需要更加关注的是要避免窃贼在场站之外制造爆炸。把货物锁好放在袭击者不易接近的地方,并用集装箱把他们挡在里面直至配送出去。

每天在开门和关门时,都需要清点货物,查证丢失的货物。

受雇卡车驾驶员还必须成为联合安保中的一员,卡车驾驶员应该是有迹可循的且清楚地知道自己的所作所为。场站需要建立一种自我保护意识,在卡车驾驶员讲话的时候认真地倾听,及时发现卡车驾驶员的变化。在这里所说的驾驶范畴中的卡车驾驶员部分,概述了有关如何成为一个好卡车驾驶员的规章,一般说起来容易,做起来难。

由于着急上路、太懒惰或受到恐吓而未对货物进行彻底检查的状况较"9·11"事件之前有了改善。但如果坏人侵入并且实施了恐怖行为,那么任何解释都会显得无力。

三、相关管理程序

卡车运输公司的安全管理需花费成本,这些成本会附加在业务经营中。公司通过管理中必须涉及的道德、监督和制度标准来确保运营安全。

自认为太忙而疏于关注下列项目的各个层级的管理者,使其公司对公众和他们自己都没有安全性可言。在这种情况下,公司很可能无利可图。实际上,对安全疏于管理的公司在管理和运营中也会存在问题,难以持续发展。

(1)装备的基础和管理等很容易出问题,有限的自有集装箱数目和大多数多式联运承运人的小规模经营使得对装备管理制度的认知不够深刻。

(2)公司进行日常安全管理不积极,相关的管理知识也会因疏于应用而荒废,难以实现良好的安全效果。卡车驾驶员关注的是经济收入,调度关注的是完成工作,这种对安全管理的疏忽会将产业和公众置于危险的境地。

(3)自有经营者提供的**动力装备**常被诟病,但事实并非如此,这些卡车驾驶员以他们的装备为荣,他们努力地工作去实现"自有装备",并常常忍受那些卡车运输管理人无法理解的状况发生。因此,我们有理由期待装备总是处于其所有者能够负担的最好状态,但要实现装备的最好状态就会影响利润以及驾驶员或装备的工作时间。

如果卡车运输公司的政策不关注那些自有经营者对装备的维护需求,自有装备的卡车驾驶员就会"挤出"时间。在配送时如果自有装备的卡车驾驶员意识到存在问题,就会小心操作。这将会给这些驾驶员带来压力并且导致工作效率低下。

如果卡车驾驶员面临工作供给削减的压力,就会忙于运输而疏于维修。他会在知道车有问题的情况下仍然驾驶,他的卡车在路边检查时,将会出现更多的路面故障、事故和安全问题。

当然,大多数没有且未来也不会维修装备的所有者不会这么做,由于缺乏培训和认识不到位,他们不知道不维护的后果。他们经常表现得很老实,不会对他们自身造成的车辆或客户问题多说些什么,久而久之,这些人就分化为了两类:

(1)他们积累经验,成为同类人中的佼佼者,虽然这需要很高的成本,但是可以实现的。
(2)他们损毁了挂车,并且变成了其他挂车的卡车驾驶员,或者不再从事本职业。

承运人的管理能够在牵引车出现动力问题之前就排查出来,有经验的承运人,在登记时就能显示出他的专业水平。对卡车运输公司经验和水平的一个有效的验证方法就是卡车登记检查。(ATA 阿拉斯加货运协会、KELLER……)有很多核查表以提高登记装备条件负责人的知识水平,新签约卡车会有 30d 内的联邦检测(联邦公路局),这个检测由承运人或**知名的汽车维修厂**完成。

在租赁期内,应该对牵引车进行重复的器械检查,这是不变的例行行为。美国交通运输部会检查那些没有使用 CYA 格式的文件。需要卡车驾驶员在线填写月度或季度表,美国联邦政府的这个要求应以法律的名义来完成,这是一个至关重要的管理问题。

如果由调度员填写采用了标准表格的周期性报告,将花费较短的时间。必须强制填写这个周期报告,以使装备所有者关注并进行维护安排。同样,在场站和堆场,承运人的不定期监测也会有助于自有装备的卡车驾驶员保持对维修的关注。

短驳卡车运输公司不拥有集装箱、挂车底盘或是牵引车,大多数有轮装备是长途运输(铁路、水路和卡车长途运输)承运人的财产,他们的业务特点要求他们给客户提供装货用的箱子(集装箱、挂车)。长途运输公司通常仅是名义上的所有者,装备是从真正的所有者那里租借来的,更多内容参看装备目录。

长途运输承运人认为自己只是货物运输的铁路运输企业或船公司,而忽视了集装箱和挂车的所有权是其业务的一部分,这种态度导致有效管理与控制的缺失,以致缺乏对装备的维护。

短驳卡车运输公司期望能有人告诉他们什么时候应该维修,并要求他们把这一内容标注在换装单上,提醒所有者维修装备。业务的性质、所涉及人员的压力及管理的缺失,都会导致系统无法提供合理的维修安排。

分配给短驳卡车驾驶员的装备等级有好坏之分,但短驳卡车驾驶员更多被分到的是坏等级装备。

分散的多式联运卡车承运人企业,在应对装备所有者或供应者方面几乎没有经验,这将导致卡车运输公司多次传递重复的问题给装备修理人员。由于卡车运输公司害怕遭受本地场站和人员的惩罚,他们常常会使问题停留在本地层级,使问题得不到处理并进一步恶化。

卡车驾驶员是卡车承运人的代理人。在强有力的指导和公司支持的保证时，卡车驾驶员一般都有适当的检查能力，如果装备不能陆路行驶，卡车驾驶员会因为麻烦或害怕而不去抗议，卡车驾驶员一般不会在装备维护上做太多坚持。

在没有承运人的支持或指引时，卡车驾驶员会尽可能快地离开场站。驾驶员关注的是货物是否已经装载，而不是装备的陆路行驶性。人们往往忽略了这种差异。他们在不标注装备损坏的换装单上签字。如果出现问题，就会由承运人承担责任。

可以通过检查单来区别装备质量条件的好坏，除了现在美国联邦公路局的贴标，以安全为目的对挂车(挂车底盘)进行的检查只有少数几项。无论天气好坏、白天还是黑夜，大多数的检查项目都可以进行。

检查项目主要包括：

(1) **轮胎**——轮胎花纹的深度、切口、剥落的记录，以及胎压不足而造成的颠簸。
(2) **轮子**——螺栓和花纹周围的磨损。
(3) **灯光和信号**——是否能够使用，线路是否有问题。
(4) **气压**——漏气和评估。
(5) **制动系统**——制动片、制动踏板的参数。
(6) **醒目**——反光胶带的应用。
(7) **手推车的腿**——有没有带上防磨垫，腿和支架是否坚固。
(8) **车架条件**——关键点上的腐蚀或开裂，ICC缓冲器、保险杠。

卡车运输的管理和监督应采取卡车驾驶员能够接受的形式。卡车驾驶员只有在装备安全的条件下才能控制他们的驾驶行为。

拥有任何规模的装备所有者都不能迫使卡车驾驶员使用不安全的装备，因为没有人能承担这个风险。如果管理者在背后支持他们，卡车驾驶员普遍认为应该由场站、港口或堆场的供应者承担修理费，不过这种观点的缺陷就是有时间压力。

坚持使用陆路行驶的装备会存在商业和市场危机，坚持使用安全装备对卡车运输公司业务也可能造成风险，个体承运人维护和坚持其自身权利也会存在风险。装备所有者，(铁路、班线)供应者会抱怨卡车运输公司在合作上的缺陷，装备供应商(场站的运营者)也可能会反复骚扰卡车驾驶员。如果卡车运输公司对驾驶装备的来源并不在意，或提供者对装备的条件并不在意，就会出现严重的分歧。

换装时，在货箱单元的公众安全方面，挂车底盘的问题要比集装箱多，但在驳船、平车和其他开放性的集装箱方面并不是这样，考虑到车龄和维修的历史，**老旧设备**显然存在更大的风险。

集装箱需要在空载的情况下进行检查，如果换装是在夜晚进行，则应该有照明。如果卡车驾驶员在装货时不花时间检查，那么他这么做就是把卡车置于危险中。同时需要检查集装箱的密封性，保证接缝处和凸角处不能透光；如果地板不安全，会比较明显，车身地板检查虽然困难，但弯腰检查就能发现；外部的损伤也应该写在换装单上。

换装单上的任何标注都可能会让卡车驾驶员与装备供给方发生争执，正在作业的卡车驾驶员会选择忽视问题而不是和那些每天见面的人吵架，这是个难以克服但不能忽视的现实。同样，在安全条例的遵守方面，会对卡车运输公司的卡车驾驶员和装备予以潜在的差别对待。如果卡车驾驶员没有遵守安全条例，则他们需要承担安全责任。除非卡车运输公司要求场站配备安全的装备来保护他们的员工或驾驶员，否则卡车驾驶员不会认为得到了保护。

为了营造鼓励卡车驾驶员正确工作的氛围，需要在入闸换装时存在异常的地方，对出入换装进行匹配。以下是经济有效的方法：

（1）收集入闸（返回）换装单的副本，这会显示集装箱在运到下一个承运人或空载返回所有者时出现的异常，以及在集载货物时没有加封条的数量。这些都将是卡车运输公司会面临的潜在问题。

（2）**集装箱集货换装后需要进行匹配检查。**

（3）认真地进行匹配检查，并由专业人员查找差别，如果两个单据之间存在任何差异，就没有必要再浪费时间了。

（4）与卡车驾驶员相关的换装问题才是真正的差错。应书信告知或者同卡车驾驶员探讨其在工作上的疏忽，避免以后再出错。

（5）如果有标注的换装单来自于没有进行换装的站点，则应该与这些责任站点联系，且可以得到正面的结果。

最好强制执行委员会发布的安全引文中对车灯和轮胎的规定（制动略居其次）。收货时，这两项检查令卡车驾驶员很烦恼，因此他们会尽可能避免这两项检查。另一方面，几乎没有什么装备提供者会在签署换装单据时指明轮胎不好或灯光不足，一些人会利用他们代理的铁路或船运所有者的缺席，故意使用有问题的装备，最常见的是使用有问题的轮胎。

在检查之前找到问题，驾驶员和调度员应该做到以下几点：

（1）在集装箱签收之前进行修正。

（2）只要可能，卡车驾驶员应该全面检查轮胎，当轮胎扁平或气压低时，更倾向于打气而不是维修或替换。

（3）调度员应该坚持整改，避免为难卡车驾驶员。

（4）卡车驾驶员交给调度的报告应该标注在运输日志或是此次运送的调度单上。出发地刚修理好的轮胎在行驶了 5mile（约 8km）之后就出现漏气的情况时有发生。

检查之后出现问题：

（1）集装箱检查后，交通或检查的违规都将是卡车驾驶员的责任。

（2）在运输途中，卡车驾驶员负责检查扁平的轮胎以及集装箱，维修和更换平车的费用以及罚款由卡车驾驶员承担。装备条件不佳或在场站分配时遇到问题，都会激励卡车驾驶员对装备进行正确的检查。

（3）在探讨之后给卡车驾驶员一封信，将会减少未来事故的发生。

四、重视服务时间规则

多式联运卡车承运人的问题在于是否周末工作。在服务时间规则中没必要讨论细节。然而，基于 60h 和 70h 工作时间、10h 开车时间、5h 休息时间的前提，做如下讨论：

（1）卡车驾驶员应该在白天执行调度日志，并且不停地运送货物。对于卡车承运人而言，业务范围是"100mile（约 161km）之内"。如果调度超出范围，使用过去的调度日志弥补现在未完成的调度日志的做法相当不明智。

(2) 必须在建立日志方面对卡车驾驶员进行培训。使可用于工作的时间清晰,并对日志进行不间断的修改。卡车驾驶员应该合理安排休息时间,休息时间应与工作时间相对,按照一天 24h 来建立日志。

(3) 调度员需要知道进出集装箱堆场、泊位区和港口所需的时间。在没有收益的当地运输中浪费了哪些时间? 他们是否耗尽了工作时间? 必须将能够带来收益的每一分钟都挤出来。

1. 本地、区域及长途运输公司的时间规则

(1) 本地卡车运输公司

本地卡车运输公司周末不工作,适用于周一到周五工作 60h 的安排,如果卡车驾驶员工作的港口或场站城市没有周末(或假日)能运货的铁路公司或船公司,或者不允许回程或集货,就没必要周末工作。同样,如果没有工作也就没有理由要求他们在岗,也就是说,如果没有收货人,或是运输公司没有运输或收货安排,就没有必要安排工作,如果周末工作,就会使每周工作 70h。

本地卡车承运人的调度技巧和驾驶员充沛的精力用以保证工作的顺利进行。60h 是上限。另一个制约是如何安排那些在周五完成运输和周一早上开始装货的装备,通常迫使富有生产力的调度形成双重运输。也就是说,卡车驾驶员在周五不必把空车送回(该运送会导致他无法进行周一的装载工作),而是将空车停在卸货的地方(那里是安全的),这样他可以衔接上周一的工作,然而这需要把延误送回装备产生的潜在逾期费考虑在内。

(2) 区域多式联运公司

区域多式联运公司则希望每周安排 70h 的工作时间,即使周末,卡车驾驶员也能在调度之下运送货物。

卡车驾驶员不论运送距离如何都要忽略周末,经济原因会促使他们在周末工作,当他们家的地址在工作出发地(港口场站)和周一的工作地点之间时,周末工作的情况最常见。在没有地方可以处置集装箱或挂车底盘时,运输工作地点的场站将保持一直开放,卡车驾驶员也可以在周末回家,但从驾驶员的角度来看,这也等同于被工作所困而不能回家。

能否熟练地对周五返回和周一工作进行调度是承运人成功的关键。严格控制装备的换装可以满足客户的需求且能够控制逾期费成本。如果周五剩余的工作可以推迟到周一或更晚,并且允许驾驶员回程"整理"遗留工作,驾驶员则应进行回程处理。否则,就会由其他卡车驾驶员代替其工作,而由此产生的本地成本将从驾驶员的福利中扣除。应注意的是,不可忽视逾期费。

(3) 长途运输公司

国内(长途)运输卡车驾驶员每周工作 70h,承运人需要对卡车驾驶员进行安置,他们不仅在周末工作,而且任意的闲暇时间都在工作。

如果是在相对安全的区域,任务完成后,他们就应该待在家里或家附近。否则将会滋生日志造假,并使驾驶员暴露于毒品的危害之中。如果承运人对此(驾驶员消磨时间的地点)不予以关注,就会导致上述问题出现。

2. 需将毒品的使用认定为一种传染疾病

如果一个人无法区分现实与幻境,不管他如何明智都没有办法控制自己的观、行、言。

美国陆路多式联运操作实务

由于某种原因,酒精对于卡车驾驶员体力的影响不及海洛因、可卡因、大麻等毒品。

小型承运人的雇佣一般都是非正式的,他们面试时对卡车驾驶员外表的考量不如那些大公司。吸食毒品的人更有可能受聘于小公司(但也不一定)。虽然无法通过询问得知卡车驾驶员是否吸毒,但是吸毒者外表憔悴,说话可能会含糊不清。不过,他们为了让面试官相信自己没有吸毒行为,可能会故意表现得说话流利。此时,如果面试官能及时发现并拒绝录用吸毒者,将会节省毒品检查的费用,并且可以避免因录用他们带来的恶果。

应到正规诊所进行毒品检测。承运人应该先检查设施并且保证能够亲自对毒品检测进行监督,否则申请人会觉得自己不被尊重。令人惊讶的是,吸毒的驾驶员通常都会去做检查,但很可能在下一阶段就不再出现了。

大部分诊所拥有两到三个等级的检测标准,即 DOT 标准(美国交通部规定的安全标准的检测标准)和一个检测费用相对便宜的标准,后者也可以测出海洛因、可卡因和大麻。DOT 检测费用比较高,限制性检测相对比较便宜。另外,DOT 检测几天之后才能知道结果,而限制性检测几小时就可以知道结果。如果限制性检测的结果为阳性,也就没有必要进行 DOT 检测了。

雇佣之后,毒品检查就不必那么频繁了。联合运营只要求进行例行检查,但这将带来很大的潜在风险。每年雇佣大量驾驶员的企业不想在雇员的水准上进行投资,联合运营就可以节约这部分成本。但这种抽样检查对小型承运人来讲,成本节约并不显著。如果有吸毒者被漏检,承运人将无法从联营中获益。

采用视频培训的模式进行培训。视频资源有很多,有些有用,而有些却毫无用处。同时,有必要调动大家对视频的兴趣,为其放映安全相关的电影。承运人所有者应该提前观看计划给雇员展示的视频,因为所有者能够判断该视频是否适合承运人观看,是否能够实现其目标。当然,视频的作者并不会考虑这两个方面。

纪律越严格的公司越会对其雇员进行毒品监管以避免发生意外和事故,不管是多么小的事故。理论上沉迷于毒品的人更有可能出现意外,不管这个意外有多么微不足道。因此,检查费用一般依赖于发生的事故的严重性。如果毒品测试结果为非阳性,哪怕小巷里撞到了排水管,这个成本也是公司来承担,如果事故较严重,并且是驾驶员的错误,该成本就应该由驾驶员承担;如果毒品测试结果为阳性,就需要驾驶员支付成本并承担相应的后果。

通过观察可以辨别出驾驶员是否为毒品使用者,一旦染上毒瘾,其工作态度就会改变,对待自己和卡车的方式就不像原来那样认真,可靠性随之消失,其对自身的看法也会出现问题,可能会喜怒无常,这些或许都会引来麻烦。

驾驶员在不同地点吸食毒品的方式存在差异,比如集装箱场站住宿、其他聚会或休息场地。远离家乡时,周围同事和朋友的关心与帮助就显得很重要。如果无法处在家人、同事或朋友的氛围中,此时场站装备的良好维护就显得更重要了。明亮且维护优良的场站和调度区域及与友好的专业人员相处,都能在雇佣和维持驾驶员方面发挥正面作用。

大多数驾驶员离家较远,晚上不能回家。提供灯火通明、安全可靠、可以停车(还可以睡觉)的集装箱场站是一个良好开端。有必要清洗设备时,聚集区域一定要光线良好且维护良好。驾驶员不一定需要在住处睡觉,因为他们有牵引车铺位,允许其在时间、噪声和清洁度方面自由选择。必须让驾驶员知道如果没有给他们提供必需的装备,就必须给他们一定的收入作为补偿,如果他们不争取补偿很有可能就会被开除。这样一来,在车辆的维修方面驾驶员就会比较自律。

驾驶员个人福利与调度紧密相关,调度的好坏直接影响到驾驶员的收入,因此调度对驾驶员来讲非常重要。调度员不仅能帮助驾驶员完成工作,还可以帮助驾驶员过滤掉一些无用的信息。

调度员给予足够的时间和关注就能找到问题的根源。一个人从好到坏,从高效率到低效率,从接订单并运送货物到只会抱怨,这些问题的出现都能够说明驾驶员存在问题。"吸毒或不满于现状",无论问题是出在驾驶员身上还是调度员身上,都需要确认该症状是否存在。

对吸毒者的惩罚就是解雇,有一些专门描述吸毒者存在的问题的书。其中提到一点,公司里的人不应该以个人名义卷入此事中,最好的解决方法是坐下来与卡车驾驶员进行沟通,平静地对吸毒带来的保险风险以及顾客对吸毒的看法进行解释。想要把吸毒者从吸毒的错误做法上拉回来,这种努力是毫无意义的。同吸毒驾驶员之间的沟通,不能仅限于只是表达歉意、谅解等,还要告知他被解雇了。

离开他(或她)。承运人不应该承接具有破坏性的用户的运输业务。

3. 危险品运输

与普通的物品不同,危险品运输规则很复杂,无论卡车驾驶员多么聪明也很少有人懂得危险品的复杂性,大多只是知道基本职责,有职业驾照认可的卡车驾驶员也只是了解大概情况。不论是培训得多么优秀的卡车驾驶员,除非有专门的危险品运输从业经验,否则培训也不能提高驾驶员对危险品复杂性的认识,而且多式联运的培训很少涉及危险品运输业务。在实际的危险品运输工作中,实际经验可以使驾驶员成为专业人士。

关于危险品保险方面,美国联邦法规确立了参保的三个水平。

(1)没有危险品:$750000。

(2)低水平的危险品:$1000000。

(3)真正危险的物品:$5000000。

没有购买该保险的承运人(也就是说,他们在运送危险品时不购买这些保险)将面临法律追究,并被逐出该行业。一旦面临法律制裁,少缴纳的保险费远不及违法造成的损失。

散货运输并不在此范围内。危险品运输需要特殊的挂车底盘(**勿使用20ft集装箱运输**)和真正的危险品运输技巧。散货运输并不专门针对多式联运承运人,"**多式联运20ft大货箱一般没有挡板**",这个提示语无论在危险品或是其他运输中都能用到。

实际操作中,多式联运危险品运输经常处于不利的状况。集装箱在铁路堆场集货,如果没有标识语且调度单上也没有危险品提示,就会给驾驶员带来麻烦。一般情况下,铁路运输与水路运输中都没有危险品标识语。

虽然发货人必须提供标识语等,但他们一般不会将标识语贴在集装箱上,可是驾驶员需要这么做。有些驾驶员不希望运输危险品,但也不阅读运单以确认是否存在危险品,这会给他们自身、客户和卡车都带来麻烦。忽视发到他们手中文件内容的卡车驾驶员会将他们自己、客户和卡车都置于危险之中。

驾驶员有可能会打电话询问发货人刚刚交给他的标志语该如何处置,如果调度员没有意识到这件事情的重要性,就会给公司带来危险。如果水路运输承运人没有注意到出口货物是危险品,在港口或铁路场站接收货物时就可能会产生麻烦,调度人员需要在运输前确认所有相关事宜。

上述任何一种情形,都需要使货物运送的需求方参与到运输过程当中(与承运人进行沟通等)。如果意识到存在问题,但却没有告知承运人,这是违法的;如果意识到存在问题,并且向承运人提出了建议,承运人虽然可能会不高兴,但也会心存感激。

危险品运输的规则和制度:美国联邦手册需要发给所有卡车驾驶员并且要求他们签字以对手册发放情况进行登记。要求安全和调度监管员观看与卡车运输货物种类相关的教育视频,最好是多式联运方面的这类影片,并且不断地对影片进行更新。如果没有关于卡车运输或是多式联运的视频,就使用通用的授课视频。允许卡车驾驶员做卡车零担货运输以及与多式联运危险品经验积累等无关的项目,这样就会丰富卡车驾驶员在其相关领域的业务的处理经验。最后,还是要让卡车驾驶员做一些与他们自己有关系的业务。

每个驾驶员都需要一本突发情况应对手册,需要他们理解该手册的内容,并懂得如何应用。一旦遇到事故、超载、意外等任何风险时,警察或者救火员可以使用该手册对其进行救援。

驾驶员不必懂得如何对抗风险,他们只需掌握商业运输执照的操作手册中标出的常识即可。一旦需要帮助,他们需要做的是:

(1)把装备放在居民区的下风向区。
(2)让人们远离场地。
(3)向他们工作的雇主(承运人)提出建议。
(4)把运货单和突发事件应对手册放在身边(为警察、消防员等)。

卡车运输公司必须严肃对待危险品运输。对于没有运输过危险品的驾驶员,必须提前进行指导;对于不愿意询问如何处理危险品运输问题的驾驶员,需要告知注意事项,确保做到万无一失才能上路。管理层要对驾驶员危险品知识的培训给予足够的重视,并且对危险品培训进行必要的补充。当然,最重要的还是驾驶员在运输危险货物时的责任心。

第五节　多式联运卡车承运人的定价方法

不同承运人之间的定价方法不尽相同,业务成本和市场承受力(竞争、服务价值)等因素都会影响费率。

不同承运人定价方法不同说明了多数卡车承运人没有在定价规则和制度定价方面投入精力。报价形式有口头的,也有书面的,逾期费、延迟和超出的线路成本、驾驶员装卸等问题在报价时常常被忽略,卡车承运人与自有经营者之间的矛盾也逐步显现。

如果多式联运卡车承运人运输其他种类的货物,他可能会遵从管制或是放松管制后的

第一章　卡车运输与多式联运

相应规定。司法制度并不理解多式联运中的放松管制，律师们也只是了解字面意思却不理解其真正含义。应该对多式联运货物运输文件流的建立给予更多关注。美国国内货物运输很混乱。合同承运人，极可能从被曲解的法律中获利。无论有没有签订合约，货物运送时如果没有送货单，卡车运输公司都很容易陷入困境，没有合约会更糟糕。

以下内容为定价方法，以及这些方法适用的运输方式，其中任何部分都可以应用到其他方式中，现有的定价方法几乎都不具有排他性。

一、里程法

里程是大多数定价的基础，"谁的"里程，如何计算，如何应用，是常见问题，以下所述要点在教科书中均有详细的介绍。

实际距离的计算，很多教科书中介绍的都是理想的计算方法。在实际工作中，承运人通常不会建立实际运输的数据库，一般通过已有数据库或者类似的数据文件来确认里程数。这样就可以避免对数据源合理性的质疑。收集数据时要做好标记。数据库不应用于买卖，应该无偿为承运人使用。

采用真实里程数、最短里程、直线里程以及州际系统的里程进行定价是存在问题的，也许还会存在偏差。不管采用哪种定价方法，都要根据使用者双方的需求进行定价，并且将该定价方法应用于双方立约人（自有设备运营者）和使用者。只对卡车运输公司有利，而对立约人不利的定价系统肯定会带来麻烦。根据运输业务放松管制的自然属性，使用者/顾客对实际使用的方法并不感兴趣，除非合约中定义了应用里程数的类型或费率来源。

卡车里程表计数和供应商公布的里程数之间存在差异。尽管报价方在里程准确性上做了努力，但实际的路程和公布的数字还是有差异的。如果驾驶员认为这个里程不可信，就应该重新选择里程数供应商。卡车运输公司最好使用自己选择的里程数供应商。在里程数和线路费率修正（道路状况、交通拥堵等导致注意力分散）以及支付等方面存在问题是正常的。

Rand McNally 公司是贸易地理领域的领先者，其致力于开发自动化的里程数已经有40多年。该公司是以营利为目标的，因此他们提供的服务好但很贵。

Rand McNally 公司提供场站或港口到指定区域的里程数，这些数据可以购买或租赁，可以提供给团体或个人。该公司数据是生成承运人数据库中里程信息的有效来源。这个公司几乎可以提供满足程序要求的任何一种文件结构，卡车运输公司必须用心去理解他所购买信息的权利。可以要求 Rand McNally 公司对任何一个晦涩难懂的合约条款给出解释。如果解释不清楚，就需要请律师对所购买的里程使用许可进行审阅。

卡车运输公司的工作人员能够在自己的公司输入他们购买的数据库，或打电话给 Rand McNally 公司以获取信息，或者利用公司数据和地图信息构建里程数据。无论何时，上述办法都可以重复地使用。

上述方法的成本几乎都比获得区域的点对点报价并把它们重新载入承运人的数据库要高。虽然成本高但或许更方便。

载货返程方面，使用者计算了从原来的终点到回程运输点走的那段U形路段里程（从回程运输点计算的里程数在场站或港口里是可得的）。U形路段里程将在承运人的数据库中保留、计算、使用进而废弃。

Rand McNally 公司发行了承运人日常指引,并且在承运人会议上分发。

例如 ALK 公司提供服务的一部分就是个人里程信息。笔者发现该公司想把他的产品内置到卡车运输软件包中。该公司使用公司内部数据库计算里程,以平衡获取数据的成本。

里程数据一个较为便宜的来源是地图,任何类型的地图都可以。由于发布基础的多样性,很难做到数据使用、储存和内部再次使用而无侵权之嫌。从互联网上得到的里程数也很难保证其真实性。在应用各种外部数据时,需仔细阅读与报价相关且难懂的协议条文。一旦发现数据来源可靠,即可储存并使用该里程数。二八定律几乎是适用的,即有关里程数的研究,其中 80% 在过去已经被做过了,因此没有理由去做重复工作。

卡车的车载计算机提供了里程分布的完整信息。然而这些也许对多式联运定价并不适合,如果能配备合适的车载装备,支付和日志里程就能够比较准确地计算出来。通过 GPS 对标记集装箱进行追踪几乎不会出错。

本地运输中时间比里程数更有价值,除了本地运输,其他种类的运输中顾客和卡车驾驶员对持续和精确的里程数的需求是迫切的。

二、报价

报价方法: 卡车承运人内外部报价的方法不同。他们通常根据先前的工作经验进行报价,或者将竞争对手的报价模板作为自己报价的基础。以下介绍几种报价方法。

1. 基点法

基点(费率因素)——由铁路公司的费率演变而来。特定城市(或者邮局)、城镇和在某个特定里程区域内的地点,都属于基点。人群密集区域基点覆盖的里程数是有限的。西部(落基山)基点城市覆盖区域可能会达数百平方公里。从出发城市的基点,到目标城市的基点,通常以矩阵形式报价。与里程计算图表类似,初始基点在顶部,终点在最左列,交叉项是实际价格或基础价格。费率页前面的页数中包含了发布者和使用者要遵守的规则。

区县的基础费率已经不太使用了,虽然区县费率制订比较方便且清晰,但是很难实现自动报价。

2. 地带法

多式联运地带报价指的是一个特定圆周内的价格,平车运输价格在 5mile(约 8km)之内是一个价格,15mile(约 25km)之内是另一个价格,25mile(约 42km)之内是第三个价格。里程数会不断地增加直到卡车运输公司认为需要采用每英里报价才足以弥补其成本时为止。接下来的价格将以每英里(约 1.6km)的成本进行计算。

有回程运输时,根据不同基点所处区域,卡车承运人会给出两个独立的报价。如果存在可以减价的条件(比如为一个顾客运输两次),也许会将第一次运输作为一个趟次,返回时所走 U 形路线作为第二个趟次,而载货返程作为第三个趟次,这些里程被累加并除以 2,就是区域里程定价。上述运输的附加费应该是两次的停车费,加总到一起就是比较"公正"的价格,并且实现了这一圈行程的有效性。

3. 邮政编码法

邮政编码报价法是比较时髦的报价方法。美国邮局的邮政编码由地区总局(前三位数)和个体邮递位置(后两位数)组成。人口众多的区域,地区总局在占地上是小的,但是在人口较少的地方,费用就会很贵。由于邮政编码使用广泛,因此使用邮政编码进行报价,比较容易被大家理解。大约1000个地区总局都有精确计算的每个总局邮政办公室之间的里程数。

使用区域或地区总局中心点之外的"点"的实际里程数进行报价是不准确的,有可能会出现少计费的情况。如果目标基点并没有达到当地邮局那么远,那按照邮政编码报价费率就高了。以下是一个来自纽约港的铁路承担的多式联运的例子。

集装箱的最终目的地:米德兰

邮政编码:48641

地区总局:萨吉诺

地区总局邮政编码:486

集装箱在底特律落地,由卡车运到米德兰,途经萨吉诺,从萨吉诺到米德兰约60mile(约97km)。船公司给卡车运输公司的相关记录显示,水路运输承运人希望的报价和到萨吉诺一样,此时卡车运输公司只好另想办法来弥补运费损失。

对多式联运承运人来说理解这个概念是特别重要的。使用邮政编码报价法的船公司也许会发现,短途接驳费率的计算很难找到一个合适的内陆场站基点。此时运输线路的报价或许就应该通过仲裁根据目标基点的价格来确定。

4. 点到点法

点到点报价很容易理解。这部分内容感觉比较容易理解,但其实有些内容也没有想象中那么好理解。

往来于3个点的10个报价单可能会使用这种方法来处理特定的点到点价格。点到点报价法是容易理解的,但基于点到点报价法的往来20个点之间的200个报价却是难以理解的。发布运输需求的发货人和收货人,通常要求以点到点的形式进行答复,所以他们能够收集相应的信息并输入计算机做估算以处理订单。

多式联运卡车运输公司在特定的场站和港口之间的特种运输中使用点对点报价。很多公开发行的可参考价格手册中,点对点报价(由特种运输价格得来)更具选择性。

保证卡车运输公司报价和立约人(和卡车驾驶员)付酬之间一致的直接方式,是在数据库中收集价格和里程数。如果客户、立约人和卡车驾驶员发现不同趟次价格之间哪怕只相差一毛钱,都会觉得他们可能损失了一美元,觉得他们被剥削了。

5. 周转量定价

举个周转量应用在船运货物收货人的例子。假设许多工厂从同一艘船上接收毛坯铸件。运输负责人只想要一个简单的数字以说明问题。基于假定或利用预期消费计算周转量,并用这些数字计算工厂的运输成本,而不作为实际成交价格(经由相同的港口)。

多式联运很少用到周转量。但也有例外,比如,散装货运输当中的固体垃圾运输使用的就是周转量的定价方法。卡车运输关注的是单个集装箱的单趟运输,很少有承运人有时间或兴趣找出在周转量定价中用到的平均值。

6. 短途运输定价

短途运输定价最好在上述讨论的区域运输或本地运输中介绍。最优的短途运输应该可以让驾驶员晚上回家,非常的主观。虽然短途运输通常是几个小时的事,但都是基于每一趟次或是每一天来定价。承运人位置的不确定性会使运输变得复杂,此时,按小时定价有利于维护承运人利益。

7. 小时定价

驮背运输的出现,使得小时定价变得比较复杂。驮背运输的出现,意味着铁路公司找到了控制整体运输的方法,找到了通过卡车进行中转的高成本的原因,是收货人和发货人的低效率,以及卡车和驾驶员的复杂成本。但是在铁路部门管理之下驮背运输对成本的控制依然无能为力,就出现了单方式运输费率往往超过了多方式运输整体费率。

8. 回程运输定价

回程运输是个一般化的术语,卡车承运人认为回程运输比单独去程和单独回程两个的单独报价要便宜。例如:

(1)卡车承运人拉载空集装箱去集货,在收货路上的顺带拉货,就是回程运输。

(2)多式联运中,铁路公司利用自有牵引车配送货物。在挂车直接运送(不是联程运输)到另一个多式联运载货点的途中顺路装载并运送货物,这种重叠的行程叫作回程运输。

(3)把货物从芝加哥运送到底特律。挂车在收货人处等待运输,卡车装上一个空集装箱,重新装货从底特律回到芝加哥,叫作回程运输。

(4)在进口过程中,运送的是装好货物的集装箱。运送国内货物去往空集装箱所在地的国内运输就是回程运输。

(5)进口集装箱从海路运输开始,空集装箱重新装上出口货物并送到其他港口,卡车装载另一个集装箱返回初始港口,这个返回就是回程运输。

上述例子中,卡车和卡车运输公司都没有收益,提前进行回程运输计划会使这种无收益的里程最小化。

回程运输计划需要由对相关程序和业务熟悉的人员来做。很难临时找到合适的回程货物,所以回程运输最好事先安排,最好在上次货运调度之前就确定下来。

联系已知的国内货源是找到回程货源的最好选择。装备所有者也是回程货物的一个有效提供方。船公司会发现将出口货物集装箱重新装载进口货物是有利可图的。存在业务竞争的卡车运输公司之间也许有对回程运输有需求,并且认为其他承运人没有返程货源。

对回程运输是否有兴趣,主要取决于以下几个方面:①由自有经营者管理的卡车承运人在回程运输中的毛利;②业务量迫使接驳运输驾驶员更加注重时间而不是金钱;③自有经营者的看起来较好的生存条件。

回程价格很有竞争力,指从总费用中扣除业务运营商成本的部分,是涵盖了成本和利润的卡车承运人能给出的最低价格。最好委托一个承包商(卡车)负责货物的整体运输,并在合约中指出需要其负责货物整体运输的需求。基于有收益的里程数和停车费等计算货运成本,并从毛利中扣除卡车的薪酬,这个价格带来的利润率并不是很可观。标准的利润和有竞争力的薪酬对卡车回程运输极具吸引力。

9. 均一费率定价

均一费率定价法,允许对点到点,或在不同区域之间的标准集装箱进行单一定价。该定价法包含运输的常规成本,也包含了载货或卸货时间之类的项目。

均一费率的概念是从 FAK(Freight All Kind)定价法中演变而来的,这种方法在 19 世纪 60 年代是最新的费率制订方法。FAK 对用传统方法在多项目的卡车零担货运或是满载货物运输的分类定价上比较困难。均一费率在FAK的基础上,从适用于零担运输发展到整车运输。在与欧盟的交易中,美国港口进出口内陆的运输使用的都是这个定价方法。美国铁路部门失去了对平车载运挂车运输(TOFC)中门到门的价格控制,但他们发明了均一费率定价。FAK定价方法的管理和建立都很简单。在美国铁路部门出现了明显的内部矛盾后,基于FAK(无商品命名)的均一费率定价法变成了多式联运的标准。

均一费率(FAK)的概念非常适合多式联运。

自有经营者合约的存在,简化了卡车的薪酬和运输总账款的计算。采用FAK费率,承运人可节省雇佣专门人员来计算不同商品运输费率的费用。除非挂车底盘一定要在不同运输中进行转换,否则运输20ft或40ft的集装箱和进行点对点运输的挂车之间没有什么成本差别。

承运人计算其自身收益时,需要总结不同点之间的均一费率总额。每英里的运输成本随着距离的增加而减少(因为最终成本被吸收),所以均一费率能够计算出来。均一费率是通过实践得出来的费率。

三、附加费用和专门费用

附加费、中转费、逾期费和堆存费的定价都不包含运输行为本身,是长途运输承运人针对卡车运输公司设计的。这些费用在特殊情况下使用,卡车运输公司在支付这个费用之后就没有利润可言了。不过从某种意义上讲,这些费用是受欢迎的。承运人会事先为其客户支付这类费用(预支付),并且期望能够收回来。某些状况会导致事故的发生,如果对实际状况缺乏鉴别能力,就很难把钱收回来。

附加费:是卡车承运人的成本,超过了货物的运输价格。附加费可能以基础成本的百分比形式出现,或是以额外的统一费用形式出现。附加费是由于运输成本临时增加而收取的费用,例如:到达一个特定的装载或卸载货物地点出现暂时困难而导致增加的运输成本,或者燃油价格的上升导致运输成本的增加,而且承运人认为这种上升是暂时的,卡车承运人并不想改变基本的费率结构。

专项费:是一种单一的统一收费,并不是运输费用,体现了特殊运输的特点。例如:在多式联运中需要乘船就会增加途中延迟的成本,并需要支付乘船费。承运人希望支付的专项费能变动以反映出船费的方差,但每次使用船只都会产生这个费用。

滞留费:卡车驾驶员和其牵引车在工作地点停留的时间超出时限时,不管是否正在装货,或是归还装备,这种延迟都是滞留,卡车运输公司需要理解这种滞留会带来生产力水平和潜在收益的下降。发货人、收货人和集装箱供应点(场站、堆场等)一般不需要支付滞留费,但在被告知存在问题时也需要支付滞留费。

卡车运输公司需要给予滞留费支付者以充分的理解,并将这种理解表达出来。两小时是标准的休息时间。驾驶员需要知道在延迟时如果没有提出调度建议,就拿不到加班费。

调度的责任是确定工作上的潜在延迟,并且告知滞留费支付者需要给付的额外成本,这样才能保证滞留费用的收取。如果支付者承担了费用责任但不支付,在下次装货时卡车运输公司会被预先警告。

逾期费:是一个行话,表示卡车运输公司在特定时间没有归还租用挂车、集装箱和挂车底盘时,支付给长途运输责任方(装备拥有者)的费用。协议规定卡车运输公司可以在一定的时间之内随意使用集装箱,因此就会有类似于租金的逾期费用产生。"逾期费"术语来源于铁路部门,铁路部门以天为单位租用他人的卡车车厢,使用他们的线路,由于驮背运输的风险,该术语早期主要应用于在铁路之间自由交接用的挂车,现在适用于任何此类费用。

储存费:指分配给某责任方的运载单元,如果没有在规定的时间里从上一次运输关系中分离移走铁路公司或船公司向该责任方收取的费用。该储存费用未付之前,运载单元不能进行运输,调度前卡车承运人需要确认装载载运单元的储存费用已经结清或者没有储存费发生。已被调度,但未付储存费用的载运单元,将不会被放行,这样就会产生延误。如果支付了储存费,但是费用支付者并没有被授权可以支付这个费用,很有可能最终责任方不支付这笔费用,那么费用的实际支付者就会蒙受损失。

第六节 信息获取渠道

一、多式联运组织

信息获取渠道——源于各方的信息:可以从多式联运的各个方面获取信息,包括卡车承运人,根据特定的需求,每一个使用者都会在下文的组织里找到答案。

北美多式联运协会(IANA-UIIA) 是各类业务的总体代表,包括卡车运输公司、铁路、船运等,代表了多式联运联合利益,IANA 的目标包括提高多式联运及航运界的利益;提供论坛来讨论共同的问题和如何创新;预测其成员的职业发展;参与产业的政府诉讼;宣传和教育。

(1)**统一多式联运换装协会(UIIA)**:该组织的注册人是多式联运业务的成员,他们遵守制度,目标是实现行业中所有的承运人之间换装协议的一致性。

(2)**卡车承运人**:UIIA 为每个卡车运输公司提供长途运输的标准合约,把卡车承运人和铁路及水路承运人从各式各样的合约中解救出来。由于强制使用长途运输条款,因此实际情况没有那么简单。

UIIA 协议中提到了驳运承运人,就说明对驳运承运人的评价还是比较高的,他们可以并且满足保险要求,能够严格执行并且真正达到了客户使用舒适的标准。

(3)**铁路**使用受限制,现在还包含了许多重要的参与者。一般的 UIIA 协议对铁路运输不适用,因此,这种协议的存在除了减少卡车和铁路的合约数量外,也许不能给个体合约人带来好处,但提供了解决争论的清晰思路。铁路公司以 UIIA 认同的形式制订铁路运输的特定要求。

(4)**水路承运人**参与广泛,并且有利于卡车承运人,虽然在 UIIA 基础上建立的一般的协议有不适用的地方,不过这种不使用的情况还是比较少的,例如:卡车运输公司应该检查承运人的逾期费、免租期以及 UIIA 规定中的特殊定价,除非卡车运输公司自己是承运人。在存储地点也是一样。

(5)**多式联运市场销售公司(IMC)** 是 IANA 组织的成员,为每一个部门提供帮助,帮助他们掌握涉及多式联运的其他运输方式的现状。

(6)供应商作为另外一种团体或组织而存在。轮胎、挂车、集装箱和维修公司可以提供信息,并提供企业报价。软件和市场咨询公司也采用这种方式运营。

美国铁路协会(AAR ,Association of American Railroads) 印刷和派发他们出版物的目录,这些出版物可从清算中心和运输技术中心购买。前言给出了出版物的背景、范围和有关清算的规定。

AAR 提供了一个有关多式联运相关出版物的详单。很多出版物针对的都是多式联运装载实践。如果卡车承运人计划投标铁路系统,AAR 中的换装服务是多式联运卡车承运人必须恪守的规则,如 TOFC/COFC 规则。

美国卡车运输委员会(ATA) 的活跃性已使它发展成为一个多式联运政策委员会,该委员会的代表担当着产业和 ATA 之间的调解人和沟通人的角色。委员会成员中的多式联运代表基本都隶属于国家和各州的 ATA。这是一个专设的组织,它的存在体现了多式联运卡车运输产业的分散性。

ATA 扶持了首家多式联运委员会和一个多式联运会议,后者没有吸引多少能给组织投资的会员。ATA 是整个行业的代表,比国会还有代表性,并且由于卡车运载承运人协会的重新调整而进一步增强了优势。

在多式联运实操业务之外,ATA 理事会对卡车承运人的会计、计算机应用和卡车维修等方面进行培训,提供潜在支持。ATA 理事会的会议关注点是多式联运要素之外的零担货和农产品运输。

芝加哥多式联运委员会——反映了国家铁路交会城市的重要地位。事实上很多城市铁路轨道没有完全连通,这也促进了多式联运卡车运输的发展。

二、信息交流

出版物:现在有大量的(纸质或是视频)出版物,本书难免存在遗漏。期刊中的写作和宣传是技术教育的最好形式。内容要有可读性才能吸引读者,需要聚焦当下热门主体以满足读者需求。其内部广告都是针对读者的,同时包含一些培训。

网络搜索:是现存信息中最有效的搜索源。谷歌是信息搜索的代表,微软也很有竞争力,雅虎为很多互联网服务供应商提供技术支持。任何人都能通过使用互联网的搜索引擎找到所需要的内容。

交通运输专题:被认为是美国卡车运输协会的通信旗帜,是出色的卡车业务的信息来源,其中也包含和铁路有关的信息。该期刊每周都有涉及多式联运和聚焦该业务的专题,算是最好且全面的陆地运输杂志,并且侧重于卡车运输。这个期刊需要付费订阅。

ATA 参考书目:美国卡车运输委员会被认为是运输行业代言人,其出版物出版的目的是出售,他们偏重于技术(手册和视频),主页内容是如何正确运营。其覆盖范围很广,包括管理、安全、维护和其他技术支持等。

重型卡车运输:是一个新港通信杂志,包含了很多卡车运输的事实真相。它关注的多式联运,主要处理装备自有经营者和卡车运输组件之间的问题,偶尔也会为特定主体定制专刊。

业务汽车期刊:是卡车运输行业既有线路的支持者。这个杂志不关注多式联运,不考虑承运人的规模,提供了对于业务优化的洞悉。其广告具有特殊的教育意义。

当代运输技术：提供了与卡车运输相关的计算机、通信、运输和其他领域的基础入门知识，有很多针对已有技术的文章和宣传可供学习。

卡车运输业务：由国家私人卡车理事会出版，只关注与私人车队和车队所有者有关的配置问题和解决方案，有赞助来源，所以取阅无须成本且信息饱满。

现代物流：是Cahners出版公司的管理和分配报告，信息量饱满。这个杂志已经存在多年，虽然因运输行业不断变化而多次更名。多式联运并不是这个杂志的首要内容，这个杂志没有成本，可读且信息量充足。

服务公司广告：垃圾邮件常常直接从P.O.箱直接进入了垃圾箱，这样做其实并不一定对。邮件邮寄者为卡车运输提供服务，能够洞察适合承运人的有效内容，或者能够为卡车运输公司接下来的业务提供专业知识。快速阅读这些广告也许能获取一些有价值的信息，例如为载货配置的DAT(运输代码)；DAC基于大范围注册和人力资源供应提供服务，表格制定者J. J. Keller现在还为卡车运输行业提供其他的各种产品。

网站：世界范围的网络提供了有关供应商和客户非常全面的信息，包括设施地址、电话号码、个人姓名、产品等。大多数印刷广告上有公司网址，如：www.etcsomthing.com。或是留意在轮胎、封条、门锁等地方的小广告，这些小广告可能在需要购买和维护时使用到。

第七节 保　　险

多式联运投保越来越容易，成本也在不断提高。多式联运运输工作者给保险公司提出了不一样的挑战，例如从事运输的工作者使用的不是自有牵引车，而是所有者、运营商和承包商的牵引车，在这种情况下，确定保险范围是保险设计中亟待完善的问题。

多式联运极其复杂。保险代理人在应对一般的运输保险时游刃有余，但面对多式联运却会陷入困境。就好比使用柴油机比汽油机需要更多的技能，多式联运卡车保险责任范围的界定最好由专业的交通运输保险代理人完成。

有经验的保险代理人提供在线可用保险产品的最优定价，他们能够以保险费率制定者理解的语言向其传达多式联运保险业务的强度、需求和潜在的责任。

联邦政府要求卡车承运人在进行常规运营业务时，采用有限保险结构，即不强制卡车运输公司、公众和客户购买保险，但与铁路公司或船公司订约的卡车承运人需要购买保险。

证明保险存在的形式有很多种，**保单**是行业标准协议。保单罗列了卡车应该承担的义务和拥有的保险，也能够体现卡车运输公司的所需的保险形式、期限和涉及的保险公司。

保单持有人(希望保险被兑现)需要有保险存在的证明。

如果保单在卡车保险事件发生后的一定时间(15d、30d……)之内作废，代理人需要告知投保人。保单虽然在这段时间里没有效力，但能够说明这段时间内卡车运输公司投保过。保单服务不产生成本，由保险公司授权保险代理人提供。

指定附加被保险人是保险的另一种形式。指定被附加的主体是"被保险人"，他需要确定保单可以达到他对保单限额的要求。附加条款是保险的一部分，由(保险)承运人登记，是保险单的附录，写在保单中。

部分保险公司并不接受做这种类型的保单修订，有些公司接受是因为他们认为这种附加被保险人的操作不会产生额外成本。当然,非要增加附加被保险人也是可以接受的。

没有保险的业务,对于卡车运输公司来讲其实是自以为是的成本节约,卡车运输公司节约的是免除顾客风险的保险费,卡车承运人不买保险也是一种欺骗行为。在放松管制或是签订合约之后,卡车运输公司可以不必承担法律或合同里没有说明的责任,合同可以规定责任金额限制。

保险是一种复杂的业务,其成本理应直接由保险公司承担。保险公司通过一种类似矩阵的表格进行决策,该表格最左边一列是每一种保险提供的服务,标题是公司的报价。最底下一行是成本,这些要素解在大多数保险中都有应用,卡车承运人会拿到一个单页,以对比不同的报价。

保险公司公司和代理人并不喜欢被"购买"。报价时就应该考虑这些因素,提前两到三个月通知他们,任何信息都是透明的,并且要提前签署协议。卡车运输公司如果有意向投保于当前的保险公司,就需要向新代理人公开当前保险公司的报价,他们也许并不喜欢但会尊重这种竞争。

卡车承运人需要确认可以接受但不需保险的风险。卡车运输公司的费率能体现出顾客会遇到的其他风险,当然这是需要付费的,其中包括被自保险(self insured)风险范围的货物运输费用、平衡保险费用。

以下是基本保险类型。

本小节介绍基本保险目录,具体责任范围细节不再详述。以下内容给出了目标方向:

自动负债保险通常为公众(可能是一个卡车运输公司)提供卡车在货物运输或正在工作的时候的方向。卡车运输公司运送高风险危险品(500万美元保险)比无风险的卡车(75万美元保险)需要的保险责任要多。工业化学品运输则是中级的风险(100万美元保险),所有这些在 USDOT 条例中都有规定。

多式联运承运人在运输货物时往往并不在意货物的封条,他们拿到的清单中并不会标明危险品。对专业知识的缺乏并不能成为出现问题的借口,保险责任的不足也会带来灾难性的问题。

运货卡车的财产损失属于自动责任保险。

参与运输业务的任何一个登记方都需要美国交通运输部债券。其本质是确保经纪人对承运人进行赔付,并且在货物丢失时,承运人能获得至少1万美元的赔付。

业主保险由可行的业务需求组成,包含多重的责任范围。通常这种保险包含多个目录,如:业务个人财产、灾难所得、标志损害、票据丢失、证券丢失、水沟垫板、计算机丢失、租赁自动设备、**雇员的忠诚**等。

货物保险应该建立在卡车运输公司遵守的多种协议和合约的基础上,还有卡车驾驶员的社会良知、保险客户期待的服务水平、他们的工作环境和卡车运输公司的负担等都是货物保险的基础。

给顾客发放印有标语的票据是能够减少损失的,这个做法有效且成本低;配送需要按照一开始装货时发放的名为"卡车运输公司名称,底特律,MI"的海运提单上规定的条款执行。这批货物受海运提单条款的制约,这是国家货运分类的最新版本。

上述标语的成本是 NMFC 成员参与费用及制作类似提货单的运送单据所产生的费用。

其价值在于卡车承运人制定该线路上自己负责部分的提货单,告知客户从场站或港口出发后的运输情况。卡车承运人规定由单承运人完成从他的集货地到他的终点的点到点运输。如果有明确的记录,卡马克修正案中规定的责任就不适用了。

费用最好在总里程数的基础上计算,保险公司应该选择牵引车,并以里程数作为基础计算费率。

解挂责任保险在牵引车脱离调度事件发生时对承运人提供了保护。对卡车运输公司来说,要求他们签署解挂责任保险是例行公事,例如那些脱岗的自有经营者驾驶他们的卡车在大街上横冲直撞造成的事故。

自动债务保险(卡车运输公司)和解挂责任保险(运营商)在上述的事故发生时或许会出现解释不一致的情况,如果两种政策有相同的保险公司,就没有漏洞,如果不是这样,卡车运输公司需要明确有关承运人事故的责任人。

雇员的诚信适用于所有者运营商和其他合同工。**业主保险**通常是针对雇员的保险,是针对合同签署者的单独的政策。当工作中出现没有获取足够报酬的驾驶员可能经受不住诱惑的情况,以及专业窃贼开走了汽车承运人的卡车时,业主保险提供了一种低成本的保护。

一般债务保险针对的是未使用的牵引车和集装箱。另外,集装箱码头位置应该设立在可保护区域内,此类保险适用于将挂车停放在顾客处产生的不可控风险。

保险费建立在总收入的基础上,卡车承运人要确保他们的总收入中不包括附加费用(比如逾期费或储存费)。责任区的划分有很多方法,可以根据泊位区或场站的数量、挂车和集装箱的停靠点、修理地点确定每个区域的收费。

总括险。这种保险是在损失超出限额时对承运人的一种补偿。超过上述所提到的自动债务保险、一般债务保险、工人补贴和律师成本的赔偿金额,将用这种保险补充。卡车承运人的代理人可以寻找一个承保人,并提供这种保险。例如:

  自动负债保险 $1000000
  超出限额的保险 $5000000

车辆维修和更换——卡车和挂车在运输时发生事故所造成的损失。保险费用由贷款机构提供,并且能够保护车辆所有者,这个保险包括了车辆的维修和更换,内容很容易理解。

为出租置换提供的保险是自有经营者特定价值的一部分。

在(美国)很多州,工人赔偿金不适用于自有经营者或者承包商。因为他们都没有为本州缴纳失业补偿费以及其他损失基金,因此各州不会支付任何工人赔偿金。

不为承包商支付工人赔偿金的州通常有法律规定,会为自由经营者提供卡车承运人必须参保的保险,这样做可以对医疗费和误工费进行赔偿。具体做法取决于本州对保单和卡车承运人购买保险的规定。

第八节 可用信息获取途径

  计算机将卡车运输问题复杂化。计算机系统可以提供任何卡车承运人需要的能够以数据形式呈现的信息。卡车承运人需要的信息,有很多特定的信息数据库可供购买、集成和使用。然而,计算机系统和程序提供的信息往往超过了卡车运输公司的实际需求,驾驶员可能

第一章 卡车运输与多式联运

不需要获取所有的信息就能够胜任卡车运输公司的工作。

下面列出了一些已出版发行的特定信息源：它们（书籍、杂志、期刊和互联网网站）给出了日常和偶发问题及需求的解决方法。它们提供常用的专业信息，因此运输公司无须雇佣专门的计算机人员，而这些计算机人员对货运业务来说价值也有限。卡车承运人员只需要掌握获取信息的途径，对所需信息的学习就会较快并有效。这些信息来源的主要弊端是需要付费订阅，可以每隔几年购买一次。

一、出版物

美国铁路协会和美国卡车运输协会出版了大量的图书和手册，都可以通过电话获取。其他信息来源还包括如下渠道。

1. 联邦法规

CFR49 条规定了在执行有关交通法律时，使用的联邦法规框架。联邦法规基本上涵盖了所有的法律。

2. 装备采购、维护和鉴定

官方联运装备注册由 Primedia 公司出版发行，主要适用于卡车运输公司的联运业务。该书"规范"了业主的联运单位、运力、质量、建造及轮胎等，提供了装备标识数字段的规范，同时还提供了车主维修信息、铁路机械部门官员和很多类别的管制规则。

检验手册由联合太平洋铁路公司赞助，伯恩哈特出版社出版，全面地介绍了登陆和注销会造成的损害、由谁负责该损害以及损害的特征和形式。

3. 联运挂车和集装箱的装载和限制

（1）尺寸和质量

阿拉斯加货运协会（ATA）——交通运输外协部门发布了尺寸和质量指南。当装有货物的载运单元运出该州时，该指南发挥效应。

州指南采用州警察法规通用插图和易理解的形式定义了轴荷载、单位长度等。

安大略省——整车尺寸和质量限制提供了有关加拿大安大略省车轴荷载与车长的所有必要信息，其由安大略省的当斯维尔（Downsview）执法处出版。

（2）多式联运装载指南

美国铁路协会（AAR）和 CSX 运输公司（以及其他铁路公司）发布了联运装载指南，以图解的形式说明了事故责任、负荷转移等内容。

4. 图书集成了重要的多式联运信息

"货物多式联运"由 IANA 和 Enos 基金会联合出版，是一本主张全球联运且内容全面的书籍。

AAR 详细介绍了平车载运挂车运输/平车载运集装箱运输（TOFC/COFC）的换装规则，提供了运输过程中有关铁路和其他用户之间的装备、维修和详细的报酬构成等内容。

5. 地图册和指南

Rand McNally 出版了一本题为"商业参考地图—地图册（和）指南"的目录，可以通过该目录，对产品线进行细致的选择。

邮政编码——Rand McNally 等出版了许多邮编导向地图和手册。有些运营商（如 ABF）

拥有、出版或者以其他方式(互联网)提供与其领土范围相关的邮政编码信息。

6．联运卡车承运人信息来源

官方联运指南是 Primedia(普罗媒体)的信息出版物,联运卡车运输公司应确保登记其中。它按地区提供承运人的信息(其中包括大量第三方和供应商的信息)。

本刊优势在于,其中的铁路集装箱场站和卡车运输公司信息主要针对特定集装箱场站服务。

官方汽车货运指南(C&C 出版)在 20 多个主要交通运输城市都有专门的刊物。该指南主要介绍从特定城市到(邮政编码)指定服务区的直接服务,并不过多地关注多式联运,但会涉及城市中的铁路设施。铁路集装箱场站可用性下降时期,这些出版物为 80% 的国内多式联运铁路集装箱场站和短驳承运人提供服务。

7．定价和法律识别信息

标准承运人字母代码由(美国)国家汽车货物运输协会(NMFC)出版,其中包括运输公司二到四位的专属字母代码,该代码可以作为(美国)国内和国际的标识。其中也包含集装箱、轨道车、牵引车和挂车底盘的识别标志。

(美国)国家汽车货运分类也由(美国)国家汽车货物运输协会(NMFC)出版,主要对运输的产品进行分类评级(使用特定计价秤),其中也包含运营商所能接受的、按照一定的规则和形式进行评级的费用。提单标准是提单格式的范例,其格式和内容是经订阅户一致同意的。

8．相关使用产品的信息获取渠道

J. J. Keller 是多种办公用品的供应商,产品范围从运输日志、密封件和提单到危险品教育产品,产品内容非常全面。

保险公司和经纪人提供的新闻快报很有用。这类期刊一般倾向于安全方面,通常给卡车承运提供保险方面的建议。如果经纪人不提供这些简讯,可以要求保险公司来提供。

二、互联网网站

对处理交通问题的网站进行详细考察已超出我们的工作范围。然而,早先多式联运货物运输书籍曾提及 600 个,甚至更多的相关网站。按照赞助公司的名称进行索引,该资源很重要。

通用网站搜索非常有用。在互联网浏览器上搜索谷歌、必应、雅虎或其他网站,并在其中输入你想要查找的内容,就可以找到需要的网站。搜索结果可能会非常多,用引号标注主题可以确保搜索结果的唯一性。搜索结果很有可能没有我们想象得那么有用,但其大致作用是可以了解同行的想法,且发现与结果相关的词语组合。

例如:"货运多式联运"包含"多式联运"和"货运"两个关键词,因此可以找到很多相关网站,也能在网上找到很多关于货物多式联运的内容。但实际上并非如此,这些其实都是互联网服务供应商(ISP)AT&T 的主页搜索功能带来的结果。

信息过时? 互联网网站的布局以及信息添加操作很简单,但无法判断这些信息是否过时及其精确性程度。例如,输入"货物运输公司"(带引号)只需敲 22 个字符。www.ecargot-port.com 网站给出了三个结果,但这三个结果都是 5 年前的信息,已经过时了。

组织和协会：政府机构一般有自己的网站。许多组织的网站制作精良（IANA 的网站是综合性的）。用户要考虑花在"网站搜索"上的时间是否有价值。这类似于露天开采与深层作业之间的选择。

聚集大量信息，然后对其进行分类。

书商或出版社网站：网上图书一般由亚马逊公司承担。在亚马逊的图书搜索部分输入"多式联运"，可以搜到 61 个标题中含有"多式联运"的书籍，其中只有一个是关于多式联运的，其余都是关于货物运输方面的，并且很多出版时间已经超过了 5 年，这些图书都与特定地区的业务相关。

第九节 计算机和自动化

自动化应用：现在计算机应用很普遍，驾驶汽车、卡车，或打开电视，计算机应用都可以给我们带来舒适感。但这些应用的实现都必须依赖于内部网络。我们已经习惯了使用工具，而并不关注工具是如何操作的。但在所有者对其负责的卡车运输业务上却不应该只是使用而不关注操作，因为计算机相关知识匮乏不利于卡车运输公司开展业务。

以下讨论的是小型卡车运输公司如何利用自动化进行作业。卡车运输公司采取自动化的目的是进行业务追踪，而不是使自己成为计算机专家。

硬件和软件可以协助运输人员进行作业，但是这些人员只关注作业本身，对计算机和程序并不关注。卡车运输公司也没有必要关注计算机卖方或计算机制造商。

上述对于本地、区域和国内市场的讨论中，提到了计算机该如何执行特定功能。这里探讨的是，为了使其变得更快、更准确所要采用的计算机技术及应用方法。

首先不要被"动画编辑工具 flash"所蒙蔽。现在的计算机可以看作是一件艺术品，它有颜色、速度、声音、交流和熟悉的键盘，不断更新，极具吸引力。

程序员试图提供一种能够使卡车运输公司迅速获取所需信息的服务。由于动画、众多的菜单、缺乏书面手册（工作和学习用），导致了应用程序难以学习和理解。

卡车运输公司学习计算机货运程序实际功能的时间成本超过了硬件的安装成本。卡车运输公司应该把学习重点放在货运方面，而不是计算机本身，否则毫无益处。卡车运输公司学习计算机货运程序的目标为：发现并解决问题、执行建设性法案、从卡车承运人使用计算机管理和操作的方法中受益。

计算机程序可以完成相关工作，具体实施建议为：在收到订单时，立即在计算机中键"入"相应数据，使其成为计算机数据库存储的一部分。

工作步骤：在整个货物运输过程中，订单只需输入一次，不同的运输阶段据此执行即可。订单处理中，具体的行为片段都可以添加为数据；客户控制运输、工作地点、货物集散、货箱的初始地、铁路或船舶地点等都会成为订单的一部分。

不论使用挂车运输还是集装箱运输，上述每一个组件及程序都应该响应。如果是集装箱运输，下一个问题就是：货箱由铁路承运人还是水路运输承运人控制？挂车底盘由谁控制等。

除了输入，数据库必须是可验证的。任何语言编写的数据库程序，都应该（能够）具有验证功能。对于合格的程序员来说，这只是其日常工作，并不困难。验证功能由对源程序数据库结构的了解以及信息传输程序的需求组成，程序员会构建一个接口。

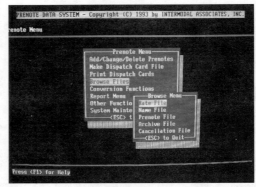

由于已经在数据库中输入了订单的基本信息，因此，系统能够给新订单提供上述信息地址、开放时间、联系名字等重复信息（针对同一运输、同一客户或同一工作地点）。

(1) 在实际接收载运单元之前，系统应该：

①追踪待交付货物的铁路运输位置。有关个人铁路公司或私人资本的数据或软件可以从美国铁路协会获取。

②通过使用某种程序将定价或费率信息添加到数据库文件中，比如：桥接程序或者能够根据初始地和目的地信息计算费率的程序。

③调度卡可以是纸质的，也可以是电子的。计算机生成的调度卡上既有固定的基本信息，也有可以手写的可变信息，该设置方便以后填写数据。在运输过程中，如果将订单直接输入计算机，调度员需要对系统进行重新设置。

④将工作地点信息添加到订单数据库文件中。该信息应该从其他（有关工作地点的）数据库文件中获得。如果在其他数据库文件中没有找到该信息，就需要手动键入。手动键入比较烦琐，此时可以使用和接入封装数据库文件。

订单文件中应该包含集装箱堆场、港口或其他换装位置的信息，这些信息可以使数据库更加完善。

(2) 订单执行期间（添加到运输数据库）：

①卡车驾驶员的任务为确保账户可用、开展作业及保证安全。卡车运输公司可以编写卡车驾驶员服务的实际计算表，以确定其是否与卡车驾驶员服务时间日程相匹配。

②特定情况产生的辅助费用（尤其延误时）可以输入和储存或当即使用。

③时间指离开集装箱堆场、到达工作地点、离开工作地点等的时间，卡车驾驶员和/或用户可以据此编写生产率记录。

(3) 装运完成后：

①货箱或挂车底盘归还时，要记录归还地点、时间和使用状况等信息。

②根据获取的日期、时间和归还记录等，做成一个单独的数据库，以提供全面的账单确认材料。及时完成这些数据工作可以对卡车运输公司的逾期费进行预警。

③通过传真、电子邮件、电子数据交换或直接沟通等方式向控制方或客户传输运输信息。这些操作可以自动或手动完成。

④更新应收账款和卡车驾驶员工资库。无论信息是否需要,都接入会计核算和工资单程序。

一、程序潜在内容

一些程序概念介绍如下:

(1)通过卡车驾驶员的行驶记录,编制和计算卡车驾驶员的小时数以同日志匹配。

(2)卡车驾驶员数据库维护,包括职业驾照等级(HM等)、卡车驾驶员执照到期日和医疗、毒品测试日期等。这些信息可以通过每次指定给卡车驾驶员使用的计算机进行核对。调度预警,例如:没有HM(危险品)认证却承担危险品运输。

(3)随着新式运输的开展,铁路集装箱堆场到所有服务点的里程数持续增加。该数据可以用来估算燃油税、建立报价表以及作为费率制订的依据。

(4)费率指南范本是电子数据表格,该表格顶部是铁路集装箱堆场,侧栏是城市名称。每一个矩阵单元都有一个计算机计算出来的费率。无论采用哪种形式,都优于手动计算费率。

(5)传真程序由键盘命令控制。表格信件或模板能够提醒客户执行订单。卡车驾驶员或调度员可以键入信息,并且能够发送传真。

(6)黄页数据库信息,可以购买或从互联网获得。出现问题时,可以搜索以及时修复数据源。

(7)程序(日常事务)备份,像光盘储存或CD存储一样便宜,应该至少每周备份一次,并且可以进行远程存储。

二、卡车和挂车上的计算机

这里讨论的不是个人计算机,而是电子通信方面的概念以及计算工具,它可以提高卡车承运人的收益。下面描述的内容以不同的形式存在。减少额外人力成本、节约可量化成本以及提供更好的操作等要求,可以促使卡车运输公司找到业务处理的合理办法。

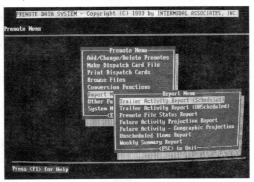

当今技术允许承运人给客户提供承运人和客户共同要求的尺寸。大型承运人能经营的业务,多式联运短驳承运人也能完成。卡车座舱系统包括手持电话和与卡车运输公司调度相连的键盘装备,该系统可以提供语音和数字信息。为了给卡车驾驶员(和调度员)提供信息,供应商至少要同时提供两种信息:语音信息以及可以通过计算机屏幕展示的信息。

如果不能对具体措施进行妥善的管理，可以通过制订惩罚措施来弥补。只要卡车驾驶员严格按照系统要求来做，每个系统就都可以正常运作；依赖监督者和管理者的监管，以及卡车驾驶员的正确操作，系统完全可以正常运作。违规成本可能远远超出收购成本。

管理愿景：一些产品需要卡车运输公司熟悉自动化，至少要理解程序的功能。为了减少车辆管理成本和提高作业效率，需要对卡车驾驶员必须做的事情进行界定。卡车驾驶员"必须"不能偏离使用卡车收发货物的基本角色。车载计算机的核心价值是为了更好地操作而无须额外费用。成功的经营者会发现，同以前相比，事实上每辆卡车或办事员处理了更多的业务。把文书工作交给驾驶员，可以减少行政人员数量，但增加了卡车雇佣数量，进而系统成本大量增加。

卡车驾驶员注意事项：要保证卡车驾驶员的开车时间，车载硬件必须简单、易操作。培训也要简单，可以使用模板式或"一般式"列表进行初始操作。计算机操作中的收发货功能一定要简单，且能够适应卡车运输公司的工作。自动化相关工作量的增加，不应该妨碍卡车驾驶员和操作人员的工作。

来自卡车的交流指令直接连入计算机。

交付订单时，从订单上就可以获取载运单元的编码。卡车驾驶员键入的信息应该同订单数据库相匹配。收货时，卡车驾驶员可以提供实际换装时的空载编码，并根据铁路公司在运输前收到的已装载单元，对此编码进行核对。

以上两类都是内部检查，只有在不匹配的情况出现时，才需要调度员或管理人员介入。

多式联运业务中，载运单元装载时最好使用卡车牵引车，可以实现挂车和集装箱的交替使用。除非全部所有者都认为挂车的识别过程需要相应的计算机系统支持，否则卡车运输公司很难从挂车追踪系统的投资或维修中获利。由于业务具有全球性，短驳卡车运输公司可能需要很长时间才能意识到这一点。

船公司、租赁公司或其他大型所有者很有可能会对货箱的追踪系统作出相应规定。而卡车追踪系统最早是由卡车运输公司建立的。

从概念上来讲，由于处理问题的方法存在差异，可以看出卡车承运人在对牵引车进行追踪时，使用的是包含挂车底盘或挂车信息的数据文件，而且能够像轮式载运单元追踪一样，把相关信息传递给载运单元所有者。如果卡车运输公司有存货控制，对牵引车、集装箱和挂车底盘等载运单元的所有者来说，此类"虚拟"跟踪会很有潜力。

卡车运输公司需要确定这些混合程序对卡车运输公司的工作有益，或者通过这些程序可以对所有者要求提供的额外信息进行收费。

卡车运输公司拥有的挂车底盘或者任何主要账目，都可以作为追踪信息的来源。通过软件/卫星处理数据，几乎将库存管理中烦琐的手动追踪载运单元形式淘汰。劳动管理减少和坚持维修记录的效果会很显著，这样做的实际价值在于其能够带来更好的资产控制和更合理的调度。

车载软硬件的维护和安全问题很多。现在，发动机监控技术的使用已有相当长的时间，该技术的使用变得越来越复杂，但有益于将装备状况信息发送给卡车运输公司。自有经营者常常会发现，他们买的二手卡车的电线被私自改接以适应某些布线标准。如果能克服因"管理"造成的不便，监控信息就能更好地促进自有经营者工作、开展业务及获利。

使用卫星提供的州内行驶里程定期报告,可以很精确地获得里程累积报告。车载计算机能够记录并保存里程信息。数据文件可以将初始地、目的地和里程信息规范化,并且能够打印和编制报告。

只要车上的载运单元信息发送功能没有被禁止,不论有没有卡车驾驶员,都能够很快找到报废卡车。如果挂车或集装箱(有资格)安装了雷达收发器,就可以追踪到相应的位置。

窃贼可能对装有载运单元的卡车不感兴趣。因为这些通信装备能够发送识别码,而且车载系统可以进行追踪。

使用车载系统时,车载结果自动化集成到卡车运输公司总部计算机操作系统后是不可撤销的。这么做带来的收益肯定超过其货币支出。

大部分成本(卡车运输公司购买装备、软件以及操作费用)应该预先支付,持续支出的成本应该可以量化(第三方通过实时共享模式处理软件)。

对车载系统的评估应该在接收装备前进行,将安装并集成车载系统的成本与交由第三方处理相关数据的成本及收益进行对比,就知道卡车运输公司安装并集成车载系统的好处了。

需要对使用和融入卡车运输公司系统的方式给予更多思考。如果卡车运输公司对它目前使用的计算机或操作系统满意,则不愿意再去购买附加车载系统。新的应用程序应该能够生成相应的数据,可以直接接入现在满意的和将来能够带来潜在效益的系统,并且具有便于维护和能够生成报告等特点。

三、车载计算机总结

成本与收益要平衡。在卡车运输公司使用车载计算机之前,如果不能节省开支,从心理上讲很难让卡车运输公司认为使用车载计算机是合理的。对卡车运输公司来说,在成本增加和利润减少的情况下,它们并不会在服务客户上做更多努力。虽然有些客户可能需要追踪信息,但还是没有人愿意为追踪服务额外付费。从通信角度来讲,基于车载系统的互联网虽然更便宜,但可能没有电话灵活。

购买车载系统时,如果承运人没有自动化操作,则有可能使用的就是车载系统,或者是卖方推荐的系统。如果卡车运输公司已经实现了自动化,就会估算使用新系统和数据库的成本所带来的价值。

第十节　卡车驾驶员:成功的核心(招揽、签约和留住卡车驾驶员)

卡车驾驶员认为卡车驾驶本身就是一项艰难的工作,而多式联运中的卡车驾驶更加艰难。他们的工作大都是重复性的,而且业务通常没有公司基础,因此卡车驾驶员要比一般的商业驾驶员更加独立。

因为多式联运收入低且来源不稳定,计件工资类的工作大多来自于承包商,即自有经营者。缺乏组织能力、自有经营者的差异性和对持久收入的需求,使得卡车驾驶员在与卡车承运人相处时,几乎没有话语权。因此,绝大多数多式联运卡车驾驶员工作强度很大,但却没有得到应有的报酬。

美国陆路多式联运操作实务

对于使用合同驾驶员的多式联运卡车承运人来说，除了"运载货物"以外，他们无法激励合同驾驶员提高效率。由于合同卡车所有者没有资格雇佣员工，因此他们通常不会在改善工作条件或者是提高工资方面做任何努力。从工作角色和工作时间来看，卡车驾驶员并没有得到满意的报酬。

近期的高事故率凸显了长期以来卡车驾驶员的困扰。因此，国会出台了挂车底盘责任法律，并于2009年12月生效。

卡车驾驶员的价值很少受到关注。除了工作完成时支付报酬，多式联运承运人对承包商几乎不承担任何责任。多式联运承运人只负责调度这些卡车驾驶员，而几乎没有尝试将卡车驾驶员及其卡车作为自己的资产进行管理。如果卡车驾驶员是卡车运输公司员工，且卡车是公司的财产，则卡车运输公司会更加努力以获取最大回报。聪明的承运人应该关注承包商的生产效率，这样可以减少管理成本和实现卡车产出（和收入）的增长。

如果卡车运输公司把卡车驾驶员当作资产进行管理，卡车运输公司就会在解决港口或集装箱堆场的拥堵问题上做更多努力。承运人可能没法直接解决这些问题，但是可以通过客户的介入解决。卡车驾驶员的顺利运送能够提高服务质量，且能够建立组织自信。卡车驾驶员明白，适当的操作可以使其行驶顺畅。他们肯定知道做得是否到位，如：调度是否事先打电话确定货物到达情况，进而对相关工作做提前准备。

构建卡车驾驶员团体最有成本效率的方式，也是维持住卡车运输公司现有驾驶员的最有效方法，就是给予他们公平的待遇和合理的报酬，以使他们有一个舒适的工作环境。

（1）**招聘来源**：寻找卡车驾驶员和/或自有经营者非常重要，不应该只通过广告方式招聘，小型卡车承运人在过去已经采用了该方法并获得了成功。

（2）**报纸招聘广告**：如果多式联运的潜在收入可以平衡卡车驾驶员路上的费用，那么卡车驾驶员可以选择周末休息（在单一运输方式下，卡车驾驶员的运输成本费用较高，盈利水平低。如果多式联运的潜在收入能够平衡卡车驾驶员的运输成本，卡车驾驶员的盈利就提高了）。

（3）**购买数据**：州机动车辆代理将数据出售给编写和转售信息的公司，并向他们（R. L. Polk 就是其中一个）提供卡车驾驶员想要的卡车规范（跟驰、卧铺等），同时提供卡车驾驶员相关的地理区域，可以采用直接邮件或其他方式（磁盘、打印资料、标签）进行数据沟通。

（4）**现有卡车驾驶员的介绍**：卡车运输公司可以利用现有卡车驾驶员寻找有潜力的新员工，因为他们有更多的机会接触潜在的员工。卡车运输公司可以对介绍新员工的卡车驾驶员给予一定奖励。然而，有些人并不希望通过这种类似中介的方式找到工作。但有更长远打算的人,可以利用这种方式获取奖励。

(5) **奖金**:卡车运输公司一般会给新雇佣的卡车驾驶员发奖金,但很可能会延期支付。如果卡车运输公司对这种延期支付提供一定的补偿,并一次性付清,则可能成功留住卡车驾驶员。支付通常发生在卡车驾驶员与卡车运输公司相互了解之后,并且支付的时间应该在招聘前协商好。

强调一下车载计算机带来的收入分配问题。如果卡车运输公司不承担卡车驾驶员使用计算机的费用,就相当于卡车运输公司净收益增加。

工资标准应该是容易理解的。几乎没有此类词语:"如果、并且、但是"。

能够成功地从别家公司挖到驾驶员,需要联系卡车过磅网点和卡车经销商,且提供所关注的相关人员的直接和间接信息。

给维修供应商一定的推荐卡车驾驶员的奖金鼓励。

(6) **招聘代理**:为了潜在资源,雇佣卡车驾驶员的中介会把卡车驾驶员分租出去。

能够让卡车驾驶员携带更少的现金,但还不影响其自主权的方法包括:信用卡;预付费用;按比例分配且预付卡车保险;解挂保险;卡车运输公司支付货物保险;打折购买;装置外维修支持;购买或预付卡车平板;提供残疾保险。

人员测试较难实施。不论是本公司员工、自有经营者,还是卡车驾驶员自有经营者,性格和教育程度都会影响他们对这种测试的心理接受程度。多式联运卡车运输公司对应聘人员几乎没有影响力(除非申请者有朋友已经在此工作),因此测试很少能够被完成。如果在最初申请和面试时多式联运卡车驾驶员进行了书面工作测试,那么他们很可能不会再来工作。

卡车运输公司招聘成功与否,关键在于招聘的程序是否合理,面试官的货运知识和技能如何。使用同下面类似的检查单,能够确保满足监管要求。

签约自有经营者和卡车驾驶员的步骤	日期:
(1) 所有者姓名和地址	
(2) 电话号码(手机和固定电话)	
(3) 联邦身份证号码和社会安全号码	
(4) 卡车驾驶员姓名(如果和上面的不同)	
(5) 电话号码(手机和固定电话)	
(6) 卡车驾驶员的社会安全号码(如果和上面的不同)	
(7) 驾驶员执照复印件,商业运输执照等级	
(8) 牵引车登记复印件	
(9) 医疗卡或详细形式,日期和复印件	
(10) 资格卡(如果该州需要)	
(11) 培训证明:危险品培训和日期、毒品教育和日期	
(12) 卡车驾驶员或面试官使用的形式如下:	
相关证明	申请
工作经历	之前职责
移民形式	机动车记录 MVR 形式
之前雇主的调查	违法认证
补充日志测试	机动车许可记录

续上表

(13) 车辆	
检验日期	检验机构（人员）
半挂牵引车载运质量	单元尺寸
美国联邦公路局的有效认证	美国联邦公路局认证的日期
高速公路使用税收据	
(14) 卡车驾驶员信息	
联邦毒品测试	汽车牌照手册
危险品规章	应急响应手册
签署的毒品政策	
(15) 所有者和卡车信息	
保险：半挂牵引车	是否需要承运人保险
制订和签署合同	是否存在装备签约
卡车驾驶员的证件或过去的证件	卡车驾驶员的信用卡
工人薪酬信息	
(16) 供应发布	
形式	方向
铅封	寄件人
事故	摄像机
标语牌	所有硬件
(17) 承包商	
布告	牌卡
硬件	视频
合同	委托书
特殊形式	
(18) 回答的问题	
承担燃料费用	IFTA 国际燃料税协议注册
挂车底盘状态	州注册

有大量必须准确完成的纸质文件，最好采取交叉检查的方法。

面试官在取得申请者上述信息后，按照如下形式的检查表进行检查，以确保获取全面的信息。下表为面试官检查表。

第一章 卡车运输与多式联运

面 试 官 检 查 表　　　　　日期：

这类检查表给面试官或后续管理类人员提供了相关参考,以确保所有签约的卡车驾驶员/自有经营者相关信息的完整性。

卡车驾驶员：
将卡车驾驶员信息输入计算机
更新装备信息文件
更新调度/操作文件
机动车记录 MVR 是否检查
是否给以前的雇主发邮件
签约人员是否清楚薪资情况
是否进行刑事检查
是否建立语音邮件或其他自动化通信
是否设置卡车驾驶员费用减免并建立验证日志
对危险品或毒品信息是否有日程安排的需求
是否所有的集装箱堆场等都需要登录信息

承包商：
将承包商信息输入计算机
输入牵引车计算机信息
验证半挂牵引车保险或卡车的保险文件
得到任何国家注册的特殊照顾
设置燃料停止点
发送委托书形式到州里程归档部门
完成国际燃料税协议(IFTA)的燃料许可申请
是否提供物理伤害保险
核查车辆识别码、留置权人、所有者

计费：
减免信息:保险、员工薪酬、健康等
检查对承包商的提前支付
承运人是否什么都要计费

操作：
完成计算机设置

对于稳定多式联运驾驶员队伍,招聘过程中的可靠性很难判断。卡车驾驶员工作时,这一特点非常明显。

不同卡车运输部门的新员工(相对而言)需要采取软灌输计划:刚开始不让他们在城市工作(尽管新人更容易控制)。

(1)让其长时间行驶(以使其感知自身的存在感)。

(2)经常与他们交谈。

(3)最初限制工作时间——新驾驶员效率低,他们也不会意识到自己的工作时长会随着自身技能的提高而缩短。

(4) 为他们提供培训和个人关注,以帮助他们学习新条款、程序、文件等。

一般而言,员工对新工作的激情可以持续3~6个月,而多式联运卡车驾驶员的工作激情可能只能持续3d。甚至有的卡车驾驶员工作激情只有3个小时,并没有投入到工作。在这段时间,卡车运输公司应该给予新卡车驾驶员一些特殊对待。非高峰时间,卡车运输公司与卡车驾驶员的个人会议(在不减少他的收入情况下)能够体现出公司对驾驶员的重视,并且能够提前发现他们的不满。卡车驾驶员、雇员或者承包商都明白公司和自己需要生存,因此尽量将驾驶员的调度做到最好。卡车运输公司在操作(车载计算机、电话提醒、检验存储支付等)和管理方面(会计援助、保险等)的调度水平和支持工具、支持过程,都将直接决定卡车驾驶员和卡车运输公司的收入。

留住有能力的工作人员就不应该对其强加超负荷工作,应当适度安排工作。其诀窍是要让卡车驾驶员在思想上接受加班工作的事实。工作出色的人,调度员会不停地给他们分配工作。如果这个人不抱怨,可能未来某一天会没有任何预兆地归还装备并辞职。这可能是因为竞争对手承诺给他相同或更好的报酬,以及更短的工作时间。

有些自有经营者希望自由安排工作时间,而不是在托运人、接收方或卡车运输公司有需要时工作。如果雇佣这些人,最好的解决方案是让其随时可用,不提供特定的工作任务,他们可以在本地、集装箱堆场、卡车停靠点、终点等地电话接受预约。虽然这些"用起来顺手"的驾驶员在本地业务中收入不高,但如果与区域承运人签约,以随叫随到的方式工作可以带来比较可观的收入。卡车运输公司会花时间指导他们,高效率的卡车驾驶员可以节省一半时间。

调度员对这些"用起来顺手"的驾驶员几乎没有任何的忠诚度,因此这些驾驶员在卡车运输公司收入保护名单的底层。他们可能在途中被抛弃,且得不到任何返回补偿,直到找到下一单业务。

虽然规定连续一周工作,但有些驾驶员不愿连续如此。他们可能希望周二到周六工作,或者周二到周五等工作。若一周7d都有货物需要运输,在这种时间构架内,要想使驾驶员可靠,最好给他们提供住宿。做两份工作的驾驶员是没有办法保证服务时间的。

在执行调度的安排上,驾驶员可能不那么可靠:他们撒谎,故意把情况说得糟糕;收发货物迟到;打电话请病假,第二天才装箱等。对于这些不可靠的表现,最好的处理是工作及监管模式的清晰化。这些人擅长为自身存在的问题辩解。然而,没有哪个卡车驾驶员不出问题,即便是最好的卡车驾驶员也会这样做。为了妥善地服务客户和进行管理,调度员只能先处理这些问题。

只有给予卡车驾驶员足够的收入和尊重,才能留住驾驶员。事实上那些"挖"他们的人,代表的是公司意愿。卡车驾驶员需要对自己的公司有自豪感,否则他不会在该公司长期工作。归属感和自豪感有时甚至会超过足够的工资和尊重,但不会持续很久。

在如何留住卡车驾驶员方面,有大量的书籍,还有歌曲传唱。事实是,不存在一直能够100%留住多式联运卡车驾驶员的方法。公平、公司的尊重、智能调度、收入盈利潜力、上级的高度评价、持续的培训等都很重要,但还都有待进一步摸索。

第二章 铁路(运输)与多式联运

铁路是多式联运业务的关键和中枢,因此本书特别强调铁路的重要性。在多式联运业务中,铁路具有无法比拟的垄断优势,除了以下两种情景,其几乎在所有的业务领域都占据了主导地位:一是在城际运输过程中,可明确预见的机动化运输(卡车运输)在速度和运输时刻可靠性方面具有的天然优势;二是与铁路运输产业自身的灵活性和可操控性有关,换句话说,在地面运输的客户看来,是卡车完成了货物的装卸和交付,从而完成了整个运送过程。

对铁路在多式联运过程中主导性地位的实际重要程度的衡量,受到多种标准的约束。这取决于以何种视角衡量。铁路车厢容量和轨道的通行能力、铁路枢纽间的转运服务、费率(价格)以及枢纽/(铁路)集装箱堆场/码头的作业效率等都是铁路运营作业的核心要素。

可以将多式联运过程中铁路的复杂性简单地描述为"在一段固定且狭窄的钢轨上,运载一批不同尺寸但是可以被识别的车厢、挂车或者集装箱,并对他们进行记录和追踪"。追求有条不紊的高效操作以及铁路运输行业自身的成熟(完备)程度则是其他的复杂因素。

铁路运输是一种大容量且具有生产导向性的业务。铁路运营以及机械部门的人员通常关注列车的长度以及铁路车辆(轨道车)的利用率水平和耐用程度,轨道车厢则是他们交易过程中的库存。对于铁路公司而言,反映多式联运中的卡车运输业务的需求是非常困难的。20世纪90年代,很多铁路公司的人员认为,载运单元在目的地的场站卸载之后,他们就完成了工作了,直到今天可能还存在这样的想法。

20世纪70~80年代,那些被铁路产业雇佣的"先行者"能够将所需要的挂车放置到铁路系统中,但不管是在铁路运输还是卡车运输中,他们经常会被相互换装的合作者拖延。铁路的合作者拒绝换装不仅是为了避免卡车车厢的磨损,而且希望废弃的挂车在铁路运输中得到充分利用。在公路运输将48in的载运单元作为国家运输标准很久以后,铁路运输依旧强制性的使用40in的载运单元。在多式联运大规模开展之初,铁路对于公路货运"门到门"的运输特性不够熟悉,为节约成本以及修复补偿体系中维护费用的尴尬境地,卡车拖拽连接器在多式联运业务中被大量使用甚至滥用。

这种冲突,以及公路长途运输和铁路运输之间的竞争,妨碍了铁路运输从业者的灵活性。很长时间以后,铁路部门才作为一个产业开展业务创新并采用多式联运以应对卡车的竞争。时间、无缝铁路的铺设、用户体验的改善以及拥护者的忠诚,这些要素交织在一起,最终推动了多式联运的发展。然而,时至今日,在铁路与卡车运输的过程中还会经常出现冲突进而导致不良后果。

这里介绍一些关于多式联运中铁路发展的背景。其中有些事情如今也仍存在,如果有些行为看起来并不合理,很可能需要结合历史背景来理解。本章主要内容如下。

背景:这里通过列举一个利用铁路的结构以及港口(码头)发展过程的例子来对铁路地理因素进行概述。

换装：在铁路制订并实行统一的轨距标准之前，铁路已经开始在列车与列车之间进行常规的车厢交换作业。换装概念也应用到了挂车和集装箱当中，并且根据实际经验进行了改良。

（铁路）集装箱场站：是指那些可以接收和卸载卡车或者列车车厢上的挂车、集装箱的场站，这些设施是多式联运高效率生产作业的基础。货物流量、轨道容量和布局、路面设施，以及设备的操作方法，所有这些都对整个系统的成功运行起到了促进作用。

（运输）装备供应：装载多式联运载运单元的铁路车厢是从能够装载简单的公路挂车的平车厢演化而来的。最初的类似于"Clejan and Spine"这样的车厢试制单元，后发展成为了89ft、铰接式的平车厢，双层集装箱的出现则引发了更进一步的改变。

信息化支持：铁路产业曾经是自动化应用的领导者，同计算机技术在20世纪50～60年代成为显著的生产力工具一样。经济衰退后，竞争损坏了它们的资本基础和人力资源，产业革新的势头被削弱甚至接近停滞，直至互联网的出现。

第一节 概念与背景：多式联运中关于铁路的考量

铁路在主要的集聚中心城市间运载集装箱和挂车，这些地方通常被称为（铁路）的集装箱场站，这些集散地点接收挂车和集装箱并将其疏散出去，这个环节通常使用卡车完成。铁路装载着车厢，将其运送到下一站。列车装载着货物进出，并且测算在集装箱堆场和（铁路）集装箱场站拥堵的时间，这取决于使用卡车从码头进场（入闸）或者离场（出闸）时装载货物的类型以及数量。经济上的成功与否与这一系列过程是否顺畅进行有着紧密联系。

描述多式联运作业码头的成长历程，需要考虑历史上美国铁路货运系统的发展是以密苏里河和密西西比河为界分成东部和西部的，并且以俄亥俄河和波多马克河分为南部和北部的。铁路系统也是以这些节点作为铁路的出发和到达地点的。

铁路运输的装卡车厢从一条铁路转移到另外一条铁路的衔接过程是通过短驳铁路完成的。通常将这些地点称为"渡口（口岸）（river crossings）"，并将这些衔接线路称为"引线（short lines）"。

随着美国经济的不断增长，上述的这些地点虽然开始成为"瓶颈"点，但也一直持续运营到了20世纪90年代初，部分地方直到今天还在沿用。

可以理解，在铁路从业者眼中，用于列车装卸以及车厢转运的铁路场站是天然的多式联运集散点。如同今天在芝加哥、北新泽西、孟菲斯、堪萨斯以及底特律等地方之间的运行方式，早期多式联运中的"驮背运输"列车在这些场站之间往返运输。由于存在延时问题，在铁路上将装载了挂车的车厢进行换装的建议曾不被看好。并且，铁路公司希望能够使用自己为了进行多式联运装过的车厢（除非在经济不景气或者逾期费收入有吸引力的时候）。

为了提供更加及时（准时）的运输服务，轮式多式联运载运单元曾经（现在也是）被卸载到地面上，通过卡车转场运输到达另一个铁路线路上，并继续前往终点。这降低了铁路运输服务的速度，并且如果现实情况允许，卡车被认为是多式联运环节中的最后一个环节。现在不同的是，最后一个环节是由多式联运的驳运人（同城接驳运输者）直接将货物交付到当地的交货承运人手中。

以平车装运集装箱形式运行的双层集装箱列车改变了这种平衡的局面,并且使换装作业码头的格局发生了很大变化,也改变了换装点的工作方法。进行轨道的重置和设备的处理需要大量工作,才能移动没有轮子的载运单元。

集装箱的存放,以及为了继续移动这些载运单元而进行的列车重新装载、将集装箱(由卡车运载而来或者在本地保管的)装载到底盘上,都需要进行多种操作业务的培训,很多早期平车载运挂车运输(TOFC)的经验不再适用。

在全国范围内实施这样现代化的作业方法来提高运转效率很耗时。货物运输的目的地、铁路运输的侧线以及废弃的轨道组通常发展成为早期的"驮背运输"的(铁路)集装箱场站。随着多式联运业务的增长,原始的铁路设施通过各种不同的方法得以扩展,没有轮子的载运单元使其变得更加复杂。为了减少车厢的积压,实行双场轮换、周末加班等工作方式,使用低压轮胎的升降和起重设备,根据货运量来限制外运的装载了车厢的挂车,这些方法都可以用来减少拥堵。上述的每一种做法都是为了能够将载运单元运送到接货的卡车上,这些做法会产生一定的效果或者也会出现相反的作用。

多式联运业务是在自然的市场消费渠道中成长起来的,通常第一个被选中的(铁路)集装箱场站会不堪重负,因为此时土地的价值甚至会高于业务的价值。铁路公司无法在受限的(铁路)集装箱场站内增加进出场站的设备量来与业务的需求保持同步。其运行理论逐渐认为那些货运量较低的(铁路)集装箱场站是没有效益的,这通常是铁路运营公司如何操控或者计算成本的结果。

为了弥补收入不足而提高了运价水平,因此小规模(铁路)集装箱场站的业务也不被认可,随之面临倒闭。业务量高的地方则会建设新的作业码头,这些地方也会有其他铁路线路接入。一般都会采纳系统流程中的经验和教训。拥堵是现实情况,通常为改进问题而付出的努力会比联运模式的建立以及寻求解决方案时的地理因素更加容易引起严重的拥堵。在其他案例中,(铁路)集装箱场站选址在离商业中心很远的地方,集货和交货的过程被迫适应这样的现实情况,价格水平因此上涨,这也可以从对接驳运输驾驶员的额外支出当中反映出来。竞争对道路情况和地理因素的影响,需要单独的章节进行论述。

第二节 换装协议:卡车承运人与铁路之间的协议及内容

铁路和卡车承运人之间根据正式协议来进行运输装备的换装。协议是用来保护多式联运装备"所有者"的合约。这些协议是运输装备的维修、更换,以及保护铁路权益的基础。协议中几乎没有保护卡车运输公司权益的内容,这些承运人的责任是接收道路上行驶的装备,并保证其无损归还。虽然所有参与方都同意这些条款,但很难实施。

多式联运参与方需要去尝试理解铁路公司强硬的态度表象下更深层次的含义。多数人都认同工作条件并不是由收益不错的业务决定的。卡车运输公司同铁路公司一起工作,而且他们也不想将换装活动升级为一种阶级斗争,因此整个运输系统是切实可行的。

协议的内容能够体现出,在卡车运输公司主导的业务环节中,铁路运输方在出租(借出、移交给实际上不熟悉的代理人)装备时保留了相应的责任。对于有明确免责条款的挂车和铁路公司拥有的集装箱而言,只有在具体的指引下载运单元被归还到一个明确的地点时,这些业务环节(卡车运输公司履行契约责任)才算终止。

不难理解,当挂车不在铁路公司手中时,他们会采取各种措施来减少自身责任,即使这些载运单元还在铁路公司需要承担的责任范围内。铁路公司清楚地知道,在他们"占有"载运单元的过程当中,他们的活动,例如在"装卸作业线"上,需要承担非自有的装备发生损失时的责任。直到载运单元转移到另一个铁路运输换装参与者的控制下时,"占有"才会结束。对于装备"所有者"而言,直到载运单元转移给另一个铁路公司,或者转移给签订了行业内换装协议的签约人,"占有"才会结束。

铁路运输者将载运单元卸下换装到卡车上后,有责任确保日常损耗能够得到妥善的修复,并且将实际发生的支出费用补偿给实际所有者。协议的主要目的是为了保证那些在卡车公路运输期间发生的损耗维修费用能够得到补偿。同时,所有在卡车运输期间的责任,都应该由卡车运输公司负责。最后,负责运输的卡车运输公司需要补偿一定的租赁费用,这些费用必须支付给运输装备所有者,是他们将挂车装载到铁路公司的(铁路)线路上的。

水路运输集装箱表面上也是按照上述操作方式来进行处理的,但它们有着明显的差异。铁路将水路运输集装箱换装到卡车上时责任终止,除非在换装时注明免责条款。

大量允许卡车换装多式联运装备的协议被合并,并且由 UIIA 进行管理和使用,该组织本身是 IANA 机构的一部分。水路运输(以及部分铁路运输)签约人是这个机构的会员,遵守 UIIA 协议框架下的基本宗旨。基本协议可能需要增加一些免责条款(通常是付款条件和宽限时间)。卡车承运人一般都是签约人(以不同的形式加入),并同意遵守 UIIA 的协议以及其他承运人的免责条款。所有的这些协议内容需要进行公开的出版和增补(修改),并且定期地改版。

成为 UIIA 的会员之前,卡车承运人用户必须遵守一些对于行业发展有益的要求。例如货物保险、劳动者补偿、机动车责任等,保单形式需要向 UIIA 进行备案,并且需要保持更新。UIIA 对于授权管理范围的准确性要求非常严谨。

这种由 UIIA 统一协议规定,并在其框架内进行多式联运的模式使复杂性大大降低。在笔者看来,水路运输公司比铁路公司更容易达成协议。这很可能由于他们是通过第三方(内陆)进行操作的,恪守了合约的所有细节。水路运输线路的长度以及在地理上覆盖的广度使得他们在处理问题时显得十分的烦琐,所以在这里建议卡车运输公司自己解决问题,给承运人提供具有合约性且可接受的解决方案或建议。

一些自行拟定合约的水路运输承运人不受 UIIA 保护。但对于那些接收他们的集装箱或者将集装箱转运给卡车运输公司的铁路公司来讲,是没有区别的。无论是在 UIIA 框架内或者独立运行,集装箱都是私人所有的装备。不同于 UIIA,卡车运输公司和水路运输公司之间签署的协议,同其与铁路公司达成的协议类似。大家的目标是一致的,都是为了保护由卡车运输公司使用的水路运输承运人的集装箱和底盘的利益。协议中的一些附加条款对时间的分配和津贴的使用以及租赁费用(逾期费)进行了规定。水路运输承运人与卡车运输公司直接进行换装会影响铁路公司的利益,除非在挂车交接单上注明免责条款以避免形式上的损害。

铁路公司进行换装的装备(挂车和集装箱)与水路运输部门的装备(集装箱和底盘)之

间存在着结构上的差异,这种差异是指铁路公司保留了对铁路控制的载运单元的责任,直到下一个被授权的铁路系统接受它时责任终止。水路运输承运人的载运单元换装时,(铁路)集装箱场站(或者港口)在将其交给下一个载运系统运输后,其责任就终止了。完成换装的相关文件(挂车交接单)是(铁路)集装箱场站或者港口是否完好无损地完成装备转运的信息来源,或者是装备损坏或货物损失时进行索赔的证据。

显而易见,卡车承运人与铁路公司、港口或者集装箱堆场进行装备换装时,受制于合约的责任。其复杂程度取决于载运单元的所有权和公共责任、使用费用以及维修费用。

以下是一份卡车承运人在处理多式联运装备时承担的合约义务。

挂车以及铁路公司控制的集装箱和底盘:

与铁路公司或者 UIIA 签署协议。

与第三方承运人签署协议。

参照与铁路管理部门(AAR 等)签署的协议。

在进行设备换装时签署挂车交接单。

参照挂车交接单条款。

集装箱和水路运输承运人的底盘:

与水路运输公司或者 UIIA 签署协议。

与铁路公司或者港口签署协议。

与第三方承运人签署协议。

与第三方装备提供者签署或达成协议(用于重新安置)。

在换装时签署挂车(集装箱)交接单。

参照挂车(拖车)交接单条款。

第三节 铁路公司关于换装协议的看法

多式联运的换装协议存在着不同模式。早期签署合约的目的主要是为了避免承担责任,避免载运单元租赁上的花费,以及确保载运单元返回时无损。铁路公司与 UIIA 签署的协议内容,和铁路公司之间签署的协议内容有所不同。通常情况下,协议内容能够体现出不同的协议指定人的经验以及常识,需要在卡车所有者与政策制定者、铁路公司或者协会之间进行权衡。律师也做出了很多贡献。可以参考 AAR 制定的平车载运挂车运输/平车载运集装箱运输(TOFC/COFC)服务换装规则,通常将这些规则解释为特定协议的从属协议。

以下是铁路换装的协议框架。

已指定当事人,协议的主要目的已经阐明,例如,"按照换装的规定来处理它们的关系"或者"换装、维修、服务、因损害引发的更换以及确立一系列的运价水平和费用"。

必要时要定义协议中使用的条款。

换装时,将法律责任转移给卡车运输公司。这些责任将一直存在直至归还载运单元。

阐明保险范围要求。铁路公司有权理清自己与卡车运输公司之间的人身伤害和财产损失(车辆责任)。保险范围或许会扩展至劳动者赔偿以及责任来掩盖卡车运输公司在铁路资产上的活动。对于这种侵犯,驳运卡车从业者很少或者没有手段抵制。铁路公司的保单可以作为证据,同样需要提供"附加赔偿"声明。

铁路公司若不对载运单元的适用性和道路行驶的使用性能做出保证,包括轮胎、轨道以及附加的组件,那么卡车运输公司只能按照其原本的状态来接手业务。

然而,如果载运单元已经被装载并准备用于交货,但发现其并不适合在道路上使用,换装周期(免费期)将会重新起计(不包含在合同当中)。

卡车运输公司的装备使用责任:

(1)合法使用载运单元并将空载运单元归还到运输系统当中(没有任何残留的杂物),或者将装载的载运单元归还以用于多式联运运输。

(2)仅在铁路运输业务中使用载运单元。

(3)保证载运单元在其监管范围内,或者在其转移给其他人时遵循相应规定。

(4)除了日常磨损之外所有的相关费用。

(5)承认卡车运输公司永远不会成为铁路运输代理人。

对公众或者货物的责任:

(1)卡车运输公司在使用载运单元的过程中,无论何时、何地、以何种方法都要避免对铁路公司造成损失,必要时需要支付补偿金。

(2)卡车运输公司需要避免铁路公司因追溯到从业者自身的货物问题而遭受的损失。

其他卡车运输公司的责任:

(1)按照海关规章制度和法令要求作业。

(2)如果在(铁路)集装箱场站发生人事问题,则要告知铁路公司。

(3)设备归还,卡车运输公司承担去污费用。

卡车运输公司作为一个独立签约人:

在任何情况下都不是铁路公司的雇员。

使用者必须支付的费用:

换装完成后,卡车运输公司有一个具体的时间期限返还铁路公司所拥有的装备。在这个期限之后,协议中规定了付款的具体说明。

(1)载运单元空出空回,需要支付罚金。

(2)卡车运输公司与他人进行未授权的换装,需要支付罚金。

(3)在授权的换装中没有适时归档文件,需要支付罚金。

(4)如果是在运输的免费(免租)期限之内,休假一般会从成本中扣除。

装备维护、维修和更换:

(1)卡车运输公司有责任将载运单元归还给铁路或者在将其换装给系统内的另外一个铁路公司之前进行损坏修复,如果损坏超过了规定的数额,需要载运单元的所有者授权维修。

(2)卡车运输公司和铁路公司有进行例行维护的责任和义务,具体操作取决于合同。

(3)货物运输从业者支付的维护费用要比所有者支付的多。支付金额通常根据 AAR 的换装规则(用于挂车等)来确定。

(4)损失赔偿额通常有具体的公式和计算方法。

轮胎作为一个特殊的项目:

卡车运输公司有责任在载运单元换装完成后带回轮胎。
(1)瘪胎(没气或者漏气)需要进行维修。
(2)如果道路条件特殊,通常会按照具体情况更换轮胎。
(3)费用报销时需要详细的更换证明(例如,归还无法使用的轮胎)。

这些作业涉及公路汽车维修服务公司。在与铁路公司签署协议后,这些公司向需要铁路运输挂车的卡车运输公司提供装备并承担相应的责任。

这些协议由正式成立的机构间本着友好的原则签署。任何一个签署方都不应处于模棱两可的状态,必须遵守所有达成的条款。这个看似简单却往往在事故发生时被忽视。

驾驶员需要得到正确的指示,调度员需要在工作热情降低后还能保持认真谨慎,避免问题的发生。铁路公司为了自身的利益,制订这些条款以保证没有后续问题产生。

第四节　铁路运输:集装箱场站与转运地点

铁路公司在场站设施内进行换装,并且接收挂车和集装箱的作业活动,这在理论上是简单易懂的,接收这些载运单元,然后将其转运出去,但是实际的操作过程会因为(铁路)集装箱场站的物理条件限制、业务量的大小、人员配备、现场管理能力、库存控制能力、铁路运输的自身运转良好与否以及特定铁路公司的政策等而变得复杂并且难以掌控。

本节内容的重点是,如何恰当地将卡车承运人这一要素置于整个系统当中。本节内容将从(铁路)集装箱场站运转能力的历史视角对卡车运输公司的作业内容进行探讨。

一、对换装问题的审视

1. 文档(挂车交接单)

挂车交接单(TIR),是卡车运输公司需要履行责任,以及铁路公司避免责任的关键。在载运单元进行换装时,以纸质文件的形式实现。挂车交接单有很多别名(其他形式),但无论名字如何,都是铁路公司和拖车驾驶员/卡车运输公司之间为了特定的装备而确定的一份具体合约。这种做法在特定的时间和特定的地点是很有效的,并且优于很多其他协议。

为卡车运输公司签署这份单据的卡车驾驶员实际上扮演了代理人的角色。驾驶员是否有能力胜任此事并不重要,事实上卡车运输公司让卡车驾驶员接手载运单元已经表明对其

能力的肯定,所以才会让驾驶员代理这项职能。这也意味着卡车运输公司通过驾驶员的签名承担了不同环境和条件下的全部责任。

这种挂车交接单通常是一张在背面写明了合约细节的纸质文件,并且在正面对指定需要换装的运输装备进行了详细描述。

这种单据根据铁路公司的不同而不同。每个铁路公司(或者集装箱场站运营方)都会努力使他们进场(入闸)处的换装人员的工作尽可能地简洁和有效,并且根据需要,对通用铁路运输货物分类以及国家汽车货物运输的分类进行修改。

除了容易辨识的统一格式之外,标准中至少还有两种其他的单据变化形式。

(1)派生运单

这种铁路公司的纸质运单在修改后,会在单据的进/出部分用褪色打印的形式显示运输装备的缩微形状,以此标明设备的缺陷。卡车驾驶员需要在这些符号上对问题进行标注,或者在单据的特定区域进行标明。单据的背面通常注明了换装的规则。

(2)交接摘要单

这是一种 2in×4(5)in 的纸片,用来交给前来接收载货或者空的载运单元的卡车驾驶员。纸片上载明的是铁路公司和卡车运输公司以及相关托运人关于这个载运单元达成的协议中最精简的细节信息。如果卡车驾驶员在离场(出闸)时发现了问题,他需要返回铁路运输的办公部门,重新领取标有问题代码的单据。

以上两种修改表明:为了可以尽可能地节省卡车运输时间,因此卡车运输公司在交接单据生效之前指派知道载运单元编号的驾驶员进入集装箱场站并允许其进行预检。

2. 离场(出闸)检查

该检查是考虑到载运单元从铁路集装箱堆场运出的过程中,已经完成任务的铁路承运人很少有动力去进行彻底、全面的预检。事实上,铁路公司更乐意将载运单元尽快且平稳地运出闸口,他们尽量避免直接面对装备出现的问题。这种态度主要是出于对雇佣工人和管理人员需检查从别处接手的挂车和集装箱所产生的成本的考虑。假设堆场的"唯一责任"是将这些载运单元转给卡车运输公司,那么很可能会导致接收到轮胎气压不足、破损、内侧或者顶部存在破洞,以及货物没有被铅封的挂车。如果卡车运输公司将其签收,就需要对这些问题承担部分责任。

不对通过铁路运输进场(入站)的运输装备(亦即将被运出/出闸的装备)进行检查,已经成了铁路公司日常的例行做法。这是因为卡车运输公司将会非常负责地进行检查。

与货物铅封遗漏的情况不同,铅封在入站时将会被认真地检查并留存记录。若卡车驾驶员发现丢失、破损或者铅封被改动,铁路公司的安保人员(经常)会帮他们记录下来。卡车驾驶员需要将真实的铅封号码记录在挂车交接单上。

如果在设备换装之前发现问题,在驾驶员接手之前进行维修、更换(等)是铁路公司的责任。驾驶员需要对这些情况非常熟悉,除非调度员事先允许否则不可以不做任何记录。如果这种情况下没有进行换装,那么免租期和存储期的时限应该重新计算。

装备本身的新旧程度能够显示出其使用了多久,但是除了缺乏美感之外没有其他的实质性问题,类似于"旧的凹陷""旧的标记"之类的标注通常可以使认真负责的进场检查员更加谨慎。若不采取这样的方式,卡车运输公司可以以争议的形式重新进行声明。旧的破损应该以同样的方式处理,或者在离场(出闸)挂车交接单上使用简单的符号标明检查过程中发现的破损和修补。

轮胎有一定的特殊风险(危险)。通常的做法是双方都将轮胎充满气,目的地是本地且已知的情况下,需要驾驶接受这样的处理方式。若驾驶员不同意,还要归还挂车,此时载运单元卸下后,将会把问题转移给下一个驾驶员或者是铁路公司。集装箱堆场将挂车轮胎充气以"恢复原状",为运输系统中的下一个堆场处理此事节省时间,否则,就会给负责接手归空载运单元的卡车驾驶员带来麻烦。

很显然,确保使用多式联运装备的卡车运输公司能得到适合公路运输使用的装备,这是铁路公司面临的一个难题。

入闸(进场)检查:载运单元在进入集装箱堆场时需要检查。无论这个载运单元是否是从这个堆场发出的,卡车运输公司都必须对其进行彻底的检查,并将相关的问题标注在单据上。

货场使用的出闸(离场)单据,与其使用的入闸(进场)单据一样,应当允许驾驶员参照货场的出闸(离场)单据的复印件对免责条款进行标注,从而尽量减少新的标注产生。

入闸(进场)时出具单据,卡车运输公司在运输过程结束后,应当将两份复印件一起放进载运单元的文件当中,这种简单的额外工作应提前完成。另外,需要对装备的损坏进行阐明,可以避免后续产生更大的问题。

出现问题时,驾驶员是否进行了正确的检查,是成功与否的关键。总体来看,驾驶员和检查者都至关重要。不同之处在于驾驶员代表了他自己以及卡车运输公司,对于检查者来说,则反映了他对自有章程、铁路运输规则以及管制措施的解读情况。

联合太平洋铁路公司(The Union Pacific)在20世纪90年代发布了一部非常实用的多式联运检查操作手册,并且对于损失的分类给出了详细图解。这本手册实际上是由巴恩哈特出版社(Barnhart Press in Omaha)出版的。卡车运输公司关注的多式联运装备损失赔偿的问题可以在这个手册中查找到类似的或者有价值的参考资料。

二、人事关系

在铁路场站环境下,多式联运卡车承运人很容易遭受运输方式的歧视/偏见。卡车运输公司这一群体包括卡车驾驶员以及在艰苦环境中为生计而奋斗的人。集装箱堆场和场站的人事部门对多式联运驾驶员的有意刁难将打击驾驶员工作的积极性。

卡车驾驶员的任务和目标是接收载运单元之后完成运输。很多情况下驾驶员在铁路堆场或者集装箱堆场的管理许可中处于一个不利的位置。

堆场的代表人员有既定权力、以自我为中心,并且常常以为他们自己是权威人士。堆场的文员以及其他人员其实是那些雇佣他们的公司的代表,大家的目标都是通过铁路作业场站运送货物。就职于具有高度结构化的权威机构或者有强势的联盟保护时,这些人会更以为他们是权威人士。不过,无论这些人员是否具有权威性,他们确实控制着货场的闸口。

当一个疲倦的、无知的、没有充分准备的,或者健谈的、有攻击性的、有备而来的,或者本质上不受欢迎的驾驶员来到这个环境中的时候,有可能会引发不必要的争执。铁路公司的人员虽然披着权力的外衣,但他们并没有真正拥有权力,这反而成了卡车驾驶员以及他们的公司所面临的难题。过去卡车驾驶员被要求在空白的挂车交接单上签字，转交货物提单，并派去按照清单对空载运装备进行检查。这些不公平以及其他诸多事情成为驾驶员延误和紧张的重要原因，驾驶员只不过是承运人的雇员，他们其实是很脆弱的。

不可思议的是，这种歧视只发生在那些没有高业务量的托运人和承运人的接驳运输驾驶员身上。大型托运人或者承运人公司通常有特殊的闸口通道。如果货场没有为老主顾设置特殊入口，他们会招揽那些没有保护的货运车辆，因为这样可以给铁路公司带来额外的业务增长。这些货运车辆会对"特权"进行协商并使用这些"特权"，相应地，这种情况下驾驶员受到的歧视就会少一些。

没有受到保护的多式联运的卡车运输公司会采取一些方式来处理这样的情况。假定问题不仅仅是与另外一个运输班次或者铁路雇员以及签约人发生，这些问题应该由卡车运输公司或者代理人通过货场的管理来处理。驾驶员不参与其中。

如果驾驶员对这种状况有所准备，就可以避免这样的问题发生。驾驶员代表了公司，并且知道该做什么，准备好正确地文件资料，一般就不会出现载运单元被转出之前才介入的问题（或者使得存储费用增加），他们可以在常规时间内完成进场或离场。随着铁路公司人员逐渐适应公路运输公司的驾驶员总是有所准备的状态，所有驾驶员的工作也会变得越来越稳定。当堆场的工作人员看到运输公司的通告时，他们也会变得积极起来。

驾驶员需要明白的是货场的工作人员虽然未必是朋友，但也不是敌人，绝不应该嘲笑和谩骂他们，而且设施本身也是需要悉心照看的。应该禁止在墙上乱画、随地乱扔烟头、小便池被毛巾堵塞以及其他一些对别人的财产不够尊重的行为。

驾驶员需要学会保留自己的意见，学会沟通才是顺利进出堆场的有效方式。即使没有正确地填写文书，堆场的工作人员将其拿回进行修改时也不应该嘲笑。本地或者区域运输的驾驶员需要不断地重复进出堆场时，有必要强调的一点是，堆场的工作人员不会在见到驾驶员时回想起以往与其沟通时的不快。

铁路公司的监管人员需要对卡车运输从业管理者很熟悉（管理者经过时，接待人员不应该无视他）。铁路监管者接触的人员范围很广，有很聪明的人、知识渊博的人、通情达理的人以及普通人。堆场人员需要对有备而来的驾驶员的问题作出解答，卡车运输公司管理者也应认识到对驾驶员教育的必要性。

如果上述办法没有效果，可以采取一些其他方式来保证卡车运输公司的发货人或者代理客户顺利完成工作。对接箱和交付过程中的遗失导致的延误进行简单的沟通有助于工作的顺利进行。将相关的成本支出进行量化就能够看出堆场的不足，同时明确这些成本费用的补偿也会带来益处。尤其在客户对卡车运输公司的选择是经过深思熟虑的情况下，明确成本费用的具体补偿显得更为重要。

卡车运输公司容易受到铁路工作人员的歧视和偏见，这个事实已经被清楚地认识到，并且得到了专业和真诚的解决。

三、估价费用的现实情况

正如先前提到的，集装箱的堆存决定费用，如果没有在特定的时间段内将载运单元运送走的话，铁路公司或者船公司将会对运送载运单元的各方进行重新估价。通常使用支票（很

第二章 铁路(运输)与多式联运

少使用现金)支付相关费用。卡车公司需要核实的是,在他们派遣驾驶员之前,需要接手的载运单元没有产生堆存费用。在客户已经允许的情况下接货就不存在这个问题了。

如果派送任务已经下达,但是堆存费用还没有支付的话,那么只有支付完这些费用,载运单元才能运出。

卡车运输公司为了让驾驶员尽快出发,如果在没有得到允许的情况下支付了堆存费用,那么他将面临不被赔付的风险。经常遇到的问题是如果卡车运输公司的客户不能从最终的主顾那里得到赔偿,将没有人会赔偿给他们,经纪人很少会对卡车运输公司进行赔偿。

(离场)逾期费,指挂车租赁的费用,在前文中同样提到过。不及时支付离场逾期费和场内滞箱费会使得很多卡车运输公司无法开展业务。卡车运输公司在堆场使用铁路公司掌控的运输装备,就可以在协议的框架下开展业务。如果这些装备的使用超出了特定的时间段,就会产生额外费用。这些费用是针对卡车运输公司的租赁费用,由铁路公司计费收取。

需要及时(在其刚刚产生时)认识到(离场)逾期费的产生。就托运人、收货人或者客户而言,卡车运输公司的客户,需要在第一时间被告知因为这种失误而产生的费用。必须要有严格的安排让卡车运输公司对这些额外的费用进行赔偿,这也有助于最终的费用支付者弄清楚费用账目。在没有合适的计划安排的情况下,对没有被解决的逾期费进行支付,会使之成为一笔无法得到补偿的开销。

在铁路公司对堆场机构的计算机进行集中化管理之前,卡车运输公司或者其托运人经常会通过自己的解释来消除这些费用。这其中的逻辑可以解释为,这些场站的载运单元属于沉没成本,消除费用的话并不会造成损失。虽然这并不是一个正确的逻辑,但考虑到手动存储和逾期费账目操作方式的烦琐性,以及人的本性,这么做能让很多卡车运输公司减轻压力。

随着堆场的报表与铁路中央计算机系统进行绑定,铁路公司开始将离场逾期以及堆存费用用于自身设施(轨道等不动产)质量的改进。本地运输的人事关系清晰而不需要对费用账目进行更改。

如果卡车运输公司及时通知且开具了账单,多式联运的客户几乎没有办法拒绝或者反对。通过假定来进行适当的提示,提示不是卡车运输公司的错误,而是承运人或者接货人的错误。若是铁路公司(晚点卸货等)造成的过失,而且卡车运输公司及时指出,免堆期限就有可能被延长。

如果收货人不能及时接收货物,最终支付运输费用账单的人会被要求"付清"相关费用。收货人很少会主动付费(也有例外,一般会发生在具有良好的组织、业务量比较大的机构)。如果卡车运输公司没有追踪潜在(离场)逾期费,也没有通知他的客户并且得到支付许可,那么对这些费用的支付不仅会花费资金,还有可能不被赔偿。如果卡车运输公司没有向铁路公司支付(离场)逾期费,就意味着承运人已经被堆场拒绝。这种情况下卡车运输公司必须重新建立信用,或者离开此业务领域。

四、装备和设施因素

先前讨论过在铁路公司将运输装备提供给接驳运输驾驶员之前缺少维修的问题。堆场或许会接收到存在轮胎充气不足、悬挂破损、顶部及侧面破洞等问题的挂车。虽然这些问题的责任不在堆场,但如果卡车运输公司在挂车交接单上已将问题注明的话,堆场可能需要承担解释的义务。

通常的做法是不检查铁路运输的运输装备(那些即将通过货场出闸/离场的装备),因为货场工作人员知道卡车运输公司有责任对其进行检查,而且如果遗漏问题,承运人会承担相应责任。现在的主要做法是提供多次的"敲打排查"、轮胎充气、切口修补等,以帮助驾驶员能够尽快运送货物。

当然对于驾驶员来讲,每行驶 1000mile(约 1609km)对载运单元进行一次检查也是非常有必要的。检查轮胎、灯光、反光标识、悬挂等设备以及确认联邦公路局颁发的贴标是否过期。调度员虽然并不想载运单元因为换装前的问题而出现无法使用的情况,但他们也很清楚这种状况的出现是正常的。对于驾驶员发现的问题应该及时维修,并且为了避免事故、逮捕以及罚款的发生,卡车运输公司和驾驶员都应该受到法律保护。

假定承运人和货场运营方是水路运输公司、铁路公司或者代理人,在合约或者法律的规定下,只能转出安全的运输装备。尽管这个要求会给驾驶员带来麻烦(需要认真检查装备等),但这样规定是为了尽可能减少意外状况的发生,同时相应的法律责任会在运输装备安全转出时转嫁给卡车运输公司。

如果铁路公司提供给驳运人的是一个在法律上无法适用于公路运输的装备,就意味着铁路公司没有遵守协议。同样,驾驶员将其运送到堆场也是没有收入的。这种情况发生时,卡车运输公司需要提醒铁路公司结清(离场)逾期费和堆存费用。

载货单元的质量:装载多式联运载运单元的铁路车厢的规格,受铁路车辆轮胎的承重以及多式联运载运单元(或者双层载运单元)高度的限制,而宽度通常不是关注的重点。从铁路运输的角度看,在双层堆放集装箱出现之前,装载货物的质量是比较容易计算的。除了特殊声明外,多式联运载运单元车货总质量一般是 65000 磅(约 29.5t),重点是无论铁路公司承担什么责任,都需要提供适合公路运输的载质量。

实际上铁路公司没有承担任何责任。有些货场有磅秤免责的依据。有了磅秤后,在货物装载进场时,对即将装载到铁路车厢上的载运单元进行称重已经是一种规范化的操作。铁路公司依靠货源地的码头来装载合适质量的货物,如果货场没有磅秤,那么进场(入闸)卡车运输公司进行支付的计费票据信息是确定运单质量的基础。如果计费单据上没有显示质量,堆场工作人员会对其进行估重或者从托运人的表述中找到相关信息。熟练的货场升降运送车或者吊车操作员一般能够判断出是否超重。通常并没有将超重的载运单元剔除,而是还按照常规的流程由铁路系统进行运送。

用于规定运输链条中各环节载重责任的联邦法律是难以实施和被遵守的。在制定者看来,铁路公司忽视了应当履行的责任。取而代之的是,他们更倾向于从进场(入闸)列车的运单上获取信息,并且这也给他们提供了用于卡车接货的离场(出闸)信息。铁路公司使用卡车运输公司运送货物进入堆场时所携带的提单,确认进场(入闸)信息来判断是否放行。这种操作方式虽然有些粗略,但能满足他们的需要。

现在看来,在没有支付超载费用的情况下,在日常的检查和罚款活动中,对铁路公司的责任进行声明是徒劳的。只要没有出现责任事故,其实基本不可能从铁路公司接收到超载且未付费的载运单元(起码这些载运单元从单据上看是没有超载的)。多式联运系统的复杂性使得合法的代理人必须具有基本的相关法律认识。在法律专家和多式联运专家的交流沟通中，无论是在法庭内外，如何判定错误已经超出了法律专家的能力范围；而如何确定法律知识，却是多式联运专家能力以外的事了。卡车运输公司的投保公司会最先面临这些问题。

确保从堆场或者托运人处装载的货物已经完成了合法称重[包括总重和轴重（轴载）]，是避免罚款和问题的最好办法。

与挂车相比，集装箱需要堆放起来，所以必须对其进行更加精确的安装。用于集装箱的底盘会比卡车挂车的框架更重。为了适应各种不同尺寸的集装箱，底盘尺寸通常是可调节的，但是这种变化必须是可测量的，底盘的尺寸取决于集装箱的尺寸（20ft、24ft、40ft、45ft、48ft 和 53ft）。

标准尺寸的船舶底盘比鹅颈底盘要重一些。如果驾驶员不知道这些差异，接收了一个按照最低标准装载的集装箱[42000 磅（约 19t），40ft]，就会引起总质量或者是轴重超重。

标准底盘不仅应用在标准集装箱的下面，为了应付不同的装载形式，它可以用于总高度在 14ft 以上的集装箱。铁路堆场通常没有办法测量载运单元的高度。

在制造铁路挂车时，需要保证其对驾驶员来讲是可以向前串联滑动的。铁路公司使用这种放置方式是为了在平车载运挂车运输（TOFC）时能够获得更好的运行质量。当其被放置到地面上或者连接到一个牵引车上的时候，驾驶员需要向后串联滑动超过 30000 磅（约 13.6t）的载质量。由于工作的性质及装备的条件，在驾驶员实际接货时，前面所说的要求是很难达到的。如果驾驶员还想避免重新定位，那么这个工作就更显得艰巨和复杂了。

除了驾驶员具有良好的判断力之外，还有很多方法可以帮助他避免超载（或者清关）问题，比如，对集装箱和挂车的空车高度和质量进行标注。卡车运输公司的客户应该按照他们要求的装载质量进行运送。驾驶员清楚（并且调度员也应该已经知道）牵引车的质量。当 100 加仑[700 磅（约 317.5kg）]的燃油已经够用时，多式联运的驾驶员不需要驾驶装有 300 加仑[2100 磅（约 952.5kg）]燃油的车辆。一个卡车运输公司进行"系统"的或"体系"的例行质量检查，可以免除他们在质量上或者运输途中所产生的责任。

令人困惑的是，多式联运的运输工作可能发生在城市范围内或者城际运输中。牵引车辆可以是"公路"车辆或"城市"车辆。传统的牵引车辆往往比多数灵活的短轴距的厢式载运车辆重一些。厢式载卡车辆有不同的质量分布特点，牵引车辆的一个影响因素是轴距。在派送过程中，称重的办法能够更好地解决卡车运输的质量问题。

非科学的影响因素有很多，如：运输过程中使用比普通规格更重的木质托盘、结构发生改变的托盘、不合理的装载形态（或者与常规的不同）、使用计费质量不会发生变化的盖洛德纸箱取代传统包裹等，都会带来质量的变化。铁路公司对平车载运挂车运输（TOFC）载运单元中存在的质量问题一直放任不管，有必要澄清这些问题。

卡车运输公司有必要接受以下方便的教育（培训），以指导驾驶员，保证他们知道常规确保装载质量的规程。

（1）经验丰富的驾驶员；
（2）从托运人或者经纪人那里获得质量；
（3）知道牵引车辆的质量和轴距；
（4）判断底盘的质量和轴距；

(5)车辆队列的计算机模型;

以及很多工具都可以解决质量问题。

堆场资产中的维护费用通常跟不上业务流量和种类的提升。维修维护费的发生使得利润率很难提升。先前,货场在闲置铁路轨道或者类似地点开展驮背运输等做法,都是为了弥补维修维护费的支出。但是现在这种情况多少发生了一些改变,特别是在"有河流穿过"以及进行换装的城市,都需要处理大量的多式联运货箱。准备场地不充足、铁路轨道配置、灯光、安全以及其他影响堆场运营的因素,都阻碍了有效运输的实现。

通常来说,铁路货运堆场的维护和管理可以反映出铁路公司对于多式联运和卡车业务的态度。这种表现似乎不会与多式联运业务量的增长保持一致,但能够反映出堆场公司的维护和预算人员对于联运制的看法。然而,随着铁路数量的减少,堆场成为开展维护和进行积极管理的焦点。**无法保护好设施的卡车运输公司应该牢记,铁路公司、泊位运营方以及船公司都有普通责任险。如果他们没有普通责任险或只给自己投保了,那么运营货场的合约方也会保证他们在保险范围内。这种类型的保险提供了弥补破裂的轮胎、损坏的车轴、破损的油箱和其他坑洼以及粗略的场地平整引发的后果的方法。**

第五节　铁路公司开展多式联运时使用的(运输)装备

铁路行业使用多式联运的方式运输货物已经超过100年了,但平车厢作为多式联运的基本载运单元在最近的30年才有所改变。随着由于卡车之间的竞争使得他们逐渐意识到需要增加载运单元的规模和容量,首先是挂车,然后是集装箱发生了变化,挂车和集装箱变化等市场因素推动了增加载运单元容量的需求,这一事实被众多的铁路机械部门人员认可,并开始寻求一个更加稳定和节能的平台来搭载挂车和集装箱。经过一系列的实验,原型车厢演变成如今使用的各式各样的车厢。

现代社会伊始,多式联运的铁路运输装备发生了改变,并且越来越适用于产业发展,一些铁路行业的创业者和远见者的知识和毅力促成了这一切的发生。这些人将他们的职业生涯投入到改进这个冷门业务当中。然而,外部客户(实质上是托运人的代理)强制让卡车装载的业务流量分到铁路系统上去,并提供了装备进化所需的载运单元的备用类型。

由于面临越来越大的业务压力,铁路公司的重点从改善拖挂的阻塞,转变为保持运营的平衡,以适应运输场地和轨道系统的增长。他们需要防止业务量的停滞,并确保业务盈利。车厢装备的类型和供应是阻碍装载过程的一部分。直到最近,铁路公司才开始认真考虑服务质量。但对某些铁路公司来讲,服务质量仍是个问题。运输装备的有效使用以及正确配送,是铁路公司盈利的关键。

下列因素与铁路公司使用的用于托运挂车和集装箱的运输装备有关,会影响到装备利用率。这些影响因素来自于铁路公司,也包括接驳运输驾驶员。只要是铁路公司的财产,通常认为运输装备是由他们控制的。

本节涉及的铁路运营方面包括:

(1)利基(缝隙市场)供应商控制集装箱,而非铁路公司;

(2)水路运输集装箱;

(3) 挂车和集装箱拥有权；
(4) 车厢类型及其所有权；
(5) 挂车和集装箱规格；
(6) 铁路公司控制的运输装备的轮胎。

一、铁路集装箱的利基（缝隙市场）供应商

铁路公司控制之外的运输装备供应商是存在的。他们提供运输装备，这些装备可以降低托运人的成本。

铁路行业拥有或控制的挂车和集装箱是一种重要的联运能力。挂车的使用逐渐下降，而集装箱则逐渐增长。在这个过程中，以合理的价格向用户提供国内铁路轨道载运集装箱业务的公司，成为这个行业轨道载运单元的重要来源。铁路公司并不支付费用，他们只考虑其处理和确认装备的方法。

这些（堆运集装箱）供应商通常与国内甚至国际托运人签署了书面协议，以一个合理的价格让客户使用他们的载运单元进行货物运输。他们也会与个体卡车承运人签署协议以确定在这类换装过程中的责任划分。至于铁路公司，他们认为这些载运单元本质上就是私人装备。

由于这些供应商是独立开展业务的，因此他们对具有不同容量运输装备的市场需求有着极大的兴趣。已经开始有公司生产 45ft、48ft 和 53ft 标准化的运输装备，以及相应的底盘，同时这些装备也已经开始使用。进行运输时，铁路公司可以将这些本质上属于私人的集装箱堆放到铁路车厢上，并且通过降低费率使协议托运人获得好处。这也为协议托运人（通常是代理人）提供了比较低的运输成本，提升了他们的卡车运输竞争力。托运人的这些协议免除了他们在铁路运输系统中进行维护的费用和大多数的所有权义务，或者将他们纳入了 AAR 系统以确保能够获得赔偿。

驳运人有义务提供及时、专业的装载和卸载货箱，这些货箱是与他们有业务往来的托运人的。这些载运单元一般会归还到一个预定的堆场或者泊位区。卡车运输公司必须及时迅速地完成工作，包括清理载运单元，否则那些需要对支付租金费用承担实际责任的托运人将会受到处罚。时间期限是精确的，但由于供应商与不同托运人之间业务量的差异，即便是同一供应商的免费保管期限也会有所不同。

二、水路运输集装箱

铁路公司会将船公司的集装箱按照货来进行处理（运输）。水路运输载运单元的首字母是按照 Private Mark 命名法来命名的。除非铁路公司在起始地收到货物，并以相同的条件将其运送给目的地代理人，否则将不承担责任。这些载运单元尺寸的标准化在很大程度上帮助铁路行业进行了大批量货物运输。

水路运输集装箱的底盘能否在铁路堆场直接使用。如果可以使用，是比较理想的，这意味着主导运输的铁路公司不承担任何责任。为方便起见，船公司会计划将集装箱留在堆场（或者卡车运输公司将会为泊位区的重新安置付费）。与在合法的泊位区集货相比，在非正式的泊位区集货，应更加认真地检查底盘。

卡车运输公司最好确认集装箱已经被配送,并被堆场接收,且可被堆场场地使用。如果堆场不会或不能提供这样的信息,并且卡车运输公司不能直接追溯到信息,为了自我保护,建议卡车运输公司在与客户的协议当中添加附录以界定错误运输的责任。

三、挂车和集装箱所有权(者)

铁路公司控制的挂车有一个以大写字母"Z"结尾的编号,因此称之为"Z式厢卡车",无论其所有者是铁路公司还是私人。

集装箱通常是以"U"结尾的,但是命名规则比较少。

铁路标识:除了少数例外,它可以说明拖车是由铁路所拥有和控制的。以所有者的首字母来标识铁路的"所有者"。理解标识的含义,可以参照美国汽车货运协会出版的"标准载运代码目录",或者 KIII 的官方多式联运装备注册名录。

有铁路标识的挂车其实的设计,是用来配合 89ft 的标准平车使用的,这些挂车一般是 48ft 长,随着 45ft 载运单元的供给的减少,48ft 载运单元的使用开始增加。

一段时期内,铁路行业的挂车不能与预先设定的车厢尾部的框架相匹配,因此如何处理挂车的悬垂部分受到关注。需要担心的是,悬垂部分在转弯时会撞到某些物体,或者撞到下一个车厢上的挂车。进行车厢钩挂定位、使用起重机将挂车紧密地放置到车厢上、使用新的车厢以及改变铁路的曲率半径等,都可以解决这个问题。

铁路标识预设了铁路拥有方的维护责任,包括修复和许可责任,无论载运单元标识是铁路公司租借的还是他们所有的。由此产生的联运计费系统的规则和制度框架是比较复杂的,每个铁路公司都可以通过这个系统(使用其他部门挂车)向载运单元所有者收取费用。对于多式联运卡车运输公司来讲这意味着偿付会有延时。

以下分步骤对铁路公司的延时进行说明:

(1)问题举例——换装时的轮胎故障。在铁路公司换装的卡车运输公司来支付更换费用。

(2)作为所有者,铁路公司在换装后以 AAR 标准确定的费率支付铁路标识道路的费用可能会按协议费率偿付给卡车运输公司,也可能在支付之前等候偿付。

(3)如果载运单元是租赁使用的,上文中提到的所有者(铁路标识的)将会付费给租赁公司,这是普遍现象,所有者付费给换装的铁路公司。

(4)租赁公司将花费偿付给所有者(铁路标识的铁路公司)。

集装箱:有铁路标识的集装箱将会遵守与铁路挂车相同的规则。铁路载运单元在堆场进行堆装和归还时,卡车运输公司很少会关心底盘。如果要求卡车运输公司"服从(跟随)"底盘,并且在堆场将集装箱进行堆装的话,则这是一个需要卡车运输公司解决的问题。不管是铁路公司,或者是分派货物的托运人都需要对费用负责。铁路公司知道需要补偿卡车运输公司以保证运输。提前电话告知是个有效的方法,并且要确保这些货箱在派送之前进行堆装,如果没有做到这些,所有者或者托运人应该与铁路公司之间就合适的安装或者补偿进行沟通并处理。

私人标识:这个标识表示除铁路系统之外的挂车或者(非水路运输)集装箱的所有者。除了接收和归还之外,铁路公司不会为这些载运单元承担责任,除非在离场(出闸)交接单上注明了损坏。箱内货物的损坏难以赔付,除非货物上有明显的损伤显示是野蛮操作导致的。

私人挂车的长度是否能被普遍接受,取决于铁路公司的多式联运规章制度。对私人挂车质量限制同铁路载运单元不同。装载时顶部可打开的平板挂车很难被接受,零担运输挂车也一样。前者或许会导致货物的滑落,后者则会影响到稳定性。

卡车承运人的挂车以及其他不在铁路运输系统的挂车,也可能被标注为"Z"式卡车。这意味着支撑主销的钢板是符合 AAR 的技术规范的。车鼻的构造和挂车车门的固定(五铰链或者四锁杆)也同样符合技术规范。

提供给铁路运输使用的私人所有载运单元,在实际达到之前,最好在堆场进行预清理。在铁路允许其进行运输期间,铁路公司的机械主管很可能会检查载运单元以及装载的货物。

考虑到私人挂车在车厢上进行运送时可能会出现故障,从而需要承担潜在责任,提供挂车的卡车承运人应该特别留意这类不是自己所有的载运单元,提供给铁路公司时应做到完好无损。

不考虑水路运输集装箱的话,私人所有的和特殊用途的集装箱的使用,一般已经与铁路公司就价格和运送等问题签订了具体协议。这些集装箱经常运送特定货物(木材、橙子等),此时集装箱的定价和运输就需要符合 AAR 的技术规范。

四、车厢类型及其所有权

铁路车厢可以使用 30 年并持续投入运营,多式联运运输中的铁路车厢也是如此,除非试验车厢的长度过长,或超出了承载的质量,或者集装箱、挂车放置在上面时,没有恰当地贴合轨道的曲线线形。

多式联运铁路车厢的所有者是铁路公司或租赁公司。租赁公司有时可以提供不同于铁路公司的特殊的运输控制、成本以及维护。一般而言,铁路车厢都是某特定水路运输公司的载运单元列车。在美国只有少数船公司拥有可堆放列车。大多数承载着多式联运载运单元的铁路车厢是铁路公司所有,并且对其进行了标识。

作为主要供应商的挂车列车公司,一般被认为是铁路公司所有。他们的产品有大家熟悉的 TTX、DTTX 等。这种公司由北美的个体铁路公司所有。对每一家铁路公司来讲,所有权是与公司的贡献成正比的。这种所有权格局的好处是允许多式联运使用各种类型的车厢,可以测试和挑选最好的车厢系统。

显然这种格局的缺点是限制创新。铁路行业自称为非暴利行业,具有较高的资本投入,并且凭借其较高的生产力和集中定价赚取利润。铁路车厢昂贵并且需要折旧很多年。建造可以使用 20 年的车厢,但在 5 年内淘汰使用,对损益表有极大影响。很多年来这种核算和运营的现实情况阻碍了创新。为了使用,通常个体铁路公司会修改他们的 50in 平车或者 80in 平车(最初被建造用来运载汽车的货架)尺寸,直到多式联运的诞生。

第一次使用平车载运牵引车运输（滚装车、农用机械等）时，卡车挂车本身的高度在11ft到12ft6in之间，长度在20ft到35ft之间。这些挂车或者卡车可以被滚装到一个标准化的40ft到50ft长的平车厢上，并且被捆绑好进行运输。平车载运牵引车运输业务的增长，反映了挂车配置以及业务量的变化。

"89ft"平车厢长期以来扮演着行业标准的角色，并且至今仍在沿用。这些车厢配有轮槽以防止挂车的轮胎在车厢上左右滑动，这样做是考虑到了轮式装载牵引车的安全问题。

现在是用挂车的主销将挂车固定在车厢的挂钩上，而早期仅仅是将牵引车的辅助轮固定到可移动的装置上。随着时间的推移，这些挂钩得到进一步改良并且运营良好。

为了使滚装牵引车能够在车厢之间移动，将车轮跳板与车厢的另一端连接在了一起。当车厢静止时，跳板就可用于下一个车厢，并且用于引槽、桥接，这些就使得挂车能够在车厢上下移动。

20世纪70年代阻碍铁路多式联运业务增长的主要原因是市场上的装备所有者有着大量的40ft长、12ft6in高或者13ft高的挂车车队，以及89ft的平车厢。二三十年后，铁路公司仍在为能够使用他们手里的运输装备为标准而斗争。事实上卡车承运人的装备已经逐步地演化成了45ft的挂车，并且开始使用48ft的载运单元，这对于铁路的实用主义者是没有意义的，这些人"认为"他们拥有的载运单元才是最有效的载运单元。

当时，铁路公司拥有的是40ft长的铁路挂车。在业务成熟后，40ft铁路挂车并没有成为租赁公司主要的挂车供给。随着不可控制的维护费用越来越多，直到40ft的载运单元磨损殆尽后，45ft长的载运单元作为替代品才开始逐渐被接受，这是早期多式联运的实际情况。随着这种变化的发生，租赁公司掌控了铁路挂车的主要供给，并将其作为自己经济性与资产负债水平的测度。

更长挂车的出现，给89ft长车厢所有者带来了真正的麻烦。挂车的固定挂钩被迫承载两个40ft长的挂车，这就需要悬挂装置的位置可变，同时也需要挂钩可移动，这种移动取决于车厢上的挂车或者底盘的尺寸。这是一个在装载货场内的操作问题，需要将固定或者可移动挂钩的车厢统一起来。一个车厢上的挂车（在转弯时）可能会撞击到其他车厢的问题也需要解决。也需要注意到89ft车厢尾部挂车的悬垂部分的问题，然后进行试验并将其解决。有必要保证列车在转弯时的悬臂角度和中间距离使其不会撞到其他列车。

原有的铁路线路运输公司对于每公里多式联运业务的收入并不满意。挂车运输的收入，与体积、商品的种类以及单程的每公里货运量是不相匹配的。两个挂车并不是总是在一个89ft的铁路车厢上进行运送的，很多时候每个挂车就会占用一个车厢。平均每个车厢搭载1.6个挂车。铁路的成本取决于每一个单一车厢的成本。传统的核算方法认为比较经济的做法是，将短平车厢永久挂接在一起，并且给每个车厢编号。这样的话，平均每个车厢可以搭载3.2个挂车。这样做带来的成本节约在多式联运业务中得到验证，而且也是为什么多式联运业务被认为是有利可图的原因。因此，起初50ft的平车厢被永久地挂接在一起，三个或五个，甚至是十个一组。铰接式的车厢成为一种现实的选择，随着铰接式铁路车厢上堆放集装箱的出现，铁路业务开始盈利。

早期的创新理念曾试图通过压低车厢的重心、降低挂车的重心、减少风的阻力等手段让平车载运牵引车运输(TOFC)列车更加经济。研究出了将 Clejan 型车厢、Spine 型车厢以及其他类型的车厢按照技术原型生产并使用的方法。89ft 的车厢一直被用作标准类型，它虽然没有成为具有重要生产创新意义的车厢，但为今天的"理想车厢"的出现提供了概念性起源。前期的各种努力成就了今天常用的可堆放集装箱的铁路车厢。

铁路行业控制的挂车列车公司主导(支配)了多式联运铁路车厢在自由换装过程中的供给。他们的租赁收入是根据会员或非会员铁路公司租赁设备的时间计算的。一家公司在铁路运输系统中提供各种不同类型的铁路车厢时，也会有其他人来提供多式联运的铁路车厢装备。一般来讲，后者的车厢是为了特殊的目的而建造的，并且用于专门的运输服务。租赁公司或许会为特定的铁路公司提供非 TTX 型的车厢。这些车厢可能和铁路车厢相似，但是通常会有租赁公司的标识。或者，铁路部门会自行投资建造这些车厢。

五、挂车和集装箱技术规范

美国铁路运输业是以协会的形式存在的，其主要任务是尽一切力量使装备所有者(租赁公司或者运输公司)明白运输装备的技术规范，以及养护和维修责任。

下面这个章程的签订者，是那些计划提供运输装备以能够自由经营或者想让装备能够在不同的铁路公司之间无偿使用的铁路公司、卡车运输公司以及租赁公司：

美国铁路协会平车载运牵引车/集装箱运输(TOFC/COFC)服务换装条例(规则)

这本 150 页的袖珍手册详细地说明了此书的目标是"管理(调控)平车载运牵引车/集装箱运输服务中使用的挂车和集装箱的换装、维修及结算问题"。事实的确如此。

这些换装条款保证了签订人之间或者签订人与其他人不会签订相互对立的协议。后者通常能够保证换装条款得以有效贯彻执行，具体协议详细地说明了条例的规则和规定。

假定交易各方与其他方进行事务处理时是遵守上述规则的。在法庭外，交易过程中出现的问题就能够得到公平的解决。高度重视建造和维修细节，如从挂车的灯光系统到起落装置的制造，使这个协议得到了进一步的强化。依据 ISO 的操作说明来确定时间处理的优先级。大多数情况下，AAR 的技术规范能够较好地满足北美地区运输的需要，并且能够使这些条款变得更加可行。

通过查阅 AAR 其他出版物发现，其关于装载和固定、安全性及危险品运输的相关做法是需要强制执行的，在封闭和开放的设备装载一般货物也同样适用。

换装手册的主题是关于挂车/集装箱的制造、维护和维修，具体涉及换装的责任、表格的填写、维修、成本以及费用。重点是保证运输装备符合最初的技术规范，并且可以得到适当的维护。运输装备的实际所有者，也就是装备制造者，应当是维修维护的最终责任人。

AAR 换装条款中的一个重要部分或许被签署了换装协议且与铁路公司有换装作业的卡车承运人删除了。而这部分或许同个体挂车换装协议或者卡车与铁路之间的换装协议有差别。定价一般是在协议中的维修和换装这两部分中，它有可能会体现 AAR 的规则，也可能不会。由于卡车运输公司可能不是 AAR 换装条款的签约人，因此铁路公司可能会在签约人的附录文件有效的情况下做适当改变以适应现实情况。

六、轮胎

轮胎的维护、维修和更换是需要持续关注的问题,因此本章会与其他章节一样进行比较详细的论述。

多式联运卡车业务的装备所有者的自身特点,决定了他们并不会对挂车的重要组件予以足够的关注。铁路部门在换装时会(或者不会)检查轮胎的胎压;驾驶员会(或者应当)通过敲击或者其他的方法来检查轮胎是否正常。

斜交(斜纹)轮胎是多年来一直使用的主流轮胎,但其并不能在低胎压的情况下保持良好运行。之前提到的各种非系统化的养护混杂在一起,缩短了轮胎的使用寿命。个体驾驶员的换装过程的随意,导致了轮胎的责任问题成了多式联运装备系统的薄弱环节。

装备所有者试图努力强化那些使用他们挂车或者底盘的卡车承运人的责任,主要指适当的维修和更换以及避免轮胎遭窃的责任。当接货驾驶员指出提供给他的载运单元轮胎存在问题的时候,此时作为供给方的铁路部门或者泊位区就是责任人。

若合约中没有规定(轮胎损坏或者无法使用),那么并不能确定卡车承运人会偿付轮胎和管线的费用。这意味着卡车运输公司不仅需要承担附加费用的损失,这种损失在很多协议下(服务费、里程等)都不会得到补偿,而且还需要承担轮胎的更换费用。

为防止高质量的轮胎被窃,一般会使用便宜的轮胎,这就使得轮胎问题始终比较多。子午轮胎,比斜交轮胎用得更多,但是为了避免轮胎被窃以及担心轮胎被窃,这种轮胎一般不会作为初始的装备被安装使用。无视规定的人在维修卡车时不会携带常用的子午轮胎。子午轮胎失窃的成本可能会是斜交轮胎的两倍,但是耐用性也会高得多。

装备所有者(租赁公司)发现,当新的挂车投放到系统当中使用的时候,最初购买斜交轮胎时节约的成本并没有抵消斜交轮胎的更换成本。如果购买了子午轮胎,或许可以以较低的成本利用初始资产。这种方法(或可能)把更换和修理费用视为一种开销,而不是折旧。或者,这种观点承认了卡车运输公司愿意支付这一费用的事实。

执法部门的官员尽量帮助装备所有者以保证不使用不安全的轮胎。如果载运单元被拦下,美国联邦和州立的公路管理部门会以安全法为标准进行检查和认证。

再次重申:卡车运输公司需要承担在载运单元换装结束后带回与出发前相同的轮胎的责任。

(1)胎压不足的轮胎需要得到修理。

(2)如果道路条件不允许,那么轮胎需要按照相关技术规范的准确要求进行更换。

(3)赔偿前需要提供详细的更换证明。

铁路公司通常尝试提供一个统一的解决方案,以使维修和更换的状况能够通过利用公路运输服务公司完成。这样就需要(或者也不一定需要)对卡车承运人换装协议进行修订。需要进行维修和更换时,驳运承运人或许会被告知可以使用**公路运输服务公司**。对于运载有故障的铁路载运单元的卡车运输公司来讲,公路运输服务公司有利用价值并需要承担潜在责任。

公路运输服务合约基于组织之间的诚信而签订。然而,当问题出现时,没有一个合约签署方愿意牵扯进来,但是合约条款必须遵守。结果是,在大家签订合约的热情褪去之后,必须确保驾驶员受到良好的培训,调度人员也必须认真谨慎以避免问题发生。

文件资料的完成必须以事实为依据,而不是为了迎合想要销售轮胎的轮胎经销商,也不是那些急于运输的卡车驾驶员。这些交给卡车承运人关于如何解读公路运输服务合约的说明材料,是符合铁路公司利益的,但是需要确保合约能够得到遵守才会不发生支付问题。

第六节 铁路堆场运营:计算机决策支持的结构

——与多式联运卡车承运人之间的交易

20世纪50~60年代,铁路部门的计算机化远远领先于行业的总体水平。事实上,他们远远没有认识到他们建造的计算机硬件系统会因过时而造成混乱的局面,这使得他们举步维艰。

打孔卡片、纸张和磁带系统、自动车厢识别、驼峰场地列车/车厢分配系统,以及更多的计算机化的方法在那一时期被发明并得以应用。资本的投入造就了这一切,个人的引荐使之得以使用。由于对问题的狭隘认识,使得装载在平车厢的载运单元的识别和实验并不充分。任何装载在车厢上移动的东西,都可认为是货物。在当时,平车装载牵引车运输仅仅是次要选择。多式联运业务并不被认为具有重要意义,也经常被贬低。但是当时的自动化理念奠定了今天应用多式联运的基础。

在早期,铁路堆场以及场站的运营都是劳动密集型的。铁路公司努力使其作业能够自动化,并且在一些适当的环节脱离纸质系统。当时存在中介组织,并且人工收集列车和车厢的信息是一种常态化行为。自动化的计费系统与之前的手工处理相对应。没有挂车信息,只输入车厢的信息通常会产生混淆。

一旦场站系统实现了自动化,并且计算机硬件已经装配到位,通常很难再进行修改。为了获取(或者证实)进站的车厢信息,以及它们的多式联运"内容(货物)",有必要对场站里的轨道进行人工检查,并且在列车经过时进行实地观察。

随着计算机技术水平的提升,出现了自动化识别挂车和集装箱(称为 ACI,自动化识别),但行业以及相关人员的官僚作风阻碍了完善的自动化系统的使用。对于轮式多式联运挂车和集装箱的车厢自动化识别的努力在不断地尝试当中(厢式车厢的出现使得轨道旁观察人员无法"看"的足够高,以读取挂车上的条码信息)。

连同底盘一起运输的平车载运集装箱运输(COFC)的出现,带来了新的问题,即一个多式联运载运单元中会有两个识别代码。一个89ft的车厢装载着两个带底盘的集装箱将会产生总共五个识别代码,然而早期的系统中,只希望出现一个代码,因此按照追踪集装箱的办法来追踪底盘的信息是不可能的(在很多情况下,至今依然如此)。

由于铁路运输没有意识到计算机运行能力的大幅增长,其业务遭受到了卡车运输行业的侵蚀。与业务量相比,只有少量的资金用在系统自动化升级方面。铁路运输在满足消费者需求方面占据了主导地位,其他的运输方式就需要更多的改进。然而,铁路运营过程中计算机系统的变化最终会波及多式联运场站的运营作业。

概括来讲,下列的情况是普遍性的。多式联运卡车运输公司主要提供区域化需求服务,

美国陆路多式联运操作实务

这种需求受制于"他们"对特定铁路公司的态度和兴趣。直到2001年9月,对于卡车承运人和顾客来讲,并入铁路系统的通用互动性互联网网站才是可用的。在早期计算机化阶段,这些数据由铁路部门单独来处理,但现在交由美国铁路协会处理。Train II 公司以及 Raillnc 公司似乎已经成为主要服务商,取代了特定的铁路部门与美国铁路协会的直接接触。

千禧年问题的出现,是另一个促使铁路部门的计算机系统和辅助设备产生变化的因素。20世纪,大多数行业使用大型计算机程序,并不断升级,以适应新世纪的发展。在20世纪80年代和90年代早期开发的个人计算机上使用的,作为实现托运人和卡车承运人之间交流的核心程序,在2000年又经历了重大变化。这些变化以及新进的计算机技术带来的重大变革不可避免。

个体铁路公司通常允许客户和卡车运输公司使用他们的车厢运输数据,通常也会提供程序给他们的客户和销售商。这些程序为多式联运车厢和挂车的使用者提供运输信息,这些信息是无价的并且无法从其他渠道获得。如果挂车和集装箱的位置信息可用,使用者就可以更好地安排工作任务计划。应用这样的程序可以提前安排交货时间,并可以控制提货时间,以及简化运输装备的移动。总的来说,如果铁路运输装备能够更好地被利用,那么这些努力和潜在的益处具有重要的意义。

用于处理挂车和集装箱的程序,通常是"零成本"的附加在铁路公司的主要系统上的。有些程序部分兼容了千禧年中出现的问题,有些则没有。多式联运业务量的增长(以及复杂性的增加)使得问题变得更加清晰,即这种类型的运输装备必须采用计算机支持系统才能够继续使用。计算机技术的变化就需要运输装备进行彻底的变革,或者使用新产品。一般来说,这也导致了新产品的出现。

交互式支持程序(系统):

关于铁路部门提供的信息产品,有两个内容需要讨论。笔者对于其提供的 DOS 程序(Windows 系统之前的)有着丰富的经验,在20世纪80年代和90年代该程序对承运人和货运代理人都起到了巨大的帮助作用。

北伯林顿铁路公司整合了一个具有前瞻性的合作支持模型,其最初对于任何的使用者都没有约束力。他们提供的产品名字是 Lynx,该产品允许卡车运输公司及(或者)其他使用者使用这个程序,可以通过拨号的形式接入铁路公司的数据库(受限的信息)。使用者可以列出运输途中的多式联运载运单元,并给出运送这些单元的铁路公司的具体细节,并且容易操作。这个程序以拨号的形式接入铁路公司,核查载运单元的位置之后挂断,然后再拨通清单上的下一个铁路公司。运输结束时出具一个按照美国铁路协会规定的位置和定义编制的报告。

在个人计算机形成的初期,以及多式联运业务增长的时期,Lynx 系统提供了重要的服务,其使用范围甚至超过了北伯林顿铁路公司的控制范围。作为一个特殊的例子,接收的数据是通过一种普通(但不常用)的计算机语言实现的,称为 Betreive 语言。该语言能(事实上也做到了)转换成其他的数据形式,用以处理和融入卡车运输公司的程序(系统)。

互联网成熟之后,千禧年问题出现了,可以肯定的是 Lynx 系统在下一个世纪(22 世纪)不会继续使用。今天的计算机能够处理很多问题,这是 Lynx 系统做不到的。如今的北伯林顿铁路公司的网站——MyBNSF 证明了这一点。

第二章 铁路(运输)与多式联运

对于卡车运输公司和其他使用者来讲,在 MyBNSF 系统中,注册和用户密码是必要的。此外,卡车运输公司的名称必须出现在运单上,同时进行数据记录,以能够发送运输过程信息。内陆清关的运输过程中可能会出现问题,或者没有指明卡车运输公司在铁路运输的起始地时,也可能会产生问题。

下面列出的是一些在处理多式联运业务时相关的有效系统:

CEOWeb——允许客户接入北伯林顿铁路公司用于挂车和集装箱运输的运输装备订购中心(通过互联网实现)。

Customer Logistics System(客户物流系统)——生成实时的交互式报告。

eDumurrage——让使用者掌控运输装备的活动状态的通用工具。

Intermodal Equipment Want Date(多式联运装备需求日期)——是第三方用来关注本地的(BNSF)运输状态的,记录特定的费率以及运输装备"使用"的日期,以及装备安装的时间。

Tracing Tools(追踪工具)——可转换成卡车运输公司的系统使用的数据,卡车运输公司可使用其提供的货物位置以及所经路线上所有的铁路公司的运输装备数据。

诺福克南方铁路公司是铁路部门提供产品的第二个例子,它的成功有赖于受过良好训练的人员的熟练操作。这家公司是从提供货物的轨迹、费率、账单等业务做起的。这个系统基于 DOS,并实现了无障碍的自动执行多式联运代理和运输功能。

这个多式联运系统的 2001 版是经过精心制作、供多式联运使用者使用的网络站点。需要特殊说明的是,受过良好训练的人员参与了制作过程,并且可以同时在 DOS 和 Windows 系统中使用。可以从诺福克南方铁路公司主页上的电子商务模块进入。考虑到 Windows 系统的广泛应用,前者(DOS)生命周期较短,而且 DOS 系统的维护升级过程困难。

该系统 2001 年投入使用,可以提供以下服务:

位置信息——追溯诺福克南方铁路公司以及其他铁路承运人的信息。

历史——载运单元的运输历史记录。

多式联运查询——多式联运货场的活动信息。

Train Ⅱ 查询——接入美国铁路协会的车厢跟踪系统。

危险品——危险品货物运输信息的查询。

NS 邮件——与其他业内使用者的沟通邮件。

诺福克南方铁路公司网站的制作花费了大量的时间和精力,但这很值得。从主页,到公司的业务,再到销售和市场,使用者可以获得以下多式联运信息:

快速跟踪查询——仅用于提交技术规范和价格(利基供应商)。

多式联运合约信息——从燃料价格到销售(人员)合约。

枢纽信息——提供位置信息、有关细节以及驳运卡车运输公司。

规则通告——118 页的条件索引以及装运说明。

其子公司网站中有一些**与 Triple Crown 和 Thoroughbred Direct 开展的业务相关**。这两家运输公司使用卡车承包商开展他们实际的卡车运输业务。

Thoroughbred Direct 有一个链接站点,鼓励卡车运输公司(驳运供应商)使用他的网站。鼓励供应商接入并且与使用者进行沟通,进而可以实现:

货物追踪——使用者可以选择屏幕上的内容。

核查运单文件——利用一个既定的用于描述装载"文件"的编号,使用者可以查看运送过程中的载运单元的文件信息。

装备观察池——列出运输装备设施的清单。

服务报告——提供实时的服务质量报告。

服务范围可以包含:装备、要求以及合约信息等,具体的服务范围要根据驳运供应商的要求来确定。

最后一个例子是 NetRedi:由独立机构 Raillnc 公司研发,使用 NetRedi 系统,是美国铁路协会 Train Ⅱ 的副产品。可以访问美国铁路协会的所有列车移动信息,甚至更多。此外,NetRedi 可以访问任何驳运卡车运输公司改善其运输质量的信息。利用这个系统可以为卡车承运人设定利润水平更高的运输路线,成本信息也包含在内。

总结:铁路公司拥有非常重要的资源,这些资源可以被卡车运输公司使用。卡车承运人需要知道他们需要什么,而且,他们愿意使用这些可以给他们带来最优结果的系统。这些系统的目标应该是为卡车运输公司提供这些数据,他们有能力以电子化的形式接收这些数据,并按照他们的需要对其进行转换。这种转换可以足够直接地追踪挂车并做出调度标记,或者可以将这些数据做电子化的拆分,并且能够被卡车运输公司自己的数据库使用。

第三章 船 公 司

从 Malcolm McLean 公司在北美与欧洲之间开始集装箱船运输,直到演变为今天众所周知的联合运输,这个过程缓慢而曲折,承认这个发展过程对于当今多式联运中参与者来说是很困难的。W. R. Grace 公司在将集装箱船应用到南美地区贸易过程中作出了很大努力,同时也受到了猛烈抨击。Malcolm McLean 公司作为一个从事符合琼斯法案的两岸间的运输承运人,需要克服极端的劳动力和分配问题以确保 Sealand 公司(美国海陆公司)的成功。

20 世纪 70 年代 Sealand 公司(美国海陆公司)宣布介入欧洲贸易领域,对其竞争对手是一次重大打击。这使大部分竞争对手把大量破旧的散装船送到修船厂修理(来解决集装箱在甲板和货仓内的装载问题),或者签订合约建造有竞争力的集装箱船。

许多船公司不再认为集装箱只是一种大型托盘。集装箱在出发港装满货物,在目的港卸下货物,严格意义上来说,集装箱可以节省卸货的劳动力,可以增加船舶的转向速度。这种海上贸易结构发展良好,这种结构在腓尼基人时期就已经存在了,并可以一直持续下去。然而腓尼基人目光短浅,否则当时的承运人至今都会存在。

1. 内陆运输

从某些角度来讲,铁路运输企业更具洞察力。20 世纪 70 年代,真正的竞争在铁路公司之间展开,这些公司为 Sealand 公司(美国海陆公司)的不同港口和港口之间提供服务。这些铁路承运人在反垄断保护的交通运输部门都有一些强有力的支持者。费率制定者对二(铁路)业务中的货物流的鼓励或限制决策表示赞同。一些官员拥有敏锐的洞察力,另一些却鼠目寸光。所有这些人都懂得如何竞争,并且会毫不犹豫地与竞争对手展开竞争。

集装箱在多种所有权的有轨车之间换装已经有 100 年的时间,铁路部门没有因其所有权不同而混淆。他们决定采用海商法中的一揽子责任,因此对于集装箱不承担责任而不是限制责任。经过重大讨论,确定了集装箱是私人装备。由客户发货,将集装箱里的货物看作是单一的载运单元。对集装箱性质的这个定位虽然有争议,但有海洋法作为依据,而且这个运输中的"私人"集装箱是铁路系统的基本前提。

这是铁路相关的北美国际多式联运业务发展的简要背景。铁路部门眼看着自己的竞争对手水路运输承运人急于参与到北美贸易中,铁路承运人无力改变这个现状。很显然,船公司需要有可用的挂车底盘,这实际上有效地限制了公路运输与铁路运输之间的竞争。这个事实以及船上数以百计、成千上万吨的载运单元说明了铁路所擅长的商业类型是,港口之间的大量货物的运输,其生产成本相对较低。

业务量的增加给基础设施带来了压力,铁路运输堆场的规模从最初的小规模发展到港口型和内陆型的巨大规模。集装箱经常由卡车从码头运送到码头或是港区内的铁路轨道上。其他情况下,码头旁边如果有铁轨,就可以将车厢直接从船只装载到铁路上。这样的轨道配置提供了较大的运输能力;船只转向的改善可以使水路运输承运人与该港口的业务联系更加紧密。

随着业务量的上升,铁路对其业务难度的识别能力也在提高。来自世界各地的集装箱整船运达北美海岸,铁路内陆操作人员往往并不了解集装箱堆场的承载能力,但他们会设法把货物运到可以进行驳运人集散的地方。

卡车承运人和船公司都是在上述情况下开展业务的。

2. 港口方面

最早的集装箱船是自卸船,这就迫使船舶经营人自己卸货。出发港和目的地港都没有能力按需要的速度对水路运输承运人昂贵的船只进行装卸。当时的个人运输线路试图规避码头起重机所需的港口投资。新的班轮运输拥有专为集装箱使用的新型船舶,这些新型船舶的使用使得港口环境发生了变化。

在港口努力跟上发展的同时,服务于老旧的突堤式码头的卡车运输公司和新的顺岸式码头,不得不在不适宜的工作条件下集货及运回集装箱。这些条件很快使卡车运输公司开始按小时支付工资,迫使自有经营者以每次运输定价。事实上,在许多港口,这样的工作条件仍然没有改变。但服务于港口及城市港的船公司都有其处理问题的方法,如:通过建立装卸公司解决中间定位工作,船舶去当地的揽货点装货。码头运输集装箱所需的实际操作系统的改进是缓慢的。但货物从散装船发展到集装箱船时,该业务增长显著。

港务局,一个自成体系的机构,致力于用他们的地理位置来吸引业务,已成为大容量龙门起重机的积极提供者。随着船舶规模的增大、吃水能力的改善、航线的转移,港口开始为争夺航线抬价,这也是成功所必需的附加利益。

相反,今天的一些船公司建立了码头公司和租赁场地,增加了自己的起重机,对于船只给予更好的管理。

在 20 世纪 70 年代和 90 年代的扩张时期,作为集装箱承运人的船公司,通过市场的增长以及收购那些不能适应船运行业结构变化的船公司,快速成长。在某些情况下,这些船公司有政府的庇护;其他情况下,航运业务的新名字反映了船公司构建的运输系统所涉及的领域。成长并不是一帆风顺的,是零散的和不稳定的。

在个别船公司清楚地认识到盘点船舶的成本之前,集装箱和挂车底盘都只能在自己的区域内开展业务。

我的船载着我的集装箱,没有理由允许竞争对手使用我的船与我争夺利益。

这一原则促使卡车承运人加入到特定的航线中,通过使用船公司的挂车底盘,作为本地承运人而存在。根据运输经济学的观点,这一做法导致的剩余的卡车运输公司可能没有较好的途径进入市场。这个原则确实给卡车运输公司提供了足够多的盈余,可以用来补偿水路运输和公路运输这两种运输方式的错误。如今通过使用泊位区和船公司,不同所有者集装箱和挂车底盘的搭配使用是很常见的。然而,一些水路运输承运人仍然坚持着一个自豪的海运传统,即使用自己的船载着自己的集装箱,并获得收益。

在下面的章节中,假设有以下三个连接点供卡车承运人装卸船舶集装箱:

第三章 船 公 司

(1) 港口的船舶设施;
(2) 铁路运输设施/货场;
(3) 堆场—收货区。

本章的背景和细节如下:
(1) 水路运输承运人的换装和协议;
(2) 港口的选址背景,以及与其相关的卡车承运人和铁路服务公司;
(3) 泊位区和集装箱堆场的使用方法和原因;
(4) 汽车承运人的脆弱性;
(5) 装备的类型和评价;
(6) 自动化。

第一节 卡车承运人和船公司之间的换装及协议

基本在铁路联运业务开始发展时,关税规范之外的换装合同就已经出现了,船舶集装箱也是在那个时期出现的。相比铁路公司,船公司在装备换装领域是新手,借鉴了铁路公司和 Sealand 公司(美国海陆公司)的专业知识为基础。前面关于卡车承运人和铁路类别的讨论在此再次提及。

换装业务的早期参与者认为,有必要确立换装文件的一致性,但这并不容易被接受。因为每一个承运人或供应商都试图保护他们的自尊和业务,这些创始人的尝试至关重要。一切都是全新的,并且每当有新成员主动加入这个组织时,都要对规则进行修改,从而发展成为今天的 UIIA。

虽然卡车运输公司的业务船公司更多,但并没有大量的卡车运输公司加入。大多数卡车运输公司没有资源成为装备提供者,同时也没有兴趣加入 UIIA。相反,航运业的客户强行使他们的卡车运输公司供应商加入 UIIA,使得大多数卡车承运人变成了 UIIA 的用户(根据合同),但不是成员。作为用户,他们承担着保险责任和合同义务,是船舶税费的组成部分,但他们在 UIIA 里没有权利。

同卡车运输公司相比,一些卡车承运人却愿意把他们的税钱和时间花费在正确且长期必要的事情上,因此他们成了 UIIA 的成员。船公司的数量也随着成员数量的增长而增长。限制自有集装箱的水路运输承运人发现合同的一致性是个安全的避风港。

Sealand 公司(美国海陆公司),从 Waterman Steamship 公司(沃特曼轮船公司)开始发展,现状已经借助卡车运输公司(Malcolm McLean 公司)转变成了多式联运企业。Sealand 公司(美国海陆公司)开展业务之初,就开始制订自己的通用交换协议。20 世纪 60 年代,Sealand 公司(美国海陆公司)还没有参与多式联运贸易,其货运量可观但不显著。他们对卡车承运人接受设备责任的界定以及水路运输承运人赔偿的理解上存在一些问题。

有一段时间 Sealand 公司(美国海陆公司)在他们认为合适的价格范围内运营本公司的牵引车和集装箱以确保业务的适当开展。

那段时期,为了避免搬运货物,负责区域运输的公共承运人卡车运输公司会在主营业务之外彼此之间进行挂车交换。Sealand 公司(美国海陆公司)协议本身并没有特殊之处,但它的不同在于水路运输承运人坚持卡车运输公司及时归还不需要交换的装备,如果没有及时归还,则需要支付租金。

另外,那个时代的换装形式为:挂车经常被一对一地交换(除非一个承运人是某行业的本地卡车运输公司),允许与有货需要运输的卡车运输公司交换,避免在使用挂车期间支付载运单元的租金。代理承运人可以使用其他承运人的部分装备来避免产生额外的租金。这一时期(20 世纪 60 年代),卡车承运人装备的交换基础是公司之间每次运输中各种类型的换装合同。通过收据上的记录对换装进行管理,在换装和上交装备时每一位驾驶员都要带上所运货物的运单。

这个协议很难执行,且在目前的货运量情况下无法管理。另一方面,这一时期以整车货物运输为主,就是现在所说的长途卡车运输业务。I.C.C 不轻易给新来的卡车承运人提供长途运输的权利,所以换装货运量通常不足以成为一个刺激因素。

当时计算机的性能尚未达到今天的程度,挂车在承运人系统里经常丢失。库存控制的难度、长途运输的有限货运量,以及对定价和承运人加入的监管限制,这些因素的作用促成了现代换装/交易的出现。

20 世纪 70 年代初,国际集装箱船的浪潮出现在了北美海岸,对随意换装的接受也发生了改变。最初到达的只是小容量集装箱船,或卸货船的甲板货物,而现在远洋集装箱运输业务大幅增长。现在每艘船到达都会使换装货运量大增,如果到达最终目的地还有一段距离,则最好从港口城市出发由公铁联运完成。各当事人责任的明确使运载单元的换装得以进行。

内陆型的铁路集装箱码头已经成为内陆港口,不仅在货运实务中这样,在海关和海洋提单命名法里也是如此。在铁路以及地方和区域卡车货运之间的多式联运中,由船只到达引起换装货运量激增的情况已经得到平衡,可以使货物融入商务流中。

一、统一多式联运换装和使用协议

随着越来越多的承运人参与进来,UIIA 也开始负责完成大部分的任务。由于水铁联运承运人占主导地位,因此铁路公司也成为了 UIIA 成员。每种运输方式都认为 UIIA 协议就是一个收费表,并且与卡车运输公司之间有合同性质的文书工作。通过这种方式,协议的一致性得到了很好的保持。下面的内容是对相关工作的概述,都是由各铁路公司和船公司为满足自身需要而发布的,比附录更通用。通常**免责条款**主要关于:使用他们装备的"免费期";在始发地和目的地的存储;逾期费和延迟费;填写维修索赔、损失和破坏协议用语;额外的保险需求,涉及逾期归还载运单元的成本,以及其他日常项目。

UIIA 协议允许卡车运输公司的用户在卡车运输业务中使用铁路和水路运输成员的装备,允许用户进入部分设施(如港口、码头、堆场、泊位区等)取用或归还已换装装备。在 UIIA 协议中完成上述工作的交换文件称为装备交接单(EIR)。

与船公司合作的卡车运输公司必须遵守规则。在铁路部门参与国内集装箱业务时,如果卡车承运人需要使用铁路(以及水路运输承运人)装备,他们的选择会很有限。卡车驾驶员作为 UIIA 协议中可以使用铁路装备的用户,必然出现在铁路附录中。

二、加入 UIIA 和与 UIIA 共同工作的过程

卡车承运人需要申请才能成为 UIIA 的用户,这个申请就包含在协议内。处理其他 UIIA 成员或用户(参与者)的事务时,都是以遵循 UIIA 规定为目的的简单合作。

该协议主要反映了 UIIA 在解决争议时所做出的努力。卡车运输公司发现,协议中的规定有时会反映出成员的主导性,例如:装备供应商允许卡车承运人在资产方面换装设备,不知道为什么却拒绝其使用装备(这一点很好)。

三、换装的各个方面

如果供应商通知卡车运输公司有装备可以揽货,说明装备是可用的。如果承运人无法在规定的时间内揽货,卡车运输公司有责任支付合理的费用,如果实际上装备不可用或不能装载时就要做出赔偿。返还时,装备必须打扫干净。

根据已完成的交易,出具 EIR 或电子收据。不论是 EIR 还是电子收据,其上面的符号标记都是可接受的,这些标记可以显示接受完好装备时的一些例外情况。需要注意的是,没有要求必须在电子收据上签名,只要完成双方身份识别即可。

参与者会偶然和无意识地陷入陷阱,但是 UIIA 成员通常不会遇到这种情况。诺福克南方铁路公司发行了类似餐厅收据的单据,包含装备信息(主菜价格)、驾驶员信息(服务员)、谁应该负责铁路载运单元的检查(小费)等,对于驾驶员可能提问的主要问题也已经进行标记。在底特律,揽货时需要将装备当作一个新的载运单元开具收据。如果有例外,驾驶员必须带着装备返回到结账办公室,真正彻底地检查装备,并标记免责条款。

不仅只是确保驾驶员不弄丢收据,调度和培训驾驶员如何处理文书工作也是至关重要的。

UIIA 协议规定,双方在换装时应承认联邦安全规定。揽货前,全部车辆应该贴上美国联邦公路局(FHWA)检验标识;如果没有,供应商需要申请检验标识(再认证);如果检验标识到期,在警察或其他部门检查时,如果卡车承运人手上有载运单元或无论如何也不能此时退出运输时,申请 FHWA 检验标识的重担就落在了卡车承运人的肩上。

四、装备的使用

根据(本质上)铁路换装规定(见铁路,换装部分),关于装备返还时状态的争论已经得

到解决。装备的使用仅限于换装,需要将载运单元归还到始发地。虽然这种方法可以有效地阻止重新装载或是空车返回,但如果有重新装载的机会而且允许适当回程,这种要求就会被忽略。如果重新装载或回程运输的UIIA载运单元不幸发生意外,但是没有得到换装当事人的许可,卡车承运人就有可能发现这个规定很不合理。也就是说,不仅卡车承运人自己,交易中的任何一方也都明白他做了什么。

装备有时会丢失、损坏或被破坏。这种情况下,卡车运输公司一般要承担实际的现金损失或折旧损失。遇到这种情况,如果双方都尽最大努力去面对问题,那么这个问题通常都能够得到解决。使用损坏的载运单元会减少收益,装备所有者看上去都想购买一个新的载运单元,但实际上很少有人这么做。

损失发生后卡车承运人如果支付了装备的实际价值或折余价值,那么装备的所有权就应转移给卡车承运人。海上救助公司就是使用失事的大型船体的部件载货,或将其改造成可存储的载运单元。如果卡车运输公司有时间或有倾向运送这类载运单元,可以显著减少其净损失。但他的保险公司很可能注意不到这一点。

五、轮胎

某种程度上,(相比铁路)UIIA协议中的轮胎部分给船舶供应商提供了更务实的意见,有关铁路方面的意见附录可能已经出版,但船公司想要获取相关附录必须付费。

卡车运输公司的责任就是自费将轮胎修补好。维修烧断的挂车底盘保险丝通常被视为"卡车承运人使用期间发生的不相关损坏的维修",因此船公司应该赔偿该损失。除了极少数例外,这种赔偿一般不包括服务调用费和轮胎服务公司的运费。这些情况下,道路服务供应商为船公司提供服务,对双方都有极大帮助。如果注意到工作订单上注明的需要将更换好的轮胎放在卡车上,就几乎不会对漏气保用轮胎(Run Flats)付费。如果服务人员坚持这么做,那么驾驶员最好记录下来,为以后能够更好地反驳指控提供证据。

六、免租期和相关费用

UIIA合同中装备拥有者的部分附录显示了装备的使用成本。正如预期的那样,不同情况下不同类型的装备的成本范围和时间范围不同。

(1)需要考虑集装箱的尺寸。

(2)集装箱类型会影响定价和免租期。

(3)挂车底盘是一个单独的价格,安装在集装箱上,净价也会有所不同。

(4)要考虑载运单元到目的地的距离。

(5)有关港口或场站的问题也可能是一个关注点。

如果卡车承运人是水路运输承运人忠实的用户或者为水路运输承运人工作,水路运输承运人就可以非正式地改变这种规定,在这种情况下铁路公司或船公司可能对属于自己的超过免租期的载运单元进行计数。例如,铁路公司有完整服务费率(old Plan 2),卡车运输公司就可以根据铁路订单在工作地点放下挂车(或安装好的集装箱)。卡车运输公司和船公司没有控制权,因此不承担支付逾期费的责任。

UIIA协议要求供应商在归还设备后的60d内支付承运人的逾期费或存储费。如果不按要求付款,这个时间约束可能会引发一些问题,需要双方参与者诚心诚意地进行处理。

七、装备使用和责任的限制条件

除了适当地限制装备换装使用,国际贸易中的载运单元仅限于 Federal Code 19 CFR 10.41 a(f)。我认为,这涉及使用没有在海关注册的集装箱装备(没有支付关税),因此不应该将它带出国,但回程时可以在国内使用该装备。这可以说是个例外,在把上述内容当作好消息接受之前,请先认真看看上述代码。另外,能否使用船公司的集装箱从加拿大回程,需要确认特定船公司的集装箱是否合适(他们需要有加拿大的识别标志)。

卡车承运人承担装备在换装过程中遇到的所有罚款。换装完成时,货主承担罚款的赔偿渠道是引文中提供的换装过程中"修改过的副本"。

经验表明,船公司更容易接受正式且界定明确的责任,而铁路公司却不一样。令人担忧的是,随着新世纪的到来,水路运输承运人正在快速学习一些铁路上使用的弄虚作假的方法。吹嘘自己是收费组织,返还载运单元时熟练地为卡车承运人开具维修或更换的发票,而不考虑例外情况。

出入场站的装备交接单/牵引车交接单(EIR/TIR)通常与持有者不匹配,卡车承运人也很少会与专业人员交谈。取消协议的风险无处不在。卡车运输公司对毫无根据的说法作出了机智的回答,牵涉船公司时,需要立刻联系他们的"处理者",不应该纵容敲诈。

另一方面,称重站和警察局对有轮载运单元的罚款内容包括轮胎漏气、熄灯、空气渗漏等由于驾驶员疏忽导致的问题,卡车承运人对此赔偿且应该理解自有经营者。无论是否承担责任,普遍存在的问题是:卡车运输公司管理者没有明确定义和界定驾驶员的责任以及使用驾驶员的能力。

驾驶员,无论是承包商还是雇员,都需要得到支持,而不是被迫同意换装他认为不合格的装备。换装地点有问题会导致对换装的指控或争论。但在驾驶员变得更负责任之前,卡车运输公司要帮助驾驶员在集货或是返还时对装备进行妥善检查,装备问题该由谁来负责的问题才会得到解决。

如果换装后装备变差了,必须采取相似的甚至更严格的态度以便装备不再用于运输,这就是所有者的责任。

UIIA 对装备在某些特定的情况下的换装仍然存在责任不清问题。例如:在没有得到许可的情况下,卡车运输公司与承运人进行换装。另外,我们普遍认为卡车运输公司对这个行业本质上是抵触的,因为各种类型的不幸事件,包括可能遭遇以下情况:

(1)在其拥有装备时需要维修;
(2)UIIA 协议的执行;
(3)自由装备提供者。

如果卡车运输公司对相关责任不能及时回应,且装备供应商必须这么做,卡车运输公司就可能会承担相关的诉讼费。如果供应商是第一个被通知到的,他必须立即将相关情况通知给卡车运输公司,而没有义务对卡车运输公司进行辩护,除非卡车运输公司反应迟缓。

八、UIIA 用户的保险要求

赔偿的统一性就像是一个杠杆,通过这个杠杆,UIIA 向装备供应商证明自己的价值。

尤其是在20世纪80年代和90年代,这个组织是独一无二的,而且其主要供应商成员是船公司。对卡车承运人与船公司打交道时的最基本的保险范围进行验证时,UIIA提供了一个中间媒介,如:各方按照规定履行的换装协议。UIIA改进了要求卡车承运人客户获得保险并使之生效的方法,建立了自己的权威。

UIIA是一个有能力代表其供应商成员的代理机构,他要求卡车运输公司的保险公司为用户签发保险证书,使UIIA成为附加被保险人。同样,铁路和水路运输承运人也需要额外的保险证书将他们作为附加被保险人,这不是惯例,实际上UIIA协议也不允许这样操作。

商业汽车责任保险:必须至少一百万美元的保险,包含所有的换装设备,包括代理商和承包商的"车辆"。所以,如果工作是分包运输和租赁运输等,载运单元换装其实应该包含其中,但是这里并没对"车辆"定义。

UIIA制订了"卡车运输公司统一多式联运换装背书"条款,这是一种汽车责任背书条款,表明了UIIA在保险覆盖范围合法性方面所做的努力。它由保险公司直接向UIIA下发,并已经成为UIIA条款的一部分。UIIA要求的30d的取消通知,应该是在冻结保险公司自己出具的背书文件之后,而且比保险代理或卡车承运人自己指定条款更可靠。

九、其他保险

2000年6月19号版的UIIA协议似乎没有提到需要保险证书覆盖的问题:
(1)工人的赔偿金;
(2)卡车承运人联邦保税;
(3)一般责任。

有兴趣的卡车承运人应该假设这些信息是必要的,可能需要由铁路或水路运输供应商提出其感兴趣的服务要求,并由UIIA确保实施该要求。

十、问题解决方案

对于协议中附录项的解释或协议中的直接解决方法的看法会存在差异。由此推断,协议自身会进行调整,这种调整更容易在合同中被引用,相比变更合同,这样做更简单,合同条款的调整会涉及UIIA的许多供应商和用户。

这项协议是多次讨论、谈判和让步的结果。如果卡车驾驶员打算与UIIA供应商保持业务,他应该在协议框架内计划自己的业务。

十一、小结

在北美水路运输业务中,船公司和卡车承运人之间的船舶集装箱换装,可以包括以下几个方面:
(1)集装箱转移到港口,或是从铁路运输转移到港口;
(2)不存在铁水直接联运;
(3)卡车运输公司在港口换装;
(4)卡车运输公司在内陆集装箱堆场换装;
(5)卡车运输公司在铁路场站换装。

UIIA 协议并不是现存唯一的换装合同(一些水路运输承运人继续使用他们自己的协议),但 UIIA 协议提出了为各方所认可的换装目标,即经济上可行且全面有效的换装。

第二节　装备泊位区和集装箱堆场

船公司集装箱和挂车底盘装备的内陆聚集地被称作堆场、泊位区,设施和数量不同的原因有些是:

(1)**业务失去平衡**;
(2)**客户要求**;
(3)**市场或销售现状**;
(4)**贸易路线**;
(5)**设施维修**。

挂车底盘是集装箱运输的关键。水路运输承运人使用卡车运输公司提供的自有挂车底盘开展业务时,其复杂性与挂车底盘所有者为船公司时会有差异。

通常情况下,船舶财团、多个船公司可能在他们的某一航线上合伙经营挂车底盘,且从属于同一运营商。此时泊位区可以是一个位置,或多个位置。目标是更好地控制利用率(减少数量)、维护挂车底盘及规范维修程序,并更好地控制损害及不可避免的损失。

一、集装箱失衡及定位

在集装箱数量失衡(或存在少许的空箱)的情况下,是否有额外的进口或缺少出口已经无关紧要,因为相比需求,需要更多可用于储存的载运单位。在出口贸易等待取用集装箱时,其余的集装箱在某些位置上可能被定位为空集装箱,并正在等待调运指令。这些集装箱可能是多余的,或是进口运输剩余的,抑或是这两种情况都存在。

不同船公司经常使用不同的方法在不同的地方处理泊位区的库存问题。船公司在进口港提交海运提单时可能需要对全部集装箱(挂车底盘)进行装载,在港到港运输中返回到目的港。卡车运输公司使用这个方法应对区域运输比较困难,须多行驶数英里,因此应该把这部分成本补给他们。卡车运输公司装载集装箱,交付运费,并返回到集装箱起始地。往返运输费用需要由内陆收货人或其代理人支付。

水路运输承运人通常需要内陆集装箱设备,但他们又不想失去给卡车运输公司提供在港口或场站使用挂车底盘的机会。可是挂车底盘必须归还,如果卡车运输公司能获得回报,集装箱就可以留在内陆,否则会降低卡车运输公司的收益。

虽然通过挂车底盘将负载运到揽货点(港)是劳动密集型工作,但卡车运输公司的优势是他们可以使用自有挂车底盘。卡车运输公司负责调度以下五类运输:

(1)向港口/目的地运送已装货集装箱;
(2)驾驶目前尚未使用的挂车底盘;
(3)进口货物的集疏运(回程);
(4)在需要时提供空集装箱;
(5)使用挂车底盘或送还。

合理定价,使用卡车运输公司挂车底盘进行运输可能会产生额外收益,或带来潜在的业务,而这些都有赖于卡车运输公司能够将集装箱返还到泊位区或堆场里,以及在合适的成本范围内满足船公司的需要。

如果在内陆有空置的船公司挂车底盘,卡车运输公司可以选择通过铁路将其返还至发货地,或是自己将挂车运回来。后者依据的在交换和定价协议条款下达成的最初协议。此时国内的重新装载通常是用来支付挂车底盘回程费用的。卡车运输公司对回程运输的支付基本可以看作是原始价格之上的纯附加利润。

在卸货港将进口集装箱货物转移到另一个集装箱(相同的尺寸,正确的方向)或挂车上,会是一个成功的业务。如果最终收货人不担心转移过程中会产生损害或损失,这种将货物重新装入国内载运单元的做法是有利可图的。

不止一家船公司将内陆集装箱的需求与港口收益结合在一起以销售其服务。无论有没有最终收货人信息,为了能够在港口外运输,进口集装箱的货物都要重新装载到集装箱或挂车上。多式联运系统就是这样不连续的,因此很少有人反对这种行为。尽管如此,装备丢失、损坏及污染等事件的发生就会带来利益的损失。"9·11"事件后运输所有者的冷漠态度有所改变。

上述任何想要改变失衡运输的方法都需要严密的调度监督,以确保卡车运输公司(为了服务客户)的持续运输,并支付额外的服务费用。因为从事这项工作的承运人较少或比重较低,因此需要用许多有效的方法以解决复杂性问题。他们大多数只提供往返服务并收取相应费用。

在港口或其他地点拖挂的卡车承运人,需要寻找合适的集装箱货源,由船公司对内陆载运单元的处置/换装进行签收。在这些运输中,卡车运输公司都希望解挂相应装备。如果没有解挂,费率中应该包含为了进行下次运输而产生的超过交货地点的空牵引车定位成本,这些成本包括新集装箱的拖挂、清空,以及运送到目的地的费用。

短驳承运人越能理解其水路运输托运人客户是如何处理挂车底盘和集装箱定位的,就越有可能提供互惠互利的服务。只有相互理解,卡车运输公司才能使自有装备船公司的堆场进入费及定位费最小。

船舶运营商需要平衡装备,以帮助卡车运输公司。由于船公司在销售和营销方面的成功,很有可能导致集装箱在没有接到通知的情况下发生出现在泊位区和堆场的情况;这些空集装箱不会被立即使用。当地进行拖挂运输的多式联运卡车运输公司需要寻找机会使用这些空箱。

船公司已经将集装箱库存成本看作是合理的销售费用,"如果集装箱停靠在相同的港口或者内陆泊位区,他们的成本就相同"。另一种想法是,如果水路运输承运人将货箱运回并不能增加其收益,那么相应的支出就是不必要的。集装箱可能会被再次运到内陆装载点。

另一种说法是"将集装箱留在内陆,并决定它们的用途,即使最终它们还是被运到港口以空箱返回到国外,这样做可以限制这些集装箱在内陆寻找业务的现金成本的花费。"这种逻辑认为经营成本和定位成本的增加,会超过将集装箱运到泊位区领取集装箱的成本。后者是最初海运成本的一部分。所有其他定位费用基本上都被忽略。因为集装箱库存的位置分散且距离较远,所以对其管理极其困难,因此这种做法很容易被扭曲。

第三章 船公司

有些线路不允许以港到港结算的方式对集装箱运输进行内陆定位,此时顾客支付港到港费用是比较合理的做法,这更加符合客户的需求。允许进行内陆定位(不将集装箱返还到海运提单上的港口)的附加业务并不明晰,这是为了更好地服务最终收货人,但船舶运营商并不会承担相关费用。

二、客户泊位区

产业客户可能需要在当地预留特定数量且尺寸不同的集装箱为他们出口使用。平衡船公司的进口集装箱,以及同一承运人同一行业的出口集装箱,理论上是可行的。但是在同一个目的地(比如工厂),这样的做法却很少。如果将地理范围锁定为同一商业区,该策略或许能够成功。需要认识到交叉长途运输的费用及管制的存在。

客户在泊位区卸货时,集装箱从一个设备到另一个设备,尤其是进口卡车运输公司承担出口运输时,水路运输承运人可能期望卡车运输公司对集装箱重新定位。通常假设这项服务的成本是从新的装载点到出口目的地费率的一部分,因此不需要付费。

然而,如果卡车运输公司及时反应,水路运输承运人可能支付此项成本。此时,及时性比商定一致的费率更加重要。这种情况下,可以把定位看作是一次独立的运输。船公司的会计通常将这种定位应用到其他不同的方面,而不只是用于进出口的长途运输。

不检查进出堆场的载运单元可以节省库存费用,同时也可以使卡车运输公司在整个内陆运输中承担载运单元的责任。如果当地调度较为合理(调度节约了回程返回到堆场的费用,这部分是隐含在费率当中的),很多时候卡车运输公司就不必支付定位费用。驾驶员随后被调度到卸货点开始下一次运输,实际上船公司才是受益人。

三、责任

载运单元被寄放在客户泊位区和堆场时,对装备损坏或轮胎丢失的修理就会产生争议。载运单元在换装时应尽量进行检查,甚至是在贴卸货单时也需要出示实际收据和可识别的免责条款。因此需要修理时,应该标注清楚。离开泊位区或堆场时,新收据的免责条款允许修理项目卸货点进行维修,并且由卸货点支付相关费用,而不是卡车运输公司。外贸运输代理和其他的卡车运输公司对这个原则基本没有异议。工业用户和仓库客户虽然不是实用主义者,但是当收据已经清楚显示设施存在的问题时,他们就会知道应该由自己承担责任。但收据返还给承运人时也会产生问题,比方说卡车运输公司对轮胎漏气的责任就比较有争议。

卸货时,卡车运输公司的一般责任保险包括装备掉落并且伤人、货物损坏等。工业客户拒保就是个例子,因为驾驶员离开后责任依然存在。

四、市场和销售现状

有些人认为使用堆场里堆放的货箱打广告效果很好。也有人认为这样的广告表明业务增长缓慢或缺乏库存管理。然而,堆高五六个箱子,二至八个箱宽,并且箱子属于同一个船舶公司,这样的服务确实很具有说服力,可以根据客户的需求提供服务。

有时业务潜力是,水路运输承运人聚集其拥有的集装箱,以吸引当前客户或潜在客户。当地堆场大量集装箱堆积的场面,是水路运输承运人向潜在向用户展示其运输能力。

美国陆路多式联运操作实务

为了提高泊位区的利用率、保证出口顺畅,船舶运营商努力保持集装箱库存。无论是在港到港运输中,还是内陆目的地的提货单要求,领取并运输进口载货集装箱的卡车运输公司都应该定期查询载运单元位置。

显然水路运输承运人想要通过载运单元获取利益。如果已知的卸载泊位区不在卡车运输公司熟悉的运输线路上,到达泊位区的额外费用应该计入费率。船公司可能更倾向于为该独立的定位运输支付额外费用,这样就使得进口货物收货人支付的相关费用与支付给竞争对手卡车运输公司的费用一致。

五、贸易路线多元化产生的影响

随着水路运输承运人的服务在国际范围内开展,国家贸易航线的增加成为影响多式联运装备供应的一个显著因素。到达芝加哥的集装箱,提单上写着从台湾发货,可能需要返回空箱或重新装载出口货物运输到西海岸。提单上标明的从东海岸重新装载的出口集装箱,船公司可能会不允许其运到芝加哥,因为提单上标注的只是东海岸。

卡车运输公司,并不是没有遇到过需要同时处理运输和混淆装备的问题。比如:当需要将空箱返回泊位区时,他们可能会装载去西海岸的集装箱。这种错误一般不会被原谅,经验告诉我们,卡车运输公司将集装箱返回到正确的地点需要很高的成本,纠正错误的成本也很高。如果错误没有被纠正,也没有支付重新定位费用,那么在任何情况下船公司都不会允许卡车运输公司管理自己的集装箱。

商品类型是贸易线路向内陆泊位区和堆场提供装备的另一个影响因素。专门用于装载汽车配件的载运单元,不会被故意地装载废品并返回港口。空箱会一直被空置,直到有合适的货源或国内定位,或者空箱回港。

六、泊位区操作和装备维修

通常由船公司代理运营集装箱堆场。载运单元到达时,承包商检查载运单元,并负责存储;离开时,还需再次检查,这已成为规定。在该方式下,海运承运人要判断集装箱和挂车底盘的状况。任何原因不明的异常都是用户进入泊位区或离开堆场时签字出错造成的。实际上这种做法根本就是有缺陷的,但人们却仍然按照它来运营堆场。

在这里,正如铁路换装和道路服务合同一样,这些协议都是制定者在舒适的环境中针对想当然的不满意状况制订的。从卡车运输公司使用协议的范围可知,集装箱泊位区运营的成功取决于泊位区的管理。

堆场和泊位区的经营环境肮脏且恶劣。经营的指导方针明确,但经营者实施这些指导方针所需的装备却不明确。在努力满足换装要求的过程中,堆场检查员和入站(或出站)驾驶员之间很可能会出现摩擦。往往缺乏对检查员的普及培训,其结果就是检查员与驾驶员之间会就换装条款发生激烈的争论,而这些驾驶员同样也缺乏相关培训。

争论的结果是对换装条款进行主观修改,这种修改取决于闸口的检查者和具体的检查时间。如果船公司意识到这一点,就不会允许条款被修改。考虑到泊位区的位置,大多数水路运输承运人都愿意遵守合同条款。

换装收据需要在对装备进行实际检查后填写完成。纸质文件一般需要扫描到计算机数据库中,或者拍照保存。集装箱泊位区业务其实"技术含量"不高,手持式输入设备还没有普及使用。使用卫星定位管理后,上述改变才可能比较可行。

对手持扫描仪问题的简要说明:出租的车厢按照其出场的方式返回,根据协议,车厢的实际使用者明白对任何损坏问题都要赔偿。发生刮蹭,进而车厢返回及修复刮痕时,需要输入该信息。贸易运输中的水路运输集装箱和挂车底盘,如果在使用时是新的,有可能需要十个步骤正式记录出场运输时集装箱一侧的损坏。

集装箱堆场所有权的多样性,可能会使审查跟踪时使用手持设备变得困难。进入泊位区时,驾驶员可以证明损坏处的生锈部分,这就是"旧标记"。离开泊位区时,如果驾驶员将这块生锈部分展示给检察员,检查员就会把它标记为一个"已存在"的问题。如果没有修复这些轻微损坏部分,下次的换装还是不修理,那么集装箱的性能就会变得越来越差。

这些实际问题似乎可以通过手提电脑来解决,这样就将管理工作和工作流程优化,但是一般不这么做。影响因素有很多:业务量的大小、集装箱本身的价值、执行成本、工作能力、执行的一致性等。

从卡车承运人的角度来看,有些驾驶员会忽略装备的新损坏。众所周知,卡车运输公司会告诉他的员工给漏气的轮胎打气,以便应对进入堆场时的检查。堆场检查员是一个很不好做的职业。

泊位区或堆场需要强硬的管理方式,包括培养训练有素和有能力的人才。需要在道德方面训练卡车运输公司以获得尊重,并且能够缓解冲突。这说起来容易,做起来难。

七、背景总结

泊位区运营商通过装备(维修)和在场站出租集装箱获取报酬。集装箱和挂车底盘的租赁费用从入场开始计算,直到离场,租赁费用一直都会发生,但也有例外的情况(取决于船公司及其能力)。挂车底盘、集装箱和已装载载运单元的租赁费用不同。

每次进出闸口要收费,堆场内部运输有单独的收费。有时对于特定的集装箱,还有额外收费。后进先出与先进先出对于库存核算各有利弊,实物库存费也可能是租赁费用的一部分。

泊位区经营人进入堆场时,会检查他们的载运单元。如果发现装备存在瑕疵,就会告知装备所有者。如果所有者允许,泊位区经营人会对货物装备的瑕疵进行修复。当然,所有这些都将是收费的。

随着内陆业务的增长,船公司试图筛选出与其他区域的公司收费不同的泊位区运营公司,或找出保管船公司装备时出现"责任划分不清"问题的公司。

有时,船公司为了更好地进行控制、管理及收费,就会收购泊位区经营公司。或者,有价值的泊位区运营公司独立运作,并在多个国家选址建场,并且当前的客户(船公司)也会跟随他们来到新场地。但很少有船公司自己运营内陆泊位区和堆场。

第三节 与内陆多式联运相关的港口

从水路运输承运人的集装箱业务来看,船公司安排船舶进入海港,对海港的要求是:港到港船舶转接时间最短,船舶可以在港口快速转向。

在卸货码头,船舶可以停靠在码头边。起重机是标准规格的,可以快速为船舶及船舶上的集装箱提供服务。总体而言,这些是新时期港口运营成功的必备设施。港口之间的物理差异影响因素为:港口水深、起重机的数量及性能,以及可用的顺岸式码头英里数等。

水深将决定船舶的尺寸大小以及港口可以承受的船舶载运能力。起重机的性能,以及数量、延伸范围和速度,也都是增强港口吸引力关键的因素。港口工作人员对船舶卸货以及码头装卸工作的热情也是船公司客户会考虑的因素。

需要船舶在突堤式码头卸下集装箱且依赖自卸船舶的港口演变成为当今的专业场地,如果这种港口存在的话,应该可以在北美集装箱化的案例中找到。

海事历史(在集装箱革命之前)中提到了,由于港口有铁路及卡车运输承运人而使得船舶能够以最短路径到内陆港。从海外到内陆港口的水路运输费用是最小的。美国政府州际商务委员会提交了大量成功案例,其中包括某些港口依据相关法律将对其内陆运输竞争对手有力的收费标准废除。服务于不同港口的铁路公司都是积极的参与者和支持者,并维护所服务港口的利益。

最著名的案例就是服务于纽约港、巴尔的摩港和汉普顿港的铁路公司之间的冲突。铁路运费定价的基础是承运人运输的距离以及所运的商品类型。美国反垄断法,保护了在放松管制之前就已经存在的铁路费率制定体系,该体系的费率适用于从港口到目的地的最短路线。在美国中西部,纽约港和汉普顿港群(诺福克港)的铁路竞争对手为使用最短路线定价,而与巴尔的摩港斗争。虽然此定价已经成为所有铁路公司的运价标准(并会逐步应用到货运公司),但巴尔的摩港坚守现状。

巴尔的摩港的明显优势是拥有 B&O 以及西部马里兰州到芝加哥的线路。适合于 WM 线路的费率同样应用到巴尔的摩港以外的宾夕法尼亚州的铁路公司。在与纽约港或诺福克港的竞争中,巴尔的摩港采取由占主导地位的承运人线路(最低费率)控制收费的方法。

竞争及法律诉讼使得收费逐渐趋向于最低费率。协会的费率制订,取决于商品分类以及所涉及的严格的政府手续,并不考虑卡车运输业的意见,因此实际收费较高。卡车运输公司受益于为铁路公司构建的费率标准,且其对于小型订单的收费高于铁路公司。使用铁路运输的客户比例以及工业产品比例下降,使得厢式车业务成为商品运输的主要方式。

均一费率(FAK)可以用于对抗复杂的分类费率制订方法。FAK 是卡车运输公司的一项创新,比多式联运和集装箱化出现的时间要早。很快铁路公司就将该定价方法及平均值的概念应用到了多式联运运输中。随着多式联运运输量的增长,在 FAK 的基础上产生了一些新的定价方法。费率计算的考虑到了车厢和机车闲置及转运时间成本。

服务于港口运输的铁路公司数量的减少,加剧了在特定港口进出口相关业务的运价竞争。大多数港口竞争者认为,由于集装箱运输的及时性要求,任何港口都很难具备费率优

第三章 船公司

势。港口到内陆的运输价格几乎没有差异。卡车竞争和(美国)州际高速公路系统的使用都有益于寻求有竞争力的定价。

港口竞争,尤其是东部港口的竞争,是建立在集装箱客户认可其价值的基础上的。船公司基于(起重机、顺岸式码头、劳动力、水深等的)操作便利性选择其港口服务对象。铁路运输价格上限似乎就是与其竞争的卡车运输公司的收费。以下对这种情况进行举例说明。

以从新泽西到芝加哥的卡车长途运输价格为例:如果多式联运卡车驳运费(在每个终点)从卡车运输公司长途运输价格中扣除,则净收益往往是多式联运长途运输中铁路运输的运费。

东海岸就是一个很好的例子,巴尔的摩港和费城港缺乏直接通往海洋的通道,这对他们是不利的。而纽约港和汉普顿港群则蓬勃发展。最靠近欧洲的波士顿港,无论其安排是多么的经济或巧妙,即便货运公司或铁路公司采取工业 JIT 标准,都不能克服陆路运输时间和运输成本的障碍。

虽然有些港口没有航行,但他们仍可以通过船公司港到港提单的保护保留部分实际业务量。这种做法的意义在于船公司可以通过为废弃港口提供服务使得自身的竞争力得到提升。

拥有驳船、卡车或轨道单元列车,并且有在港口间的集装箱运输业务,这些其实是提单、收费以及保护下造成的一种不提供提单的港口有船舶卸货的假象。服务于港口的卡车承运人需要面临另一个操作方面的问题,即集装箱应该在诺福克港卸载,但实际上,集装箱是在巴奇(地名)按计划装载并被调度到了巴尔的摩港卸载。尽管内陆铁路集装箱堆场是港口,但船公司很少考虑这些。一旦远离海港,他们关注的重点往往是内陆的泊位区和集装箱堆场。

对于水路运输承运人来说,一旦对提单港口的"保护"成为一种贸易习惯,其就会演变成为一种权利。托运人对非服务型港口更满意,这就强化了为他们提供服务的货运代理人"保护"的做法。尽管这么做增加了实际运输时间,但这一做法仍在继续。

本书对公路基础设施服务于港口区的相关问题不做讨论,因对需求的认知改变经常慢于多式联运中卡车运输份额的增长。有可能使得某些非服务型港口的使用率下降。

20 世纪 60 年代,一些港口已经摸索出了一套受欢迎的系统,即他们在码头的铁路公司服务系统。从概念上讲,将铁路车厢停靠在船舶旁边,让起重机进入货舱将集装箱转运到预定好的铁路车厢上。考虑到目的地的拥堵,火车车厢被分流到不同的起重机吊钩下面,或者将跨装的起重机直接移动至火车车厢。跨装起重机的使用实际上是为了加大装载力度,进而使船舶迅速地进行货物卸载,然后离开。之后,火车被带到分类堆场,对集装箱进行重新装载,还需要面临内陆目的地的拥堵。

港口以外的用于非轨道运输的集装箱在船舶旁边装载到挂车底盘上,其他类型的集装箱装载到火车车厢上。或者,通过跨装起重机和升降装置将非铁路货箱提升一到两个货箱高度,进而从船边运到船舱或客户检查点。

随着多式联运业务的增长,计算机程序也越来越复杂,集装箱载运规划增加了"整合北美港口的铁路专用线"部分。由于港口复杂性的增加和集装箱船生产线中的铁路利益的增长,这样的船舶规划会帮助计算机实现对这种概念的理解。

美国陆路多式联运操作实务

北美集装箱化,需要船舶在突堤式码头依赖自卸船舶卸下集装箱的港口最终会演变为专用场地。

卡车在港口的集装箱作业:

由于进出口方面业务的复杂性,每个集装箱在运输阶段的具体操作人员,都有可能将基础设施可用性及其他方面混淆。安排驾驶员收集集装箱的货运公司需要全面了解港口系统或检查所装载集装箱的各个方面,以免在调度时出现差错。具体包括以下几点。

(1)船公司是否对在港口与卡车运输公司的换装合同的生效进行确认?

(2)驾驶员(牵引机)是否在码头和装卸处正确地完成注册?

(3)货运代理人手上是否有版本号(或文书)?

(4)是否将运单中的码头装卸职员的姓名和联系方式告知驾驶员?

(5)如果出现问题,当地揽货的负责人是谁?

(6)载运单元是否报关,如果没有,谁有过境保税合约?或者保税承运人是谁?海关编号是否正确?

(7)载运单元是否有挂车底盘?挂车底盘能否安装?如果没有安装,这些挂车底盘的来源是哪里?

(8)载运单元如果不带挂车底盘,货运承运人自己提供挂车底盘,安装时间多久合适?一天还是几天?

所有这一切都需要在正式合作前确定。

特定的船公司的运输代理人或货运代理人在港口做事自然要比他们的货运竞争对手来得容易,其容易程度依个人感知而不同。这种公司会了解水路运输承运人使用的系统、挂车底盘的可用性、码头重要人物的姓名等。他们经常作为长途运输公司中的驳运人提供业务以完成最后的运输。

尽管安排当地代理人会增加成本,但是这么做对外地的卡车运输公司有一定好处,即可以避免卡车运输公司的驾驶员在码头上争夺集装箱或挂车底盘的时间损失。就可用时间而言,驾驶员可以不受船公司的管理在白天或晚上的"任何时候"到达。对于一个半夜到达的驾驶员来讲,能够在半夜获得集装箱运输再好不过了。

任何半挂牵引货运公司想要一次性成功地进入港口,都需要私底下做足功课或者雇佣代理人。由于调度或驾驶员的无知,在出口运输中遗失船舶或将出口存货出清,将被认为是卡车运输公司管理失误。不过第一次运输的失败也可以是一个令人不满意的学习经历。驾驶员也不会满意这样的结果。重要的是,卡车运输公司的调度员们认为,没有人告诉他们卡车驾驶员没有亲自检查过那些零部件。

有贸易经验的人能将进出口集装箱的文书工作做得更好。这些专家可以是卡车承运人,但更有可能是国际货运代理人。

出口: 出口报关单(发票)由托运人或其货运代理人签发,运输过程中必须跟随货物。如果由托运人签发,必须在驾驶员到达码头之前送达货运代理人(货运代理人把它带给船公司)。码头收据记录了运输的详情。这个文书工作应由托运人、货运代理人或卡车运输公司完成。手上如果没有这个文件,就会因缺少场站收据导致出口报关信息不到位,或运输订舱号不完整,驾驶员的这一天将会相当漫长。

进口：如果集装箱在卸货港报关，相关的文件通行工作由货运代理人或者船公司来做。这个文件的安全性（人的意识）会随着卡车承运人和代理人之间关系的变化而不同，文件的流程与港口相似。

保证金，海关不检查的货物的运输：分为入境运输（T&E）及过境运输（IT）。不管是哪种运输，美国海关都需要获得收益。他们将只允许交过注册保证金的运输公司通行。只有交了保证金的货运公司才可以处理未报关货物，这是通用规则，这些货运公司将被按照装载保证金命名以运输未报关货物。2001年9月11日之前，执法严重依赖于过去的程序。未交保证金的货运公司可能会有一定的保证金许可。举例说明，如果集装箱由铁路运输，货运代理人可能会为了整个运输以铁路的保证金来命名，但这次运输是由港口到目的地，实际上是公铁联运。承担集疏运的货运公司可能不再缴纳保证金。

除非驾驶员在货物装载到集装箱的过程中进行检查，否则集装箱的装载量将会超出卡车运输公司的能力，就会超载。考虑到其他文件对于卡马克盗窃案的描述，出口货物提单必须有以下内容。

（1）出口货物：质量和完整线路、始发地的铅封号。这项文书工作应该按照美国联邦法规的要求进行衡量和认证。出口报关单对集装箱的内容进行详细说明，并显示铅封号。场站收据显示港口、船舶及目的港、路线和铅封号码。

（2）进口运输：考虑到业务的不确定性，相对于对装箱内容和质量的了解，卡车运输公司的定位是不可靠的。在报关前，卡车运输公司对货物的认知完全依赖于船公司、代理人和经纪人提供的文书或对货物装卸和质量的描述。几乎没有港口有集装箱地秤，如果有的话就可以验证质量、牵引车和挂车的数量。

卡车运输公司有必要指导驾驶员避免一些最明显的违规问题。尽管调度人员不在现场，以下这些问题也必须询问驾驶员：

（1）集装箱上有没有标识？

（2）有没有损坏的迹象？是否适合常规挂车底盘（所有的固定销）？

（3）铅封号与文书上的是否一致？

（4）是否可以把集装箱作为一个预期的计费质量？

（5）40ft集装箱，它是一个"大立方"还是"标准"？挂车底盘是"标准"底盘还是"鹅颈底盘"？

（6）如果一个集装箱是20ft的话，货物质量显示超过30000磅（约13.6t），挂车底盘是"滑块"式的吗？

同一家船公司挂车底盘的可用性在不同港口存在差异，获取底盘的方法也存在差异。每一个港口发展都有其处理货物装载的特定模式。该模式可追溯到殖民时期。港口发展史在港口驳运人、码头劳动力、安全和监管等方面的遗留效应已经转向多式联运。

某些港口有适用于各种船公司挂车底盘的通用泊位区。这样的通用泊位区可能由所有相关的船公司组成，也可能只有某些船公司。通常，每一位水路运输承运人贡献出船公司所拥有的设备并分配到泊位区。这种情况下，运营商将根据他们的订货量对船公司的挂车底盘进行匹配。然而，挂车底盘的所有权也存在差别。租赁公司可以提供挂车底盘；泊位区运营商（如果不是租赁公司）也可以作为供应商；港务局亦以自行提供载运单元。卡车运输公司应该考虑挂车底盘返还到何处,是港口还是铁路枢纽,或其他地方,这些因素对集装箱揽货(或归还)都十分重要。

考虑到挂车底盘的流转率较高,以及正常使用和滥用装备质量控制的困难,泊位区提供的挂车底盘的机械动力不足是正常的。当出现载运单元缺乏美国联邦公路管理局的检验标识、制动不灵、缺少照明、假冒的轮胎、漏气等问题时,以及出现任何使挂车底盘变得不可靠甚至不能工作的情况时,驾驶员需要调度提供支持。

进口货物的清关在港口完成,需要借助海关的一些设施对提货单和发票上载明的集装箱货物进行核实,需要支付进口关税。

集装箱在装载到车上之前通常已经完成了报关手续。船公司或收货人的国际货运代理会安排报关。报关手续完成后通知卡车运输公司。有时要对装货的进口载运单元进行最终的查验,此时就要求卡车运输公司在港口或海关区的海关设施上停留。这样的停留一般是为了填写文书,或需要验证签章的真伪,或是为了报关登记保税。

如果载运单元的目的地位于港口的海事商务区内,举个例子,海关将会为其指定不用报关就能出入港口的承运人。协议允许在区域内的其他地点报关。历史上本地驾驶员必须向海关登记,卡车驾驶员应携带有照片的证件、指纹以便 FBI 进行检查。大约在 1997 年后这个手续显得多余了,因为卡车运输公司可以选择特定的驾驶员作为卡车驾驶员,这样做就表明驾驶员已经通过联邦政府的背景审核。

美国某些地方的商品流动导致空挂车过多。比如:波士顿、巴尔的摩、佛罗里达州、辛辛那提市、南德克萨斯州、西海岸等。在这些地方(有可能除了辛辛那提)都有公司提供货运业务,重新装载入境集装箱(或国内铁路车厢)到多余的挂车装备上以运到较远的目的地。

将货物由大体积装载改为小体积装载并不是一种新的或独特的业务类型。当铁路运输主导货物流动时,由此产生的"泊位区或散装车厢"允许铁路运输为其提供服务的收货人或那些没有铁路专用线的收货人在专用线或偏离轨道的地方来配送货物。短驳运输(drayage)这个名词来源于驾驶员(卡车驾驶员)使用的马车(卡车),进行卸载和交付公共铁路线(卡车车道)上的货物。海上运输也是一样,集装箱化之前,船舶货物被装卸工用"棚"重新装载到卡车上,在随后几年里,火车车厢和卡车也被用于货物配送。

港到港集装箱运输最早由船公司提出(实际上在进入多式联运之前),指在目的港卸载集装箱或将集装箱重新装到卡车的挂车上。随着客户意识到集装箱化的优势,并对其安全有效性有了更好的了解,在船公司看来对很多缺陷的强制就显得非常必要。

"交叉转运"的从无到有,其带来的经济益处受到了肯定。大多数用户可以很快地把货物运送到内陆的目的地。由于货物都是远离国外原产地,用相同的集装箱运送且都采用密封保护,因此可以假定其到达条件(或至少数量)相同。

使用卡车运输公司进行换装,是因为卡车运输公司提供的从港口中转到目的地的价格最低。内地挂车质量一般都没有达到运送进口产品的标准。

例如,运输进口食品原料的挂车,在港口会有一些废金属屑或者动物饲料遗留在挂车上。卡车经纪人负责安排专业运输(并非换装),可能并不知道(或者是不在意)其中的货物到底是什么。换装代理人,即交叉转运经营者,可能认为污染并不是他的问题。任何时候多式联运装备在未进行装载之前很难直接得到答案。驾驶员都不愿意运输那些易损并需要接受监督检查的货物。

货物换装后,货物运输质量责任就转移到了换装货物的货运代理和卡车运输公司身上。换装可以减少船公司的港到港运输责任。需要通过多式联运方式运送货物的情况,如果对换装货物进行长途运输的是铁路公司,责任划分再次模糊。此时,要查明索赔责任的来源非常困难,除非责任来源非常明显(换装中门损坏、托盘由于缺乏支撑而倒掉等)。

港到港运输中,离接收点最近的人是从事配送业务的卡车运输公司,从接收货物的地点来看,装载距离最近的人是负责货物在码头间运输的卡车运输公司。在出现索赔的情况下,卡车运输公司更容易获得机会。

在港口将已清关货物从集装箱换装到挂车(或者到另一个集装箱),进而进行国内运输,这个换装过程是不需要特殊的纸质文件的。然而,卡车运输公司最好能证明海关已经通关的事实。在文件中应该包含实际海关放行(电子版或者其他)文件的备份,因为海关在未来随时有可能要求查验。集装箱换装以后,清理工作必须在内陆完成,因为不论卡车运输公司是否负责挂车或者集装箱的运输,换装代理人都必须遵守海关规则。

第四节 相较水路运输供应商,卡车承运人的不足

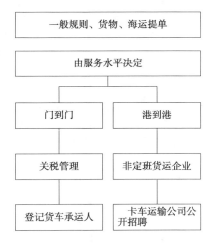

一、说明

由运输环节和文本文件可知,国际水路运输集装箱货运非常分散。一旦船公司表示接受运输订单,该订单就会被记录下来(预订),就像预订一样。可以通过互联网、传真、电话、邮政服务等方式沟通,或者做一个长期固定的订单。由于船公司是发行人且信用良好,就会根据其运输工具、港口以及运输的日期将一些运输任务直接分配给他们。

如果托运方没有准备,准备文件的技术工作则会分配(由托运人或轮船公司进行分配)给经纪人,也就是国外货运代理。不论由谁制订这一重要的进出口文件,其在制订过程中都具有安排卡车班次的权利。

如果不知道这一文件的存在,板车承运人、卡车运输公司、代理人或者船公司的本地承运人很容易蒙受损失。以下是一些需注意的程序性障碍。

如果订单涉及从货主到收货人码头(门到门),则其陆上运输一般按照船公司的价目表(因为卡车运输公司负责两端的运输)实行。价目表中包含很多卡车运输公司的报价,这就出现了选择问题。

船公司负责提供集装箱,其尺寸和位置取决于装运的商品和卡车的起讫点。然后,根据基础情况对空箱地点进行分配。载运单元一旦分配,就会登记预定的轮船号码,然后货运代理人会准备前面提到的文件,无论需要与否,这些都会在目的地进行妥善安排。

二、门到门

这种运输方式是依据卡车运输公司在水路运输承运人处的关税端点来命名的。除此之外,还未有其他解释。一般而言,卡车运输公司会在正常情况下安排运输任务。他们是关税参与者,不仅拥有能够进行安全运转(对于质量而言)的装备,还了解适合船公司的作业情况。

事实上,卡车运输公司服务的订单可能受货运代理人的控制,他们在揽货时通过电话进行沟通,讨论选择哪个卡车运输公司来完成相关业务。

货运代理人(或托运人)拥有自己的卡车运输公司骨干,但首先要确定他们每个人是否有运输任务。如果有任务,他们将和公司共同检查指定的承运人记录以找出问题。如果都没有任务,承运人会有同等概率来处理装载、卸空或其他工作。但这并不绝对。

货运代理人通常会忽视轮船航线和班次,并且他们中有人用自己的卡车进行集装箱运输。对其进行追踪可能会发现他们所监管的员工对管控要求并不了解。他们有可能知道如何工作,但却不知道为什么要这样工作。

在清关的压力下,会议安排、重新格式化文件、集装箱货物运载等问题都只不过是纸上的记录,而且指定的运送者也可能会错过装载。

托运人(或收货人)个人在汽车运输安排工作中可能有利可图。原因有很多,一般是事务性的,但是对于那些对运输业务不能理解或者并不感兴趣的卡车运输公司来说获利也是有难度的。卡车运输公司把为用户处理多式联运货物运输视为第一要务,在下订单的时候需要就相关问题询问清楚。

客户并不知道货物是如何运输到自己(或他们的客户)手里的,加之海关免税非常复杂且其关注点在装载码头的卡车运输公司身上,这些都给指定的托运人带来了竞争威胁。如果竞争对手同其有协议且记录清晰,并能及时完好无损地归还装备,船公司几乎不会拒绝这些竞争对手的要求。

船公司的机械操作管理正走向区域化或者集中化,这对于指定承运人来说有利有弊。在此情况下,公司不允许其他非指定卡车运输公司运输任何特定货物,这样做保护了承运人团体利益。如果不这么做,对船公司来说会很麻烦。然而,如果船公司的销售实力足以支撑在不同区域指定承运人,那么他们也会欣然接受(以承运人团体价格)。

三、港到港

这种海运提单不仅在海港使用,也在内陆铁路港口使用。水路运输承运人在泊位区拥有相关装备,如堆场或办公室。当集装箱到达该站点时,船公司支付相关费用,下一程的运输责任(除了安全归还装备以外)将交由最终的收货人或者货运代理人承担。

此处的海运提单不包含门到门运输,卡车运输公司面临着复杂的选择——重新寻找业务或者保留固定贸易伙伴的常规业务。

运输业务的提供者(托运人、收货人、货代、轮船公司)几乎没有指导性文件可以使用,以确定如何分配卡车运输。实际操作中,可能采取最原始的方法,或根据轮船对运输能力的需求来实行。当供应商不了解承运人内陆站点的服务能力时,船公司至少会给出一个备选承运人,一般是其承运人团体中的一员,若对方有需要则会给出更多的选择。

最后选定的承运人名单将会交给船公司,所以公司知道由谁来卸空集装箱。在卸空集装箱之前,会对前一程的驳运人进行检查,并适当协商,看是否有未支付的款项,是否有未完成的设备维修义务。

如果船公司对承运人不了解,承运人将极力强调其符合船公司的要求。否则,就会需要他们像指定承运人一样进行记录并卸载载运单元。根据工作集中化的要求,在没有当地业务支持的情况下,船公司员工会按照与其支持的承运人相反的方向进行分配。

四、结语

为了更好地适应并操作该系统,参与者要有一定程度的培训。由于内陆闲散或者不常运输的客户会影响到代理人和参与的经纪人,所以参与操作的运输人员有必要了解客户的需求,以实现他们的目标。

需要关注运输作业的酬金支付环节。报价最高和提供服务最少的情况并不常见。由于内陆站点缺乏相应的调度安排,此时会出现简单的调度及一定程度的客户不满意。另一个不足之处为,水路运输承运人需要对集装箱设备进行检查,要将其调运回换装的港口,从而不得不进行往返运输。

不论是独立的卡车承运人还是代理人,都需要具备基本的计算机知识,以增强技能来满足客户需求。船公司可能需要电子数据交换技术,目前,该技术很简单,但要为此支付一定的成本。根据铁路资源,实现轨迹跟踪是可行的。相对于廉价的全球定位系统而言,车载计算机比比皆是,有些技术很好,有些则有待加强。

卡车运输公司会发现自己在现实世界中的表现才是决定其收入的主要方面,因此他们会努力并弥补其不足,使其不再处于利润链的底层。

第五节　船公司的装备：挂车底盘和集装箱

　　国际集装箱贸易使用的是 20ft 集装箱和 40ft 集装箱，其使用数量在全球国际贸易中占据主导地位。该集装箱尺寸成为 ISO 公认的轮船工业（20 世纪 60 年代）标准已有相当长的时间，这并不奇怪，此处重点介绍一下 45ft、48ft 和 53ft 的集装箱（20 世纪 80 年代后期）。48ft 和 53ft 的集装箱主要用在国内和汽车专用道路（部分道路和车辆起动处）上，最好区别对待。

　　美国海陆公司首先选定了 35ft 的集装箱，并且修改了轮船的大小以适应集装箱的尺寸。后期出现的航线竞争对手的优势是能够对海陆公司的行为进行充分的观望和实践。关于集装箱尺寸的相关决定都经历了国际标准化组织成员之间大量的讨论。不同用户对于集装箱尺寸的意见分歧引发了不同线路间、租赁公司间关于使用尺寸的探索。在某些情况下，8ft、10ft、24ft、27ft、28ft、30ft 和 35ft 都是国际性的集装箱尺寸，但后来都取消了。

　　10ft、20ft、30ft 和 40ft 的集装箱混合使用只持续了很短的时间，后来 20ft 成为集装箱的标准尺寸，10ft 和 30ft 的集装箱被取消。

　　该逻辑显而易见。如果集装箱穿越欧洲和远东的小路，则有必要保留一定的转弯距离和回车车道。同时，（20 世纪 50 年代和 60 年代口头的非国际标准）多少海外客户可以填满一个大集装箱，这一问题无法回答。然而，在船主快速周转的目标下，10ft 的集装箱并不经济。新船或者改装船上的 20ft 集装箱可以任意地组拼为 40ft 集装箱。尽管 20ft 集装箱存在不足之处，但其有足够的优势成为国际标准集装箱。

一、标准集装箱

　　目前，船舶、起重机和港口吞吐量的测量标准是 20ft 集装箱，即标准集装箱。

　　显然，40ft 的集装箱尺寸保留了下来。美国工业发展需要立体容积，这可以节省劳动力，实现组合装载，引导贸易发展。新造的轮船保持蜂窝式的结构以适应这两种尺寸。40ft 集装箱从"落选"状态发展成为 20ft 集装箱组合伙伴，二者的尺寸一直保持到现在且数量稳定增长。

　　美国铁路运输公司不断创新，采纳并不断延伸集装箱堆垛概念以供铁路部门自己使用。他们制造了 45ft 和 48ft 的集装箱为公路—铁路—公路联运方式服务。后来出现了 53ft 的铁路集装箱。

　　船公司有时忽视了装备大型化的发展趋势。最好的例子就是船舶依据 40ft 的集装箱进行建造。改革的反对者认为：任何更长或者更宽，或者既更长又更宽的集装箱都不能适应现在的轮船，也就是不能很好地进行运输。竞争会抑制额外收入的增长，使得收入的增长不能适应增长的船舶制造成本和维护成本。这种反对意见可能是对的，但是市场已经提出了采用更长的集装箱用于国际轮船贸易。类似于 20 世纪 70 年代出现的铁路上尴尬的挂车尺寸。

　　为了竞争及参与集装箱贸易，45ft 集装箱首次作为附加的装载单位出现在更大的轮船上。之后出现了 48ft 集装箱，最后出现了 53ft 的集装箱。后两种尺寸的集装箱通常受制于商品和/或道路情况。

美国国内挂车的标准宽度为102in,这一尺寸已被普遍接受。载运单元横向操作的难度更大。102in的集装箱可以熟练地进行操作作业,但是要支付一定成本。还有一些其他尺寸的集装箱,其中98in的宽度占据主导。

二、挂车底盘

下面讨论20ft和40ft长、98in宽的海运集装箱。带轮的载运单元通常用于滚装运输。使用挂车进行相关作业,需要20ft、40ft的集装箱与挂车底盘一起使用。

海运集装箱依据国际标准化组织指定的标准制造,这些载运单元远比挂车更坚固。将其堆积起来,可以在轮船和吊车移动的过程中承受巨大压力。锁眼嵌在角件上,能够保证车辆发生交通事故时挂车底盘依然在车架上。

锁定系统是基本要素。箭头键在键槽的倒钩里,一旦插进去,固定的倒钩在运输中就不会掉出来。倒钩头是置于挂车底盘上或其他集装箱上(如果堆积着集装箱)的装置。这个倒钩头没有凹槽,但是在20ft集装箱(和40ft集装箱)上其类似于箭头的钝头。当完全插进锁眼槽时,箭头就变成倒刺,不能退出轮槽。

40ft鹅颈底盘前段的引脚不同。有两种类型的40ft集装箱,为了适应鹅颈挂车,采用的短杆从挂车的前角平移到集装箱上。该短杆光滑且没有头部。一旦插入,该鹅颈集装箱所使用的原有固件就能保证短杆不会从集装箱上的凹槽中掉出来。

如果在集装箱装箱之前将销延长,装箱可能会移动或使销或销槽变形。这样一来,该销就没有办法再使用了。如果要运输一个装载好的集装箱,驾驶员必须要仔细检查。如果这个集装箱由驾驶员在吊钩下现场安装销,更应该提高警惕。驾驶员要重复检查销,确保销锁定,拔下钥匙系紧以避免剥离。

固定使用,在这里是委婉的说法,是指封闭装置制造商保持销的锁定位置。首次运输后,几乎不会滥用这些销。有很多种类的销可供使用,但没有哪个经久耐用,这主要是因为其在集装箱放置地的滥用以及缺乏安装驱动程序或者起重机作业人员的关注。

销系统的功用就是使集装箱保持在合适的位置。陆地运输时,集装箱从不会占据挂车底盘上的全部空间。稍微偏离中心时就需要使用一个或者多个销来保证集装箱放置于合适的位置。

集装箱若从挂车底盘上脱落就是驾驶员的错误,一次这样的错误就可能会使驾驶员失业。按照同样的逻辑,轮胎机械师没有上紧手柄螺栓也不会得到原谅,任何一个驾驶员都要确定销处于合适的位置以防止其松动。

平板挂车用于海运集装箱运输。除非这些集装箱有销锁定功能,否则这种运输就是代理人或者为卡车运输公司提供运输业务的其他人的错误判断。这些运输通常出现在卡车运输公司提供合适的负载以后,单独使用平板来进行回程配载,并进行开发以显示其优势。

集装箱运输禁止使用平板的理由:

(1)绝大多数的平板挂车没有锁定销,驾驶员用尼龙绳绑紧以确保集装箱在合适的位置。除非绑得非常紧,否则绳子会弯曲和伸缩。当集装箱直径为8ft或者更长时,很难将集装箱固定,而此时集装箱已经距离地面有 4~5ft 高(处于挂车的平板上)。

(2)对于打开的平板架或开顶集装箱,除非销在平台上,否则很难使集装箱固定于合适的位置。使用绳子绑紧时会穿过集装箱或者其他货物,依然有可能破碎、松散,或使情况更加复杂。

(3)平板挂车制造费用高,离地超过4ft高。实际上,制造时在中心有一些拱起区域,这是为了装载更多、更密集的货物。这会使集装箱装载的重心更高,运输时会面临卡车速度和横向力的影响,可能会导致偏移或者卡车翻车。

(4)正常的挂车并不是很长,40~45ft 的挂车并不常见。不管挂车长度为多少,如果集装箱不能适用于后面的挂车隔离壁且处于挂车底部空间,则该集装箱的装载空间将延伸超过挂车的范围而无法装载。

(5)集装箱(装在一个平台上)在装货或者卸货时可能会出现运力过剩的情况。挂车经常和码头一样高。集装箱的门是 6~12ft 高。叉车和卡车难以穿过。从这些角度来看,因为叉车车盘绑定在堆场的木架上,所以货物很容易被遗漏。

三、20ft 集装箱

关于 20ft 集装箱的质量问题,可以进行有趣的数学计算。集装箱允许装载 65000 磅(约 29.48t)的货物在铁路上进行运输。普通的钢制集装箱容量接近 52000 磅(约 23.59t),最大装载量达到 70000 磅(约 31.75t)。**通常与带有双胎联轴的 20ft 挂车底盘一起使用,但这些质量均没有得到美国公路的允许。**

美国公路允许采用车货总重 80000 磅(约 36.29t)的五轴载运单元进行运输。就技术上而言,20ft 的集装箱装载 48000 磅(约 21.77t)的货物是完全没问题的,并用一个较轻的牵引车{80000 磅 - [20000 磅(牵引车)+ 5000 磅(集装箱)+ 7000 磅(挂车底盘)]}来实现,但现实完全不同。20ft 集装箱采用联轴挂车底盘,可延伸至 32ft,在联邦桥设计规则里,其两端允许总质量为 63500 磅(约 29.48t)。限重法要求的装载量是 31500 磅(约 14.29t)(卡车也一样)。密集装载既不经济,也不合理,但这在标准类型的挂车底盘上并不少见。

另一个关于货物运输的复杂之处在于法律规定的 20ft 集装箱轴载。为实现装载目的,假定法律允许的联轴轴载是 34000 磅(约 15.42t),单轴轴载从 18000 磅(约 8.16t)逐步减少。大量的生产制造使得联轴装置的中心距离一般为 4ft,所以预估轴载为 34000 磅(约 15.42t)。

如果负载没有恰当地安置在集装箱中,或者附加轮使集装箱单元向后倾斜,质量就会分布不均,这可能会导致牵引车轴载为 32000 磅(约 14.51t),挂车底盘轴载为 36000 磅(约 16.33t)。在国际集装箱运输业务中,实际的装载量会小于单据填写的装载量,这比超载要好。有必要讨论一下谁来支付费用,后面有单独的一部分内容来探讨确定该问题的标准。

当 20ft 集装箱到达美国港口时,高密度货物导致的超载并不多。在港口区将货物装到铁路车厢时,可能不会检查质量。到达内陆时,将货物运送给酒、瓷砖经销商或者其他收货人时,就要求卡车运输公司确认挂车底盘装载的质量是否合适,而且总质量要与美国州和联邦的法律规定一致。

第三章 船公司

20ft 是集装箱的标准尺寸,其外部尺寸最高是 8ft6in,内部尺寸高度小于 8ft。对于这种限制来说,没必要增加高度从而影响稳定性,因为这些集装箱的总质量受到途经道路的限制。多加一层集装箱,除了会压碎底层以外毫无益处,而且会超过卡车的荷载。

除了普通集装箱以外,还存在许多其他特殊用途的 20ft 集装箱。随着 20ft 集装箱的普遍使用,油罐车开始出现,但相关问题并未得到解决。直到框架箱出现,它的底板(12~24in)非常重且没有两边的挡板,高高的两端用于装运会对挂车底盘产生很大压强的高密度货物(例如机器)。如果某些平板架的两端倒塌,就必须返回原堆存或者仓储地。这些集装箱能够装载 7000 磅(约 3.18t)及以上的货物。平板集装箱(没有两侧,没有两端)也在使用。一般来说,装载能力是集装箱制造的基础,同时还要有良好的系紧能力。

还有一种集装箱是敞顶集装箱。此类集装箱没有两侧,但有两端。其应用较灵活,易于在原始环境或者农村环境装载,载质量大,并配有捆绑环或者其他附件以进行捆绑。这种集装箱通常带有防水布,卡车运输公司使用完后要将其归还。它带有完整的顶棚,与 EIR 上的号码相同。

四、40ft 集装箱

40ft 的集装箱也较为常见。像 20ft 集装箱一样,40ft 集装箱依据国际标准化组织的标准制造,其通用性使之成为另一种流行的集装箱,特别是当货物需要更大装载空间或者为了装载而无法堆存的货物时。为了实现海运和大型化运输,该类型集装箱及挂车底盘在一般情况下可通过五轴卡车进行总质量小于 42000 磅(约 19.05t)的运输任务。具有较短轴距的牵引车会减少车桥设计质量,使其能够很好地装载总质量小于 80000 磅(约 36.29t)的货物[忽略车桥,计算载重可以达到 45000 磅(约 20.41t)和 42000 磅(约 19.05t)]。通用集装箱牵引车会使 40ft 集装箱及装备质量快速增加且将车桥向外延伸。车桥相关的数学计算定义了集装箱的装载能力,而且能简单地应用于实践。

40ft 集装箱种类很多,20ft 集装箱种类更多。由于其最大限重,框架箱并不常见,但是敞顶箱、平板箱、冷藏箱、密封箱、驳船箱(敞顶、低侧)和其他国家标准 40ft 集装箱依然存在。可供散装船使用的 40ft 集装箱也比较罕见。

集装箱的长度是一致的(为满足国际标准化组织的规定,要有角件孔以适应挂车底盘的引脚),但高度不尽相同。标准规定在水平面上铸造的、内部尺寸高和宽都是 8ft 的集装箱为标准集装箱。高度为 8ft6in 到 9ft 的集装箱被定为高箱。

标准集装箱具有平面架构,即完整的长度单元。其处于一个标准的挂车底盘上。目前,大多数标准箱在前部的中心、灯光连接器处有一个凹进区域,称为鹅颈口。鹅颈口允许安装标准的鹅颈式挂车底盘,该设计最初用于高箱。如果标准箱中没有鹅颈口(例如,加拿大早期海运载运单元),就需要一个完全平整的、标准的挂车底盘。

高箱的主销位置有一个平缓的台阶,下面有一个凹槽称为"鹅颈口"。外部尺寸高 8ft6in ~9ft 的集装箱一般在前端有标识,所以驾驶员很容易从牵引车的后视镜里看到警告,并建议装载高度。

一些高箱是带阶梯的集装箱,在集装箱前面有个 6~18in 的台阶,但是这种集装箱并不常见。

五、挂车底盘和转向架

20ft集装箱具有多种多样的挂车底盘。挂车底盘基本都是轮子上一个平板。大概有30ft长,可以用联轴装载20ft集装箱并对其进行运输。这是历史上使用最古老的挂车底盘,也是最耐用的挂车底盘。由于限重法限制质量及实际管理上的负荷,挂车底盘都是按照标准中的最低质量装载货物。

滑动挂车底盘外部后端有一个8ft的可折叠伸展的装置,其可用长度可以增加以适应车桥设计的实际情况。这样增加了车桥的用于内部和外部的伸展桥上的长度,也使得其运输负荷显著增加。之前介绍了以20ft集装箱货运为主的载运单元。然而,它们的使用可能降低对牵引车挡泥垂布/着陆齿轮的主销设施或者附加轮设施的关注。

转向架自带固定轮轴的配置。它们有多种形式,最不寻常的叫法为"joe dog"。其可以增加20ft集装箱的装载能力。

这是一个主销单轴以衔接牵引车上的附加轮,附加轮固定在其轴上,钩到合格的挂车底盘上。该做法使牵引车有效地增加了一个轴,离驱动的后轮大约有6ft,装载能力增加了5000磅(约2.27t),而驾驶员并不看好该载运单元。因为它没有拉挂车的感觉,更像是拉着一辆马车。该配置可以用比平常少的车轮进行牵引,更像是一种廉价的随机质量问题的处理方法。

通用的转向架是双向连接的,前端和挂车底盘头部的扣钩连接。其自带附加轮,可以和挂车底盘连接。

双向连接并不罕见,但并不是最常用的,至少在密歇根和美国其他州80000磅(约36.29t)的总重也并不常见。在双向连接中,20ft集装箱没有24~28ft的挂车实用。长挂车更适合于零担轻载货运。20ft集装箱将以发货方能装卸的质量进行国际运输,载运单元和挂车底盘都很重。20ft集装箱的双向连接并不经济,最大质量应控制在80000磅(约36.29t)以内。

根据国际标准,双向连接组合的挂车底盘的联轴不能使用滑块。它有一个销插入到连接转向架的结构中,后者的延伸质量和辅助轴应符合法律规范。

在某些国家,双向挂车底盘可以增加轴荷载,载重超过80000磅(约36.29t)。在特定产品运输方面,双向连接应用广泛,例如密歇根的粮食和钢材。在密歇根,一个13轴的组合可以承载160000磅(约72.57t)的货物,该组合由两个9销的40ft集装箱挂车底盘和4个20ft的集装箱组成。

在国际集装箱业务中,40ft的双向连接很少见,主要见于收费公路和特殊情况。由于多式联运中的卡车运输业务过于分散，所以相关地区鼓励卡车运输公司为各种尺寸的集装箱和挂车底盘建立一个系统。在东北地区，从波士顿和纽约的海上港口延伸到芝加哥的收费公路允许双向连接，但其中双向连接的 40ft 集装箱相对较少。调查显示，约克底特律/芝加哥公路在 20 世纪 90 年代中期收取通行费，额外的运输成本基本都花在了租赁自有经营者的载运单元上。小额保险费用于所有者允许的所有装载和运输中。所以早期表象显示，双向连接是没有竞争性的。

除去对安全性的考虑，技术上可以实现 40ft 集装箱的双向连接。双向连接的 40ft 集装箱（及其附加装备）可能会在一定时间内因为线路通行能力问题限制多式联运的发展，而且主要的铁路枢纽远离城市中心。

挂车底盘主要有两种类型，即标准挂车底盘和鹅颈底盘。标准挂车底盘有一个和挂车长度一样的平架，这种挂车底盘最早是为了保持标准集装箱的 13ft6in 的高度限制而制造的。就像美国之前的质量限制，载运单元总质量通常不会超过铁路系统规定范围的 65000 磅（约 29.48t）。因此，很多依据旧标准的挂车底盘非常重。在此标准中与挂车相比，由于 40ft 集装箱的容量限制使得其毛重装载能力没有竞争性。

为了装载体积更大的 40ft 集装箱而制造的 40ft 挂车底盘叫鹅颈底盘。从气电插座塔返回后，这些挂车底盘尺寸有轻微缩减，大约 6ft。高集装箱通过鹅颈口与之相连。目前，标准集装箱也有鹅颈口装置，来配套使用鹅颈底盘。

混合式挂车底盘用于连接 20ft 的集装箱，以运载 40000～42000 磅（18.14～19.05t）的货物，价格是 20ft 滑块挂车底盘的 2～3 倍。它们可以连接一个或多个轴，因此导致轮胎维修费用高于使用一个联轴滑块的维修费用。另外，由于它们可以通过正常拉伸（根据限重法再次拉伸）来满足不同长度的载运单元，其中一些在中心位置有可能会出现断裂。就操作而言，适时地将不同尺寸混合的载运单元置于合适的位置是一种徒劳。

20ft 的载重挂车底盘都需要被伸展和/或降低三轴，以避免违反限重法或避免因轴放置问题而被罚款。该混合挂车底盘对驾驶员的另一个要求是延伸时要保持平稳行驶，运输中的车轴很少需要超出 20ft 卡车车轴的。拥有这些挂车底盘的卡车运输公司对其进行改进并在一般的运输服务中使用。从严格的经济学观点来看，其结果是采购了更多的挂车底盘。

相反，如果使用 joe dog 类型的载运单元，转向架在使用前可以闲置在集装箱码头。那些投资较少的挂车底盘可以在需要的时候才生产，且不用于所有运输（三轴混合载运单元的发展趋势）。简而言之，只有当运输超重的集装箱时，才使用 joe dog 转向架，因此这对驾驶员来说并没有吸引力。

六、例外情况

有 4 种可能允许使用的装载容器。高密度产品运到港口时每个挂车荷载 48000 磅（约 21.77t），然后换装到 4 个集装箱中进行海运。在国内警方检查时 48000 磅（约 21.77t）不符合规定，所以有可能会作为海运集装箱进行装载。该质量在国内规定中超过了卡车的总质量（也超过了轴载），可能在运输途中产生轮胎故障。在 4 个挂车装载换装时，海运轮船的总成本比采用 5 个集装箱从原产地到目的地的运输（允许按照规定将集装箱装到卡车上）成本还要低。

另一方面，如果48000磅（约21.77t）的集装箱允许在某一个商业区域进行铁路运输，并且这条铁路线一直通往原产地，则所有的集装箱都可以运输。托运人与经验丰富的卡车运输公司及代理人交易的一大优势是可以对不同情况的运输过程进行评估。

七、特别说明

40ft标准挂车底盘可配置两套锁装置来运输两个20ft的集装箱，这就是被称为"8个销"的挂车底盘。它们一般装载空集装箱，或一个空箱（前面）和装于后方（在运输过程中门可以打开）的一个负荷较轻的集装箱。

一些40ft的标准挂车底盘在中间位置装载一个20ft的普通超重集装箱。这个挂车底盘可以交替装载两个20ft的集装箱，所以共有12个销以保持正常负荷，也就是所谓的"12销"。如果这些集装箱装有联轴滑块，就可以负荷接近80000磅（约36.29t），且符合法律规范。

在任何情况下都不能用标准挂车底盘装载高箱挂车。14ft～14ft6in的集装箱广泛使用，甚至对洲际铁路系统中的多数桥梁造成了威胁。

在枢纽间转换时，挂车底盘的联轴装置可以从4ft延伸到9ft，滑动功能因车而异。顺着梁或其他部位可以延伸到9ft，这种做法的制造成本高且很难固定，因此并不常用。然而，每个轴载都能负担18000磅（约8.16t），所以该载运单元可以灵活地承载更大质量。每个轴载都有4ft串联设置，可承载34000磅（约15.42t）货物。40ft挂车底盘的9ft串联装置几乎可以在承载80000磅（约36.29t）货物时可能出现的所有误装载情况下起到保护作用。

一些集装箱作业难以按照装备的尺寸进行分割组合。例如：

(1) 冷藏集装箱；
(2) 共用协调安排装备；
(3) 船公司共用挂车底盘；
(4) 集装箱租赁方面；
(5) 许可证。

冷藏集装箱也主要为20ft和40ft，它们的隔热、箱壁厚度、底板材料、封门方法等与普通集装箱不同，广泛应用于制冷系统中。挂车底盘上装有制冷装备，航运时，轮船后端就要挂能同制冷装备连接的集装箱。否则，无论水路运输承运人采用哪种方法，或是届时购买，制冷装备都难以装上集装箱。

从多式联运卡车运输公司的角度来看，最好深入了解该装备以避免出现临时业务问题。事实上，在未投入使用的服务装备中，多式联运驾驶员并不熟悉载运单元的装卸作业、维修及维护。通常所操作的指令都为英文，警告系统或者操作灯有可能不起作用。卡车绝大多数情况下使用柴油燃料，但也有可能使用汽油燃料。由于燃料和检验的成本都是费率结构的一部分，所以要充分衡量应该采用何种燃料。

对于制冷装备的状态评估，卡车运输公司的驾驶员往往比轮船装备集聚泊位的工作人员做得好。供应商可能会提前通知，但如果没有提前通知，过久的延误足以去装载一个空箱（保证制冷作业）。

载运单元的公路运输服务失败很可怕。在这种情况下，卡车运输公司或者卡车驾驶员可能会不遵守既定的方案,采取他们认为的能够适应集装箱内部温度上升的方法,而不会将集装箱运到几英里外的港口或者目的地。更糟的情况是驾驶员并没有意识到这是一种失误。

空箱返回时,需要将冷藏箱清扫干净。即使前段运输没有留下任何解冻或者残留物,也必须进行熏蒸。关于此类的收费必须进行事先安排,并由卡车运输公司完成相关(签约)工作。在没有清洁的情况下回程,泊位作业区将安排熏蒸、清洗等工作并收取费用。如果船公司拒绝支付(如:在这么晚的时候,没有人支付费用),但挂车换装显示需要进行清洁,就会与卡车运输公司发生争辩。

按照与船公司、多式联运换装协会或个人签订的协议,卡车运输公司要承担回程清洁工作。如果产品的"固有瑕疵"不能使载运单元保持干净,如运送西瓜,此时协议中的责任划分就会很有用。针对这种情况,卡车运输公司需在问题发生之前明确相关责任。

定价协议对成本责任有明确的划分,其规定卡车运输公司负责清理。参与各方应事先规定好清理责任。如回程驾驶员拒绝运输未清理的载运单元,此时再讨论由谁承担清理责任已无意义。

共用装备:这种做法避免了船公司之间在同一航线上的集装箱载运服务方面的竞争。最初,转运中心是为了卸空非洲始发航线上的集装箱(空箱),并且重新装载属于北大西洋贸易公司的集装箱而建立的。这种方法有助于保留装备的控制权和所有权或者可以长期租赁装备。随着船公司自然航线的持续增长和水路运输航道的不断开发,可以看出水路运输航道依然集中于热门线路,这就需要更好的营销工具。除了进行集装箱换装外,还可以在船上租赁装载空间。

铁路公司之间的换装实践对船公司之间的换装似乎没有借鉴意义。世界其他地区的线路出现了重新布局集装箱的情况。这些集装箱可能转移到其他线路上使用,重新装载货物运输到所有者指定的地方。为了满足多种意图和目的,所涉及的每个集装箱都具有水路运输集装箱的特点。如果载运单元已转租给美国坦帕(Tampa)轮船,当卡车运输公司试图将中国常熟兴华港口的空箱返回到美国芝加哥常熟兴华港口的泊位区时,就会出现混乱。坦帕(Tampa)的泊位区位于另一个城市,当地的坦帕(Tampa)轮船泊位工作人员自然不知道色彩鲜艳的、有着奇怪标识的常熟兴华港集装箱是什么。

更大的成功是航线共享协议。为了简化操作过程,美国海事安全管理局与美国海陆公司/马士基达成约定,即在特定港口之间的特定航线上,用指定的美国海陆公司轮船来运输规定数量的海事安全管理局集装箱。这是一种形式转换或利益转移,如美国海陆公司/马士基获得在特定港口之间运输集装箱的权利等。卡车运输公司会在美国海陆公司港口装载进口的海事安全管理局集装箱,但会把空箱返回到海事安全管理局的泊位区。

另一个做法是购买其他线路的轮船装载空间,这么做除了运输价格的收入外,没有其他收益。运输航线收益极具吸引力,但在运输进行时可能无法提供其他方式或及时的服务。

对驳运人进行培训是为了明确当地泊位区的进口集装箱何时入境、回程的调度和订单的签订。如果起点配备了不同航线的轮船或预订号码,此时培训就会显得更具有意义。

挂车底盘泊位区:从船公司的角度来看,挂车底盘既是利益来源又是一种负担。在国外,由从事码头和线路服务的卡车运输公司提供挂车底盘。在美国,伴随着20世纪70年代美国海陆公司的汽车承运人的出现、铁路联运的产生,以及最初集装箱业务的分散,船公司开始负责提供挂车底盘载运单元。在后期发现(还将持续)该做法存在困难。船公司很难维持正常的维修、维护及库存管理。早期的美国海陆公司自动化发展的标志是IBM的穿孔卡片库存控制系统(集装箱和挂车底盘一般一起放置在地上以缓解复杂性)。

随着全球集装箱业务日趋成熟,不同线路上的装备共同用于特定区域的运输操作已经实现。在集装箱堆场,负责多条线路和码头的操作员会"借"另一个操作员的挂车底盘以完成特定的负载,且经济效用显著。一个区域轮船挂车底盘的平均总数将/应该在共享环境下减少,以使运输更加便利,如美国海陆公司的船公司、P&O等将本地和区域挂车底盘配合使用。一旦最初运行故障圆满解决,接下来的共用工作就会顺利开展。

合理的挂车底盘维护与维修可以有效地推动道路运输服务公司的轮胎和齿轮的维修工作。卡车运输公司的发展克服了区域问题,即"确定由某个船公司来负责轮胎修理及更换,并支付账单"的问题。

挂车底盘许可证有利于公司的发展。很多公司都有Maine或其他挂车牌照(Maine牌照是一种可以用来运输的牌照),基本上永远不会过期。如果要对载运单元进行换装并将其从堆场或泊位区中运走,但其使用的是许可证过期的挂车底盘,相关机构会追究汽车驾驶员和卡车运输公司的责任。

驾驶员的责任是运输被许可的载运单元,如果驾驶员没有进行许可查询,就会给卡车运输公司造成麻烦。装备的调度清单上,写有许可证日期。

国际集装箱业务一开始就引起了装备租赁公司的注意。一旦早期对装备融资表现出兴趣,就会慢慢发现其业务性质的发展演变。这一发现有利于装备租赁公司观察并发展自己的市场。世界各地的散装箱也极具吸引力,租赁公司可以通过赚取逾期费来实现盈利。

长期租赁是一个主要业务,本书提及是为说明:长期租赁的终止和短期集装箱租赁的终止情况相同。

最稳定的陆上联运租赁形式是短期租赁,短期租赁促进了现货的短期运输的发展。短期租赁和单向运输关注的是多式联运卡车运输公司起运和终到的运输方式变化。此处的集装箱标识并不能提升归属感和责任感。卡车运输公司的客户拥有所有权和对业务地点的知情权,此时可以通过运输订单进行信息传递。没有这些信息的话,进口载运单元可以说是"无家可归",如果将其安置在卡车运输公司的挂车底盘上也会造成诸多不便。

集装箱或挂车底盘装备的短期租赁有一个特定的目标。短期租赁包含"当场运输"(spot move),可以提运输装备,以弥补公司的装备不足,直到确定可以购买持久装备或者长期租赁装备等。卡车运输公司不清楚租赁的性质,但是需要运用所有权知识去处理这些载运单元,就好比船公司有其自己的集散货模式一样。

当集装箱空箱返回到对集装箱所有权不知情的码头或港口时,短期租赁装备的操作会出现问题,例如:码头的任何一条线路都没有相关记录,或该组租赁装备的租赁期限在上周、上个月或者去年已经到期等。显然,卡车运输公司应该提前返回泊位作业区交接票据,以接收集装箱。然而,如果船公司要开展本项工作,就需假设集装箱属于该航线。

在闸口如果船公司的交流对驾驶员没有任何帮助,还有其他可以联系到责任方的方法,

第三章 船 公 司

即查看多式联运装备官方登记或标准字母代码目录。一旦确定了所有者,就可以通过电话将这一严重情况明确告知对方。

第六节 关于内陆运输的船公司自动化

多式联运卡车运输公司的早期客户船公司指出,卡车运输公司缺乏自动化或计算机知识及技能。一般而言,具备计算机技能的卡车运输公司很少,但是他们有丰富的实践经验,并且成立了卡车运输部门,以弥补该劣势。随着国内水路运输运量的增长,专用卡车运输公司逐渐学会了如何将计算机技能纳入其业务。多式联运卡车运输公司的计算机技能得以增强。

目前,很多船公司业务依照 ISO9000 的管控开展。水路运输方式已经取代铁路运输方式成为大运量运输和集装箱运输的主体。这么做使得船公司和地方水路运输经营商有利可图,他们的程序的发展需要适应其对量化和模式化的方式的需求,以确保成功。这些程序后来演变为国际标准化组织的控制和应用程序。

目前,制定多式联运操作的 ISO 标准还有很长的道路要走,比如:互联网、数据交换和计算机等技术的应用。

再次将美国海陆公司作为发展的历史基点,早期与该公司打交道的承运人发现美国海陆公司用 IBM 的银行存储卡和计算机去跟踪其挂车底盘和集装箱(当时早期的美国海陆公司没有将换装分离,只作为一个备用卡车),以自动方式进行计费。假设当时的尖端技术仅仅是电传打印账单和纸带,那么只有少量的电子交换数据。

卡车运输公司与船公司的关系发生了变化,以常见的装箱类型(卡车零担集装箱场站为基础)去规范卡车运输公司,就会发现卡车运输公司的计算机系统根本不复杂。大多数多式联运卡车运输公司不了解库存控制和自动计费的好处,阻碍了水路运输能力的提升,也不利于计算机优势和卡车运输业务的结合。

自动化和计算机化两种模式在运输中的应用不断发展,其间有过停滞,主要因为水路运输航线要考虑各种卡车运输公司的能力或不足(即缺乏穿孔卡/磁带传输的能力、计算机技能)。

在集装箱化开始主要以电话和快递沟通形式进行订单的处理时,就有了零担水路运输。随后,传真机成为日常办公工具。货运代理和船公司在了解纸上流程后,很快学会了使用传真机。卡车运输公司可以通过传真机获得来自船公司客户的运输业务,即使船公司使用多种格式且传真来自不同地方也没有任何问题。英文订单显得一目了然。卡车运输公司可以根据自己(调度卡或计算机)的需求对其进行转换,并做好相关准备工作准备。计算机之间的电子转换是没必要的,因为很少有业务需要该技术。虽然电子数据交换比较可靠,也具有可行性,但因为其成本和作业实施的复杂性,常常需要借助第三方中介机构或者船公司的卡车运输公司来实现,所以不提倡使用。

20世纪70年代晚期,微型计算机技术出现(现今的个人计算机)。在当时,除会计领域外,不提倡小卡车运输公司使用微型计算机。市场上的每台计算机都配有不同的操作系统(例如:TRSDOS、CPM、PCDOS、MSDOS、AppleSoft 等)来支持计算机工作。会计软件的可行性决定了是否使用计算机。其结果是,即使克服了计算机操作系统的障碍,也没有软件来支持卡车运输公司的相关工作。

计算机常用于会计领域。在实际运输或装备存储量控制中,一般没有或很少有可用的封装式软件包。卡车运输业务一般难以实现自动编程。利用声学调制解调器和磁带,将数据通信速度限制到 120 波特(今天的互联网速度为 56000 波特)。且卡车运输业务的操作人员几乎没有资金可用于业务程序的优化。

船公司的规模和历史(公司业务的纸质记录历史)决定了其计算机操作系统应为内部批处理大型机系统。笔者并不知道,该操作系统在此期间是否与卡车运输公司共享。一般都不知道集成系统是否可以安装在卡车运输公司和运行线路之间。还存在一些电传打字机和纸带驱动。

个人计算机,不论是 IBM 还是苹果,都使不同主体间系统的隔离状态发生了改变。Windows 操作系统和互联网面临着一场剧变。

微型计算机(个人计算机)出现以后,传真传输出现且在运输业务中长期应用。这意味着随着商业传真机的发展,与个人计算机的整合是一条必经之路。之前由快递或美国邮政署转发订单和相关文件给卡车运输公司的方式,很快转变为水路运输承运人利用计算机生成和传真信息。

计算机带来的变化显著。通过传真手写订单或预订信息(修改显示卡车运输业务承运人)最先到达。随着计算机的发展,传输能力也得到了发展,预订信息可以自己完成发送。集散货订单的传真,就是相关参与的驾驶员的预订信息摘要。

水路运输承运人和货运代理人之间的信息发送格式的转变并没有推动卡车运输公司计算机自动化输入发展。当然,每个订单被卡车运输公司抄写以重复使用。

能够获得集疏运数据的驾驶员,将这些数据与原始订单数据融合到一起。这使得他们能够提前完成客户给予的运输任务。由船公司管理的这些传输有时直接发送到驾驶员的数据文件中。

自 20 世纪 80 年代以来,电子数据交换已成为一种可行的数据交换技术方法。该技术的本质是简化事务处理的数据,加快实际业务的进程。每个业务键入的限制次数可以控制工作失误。

为了贯彻交通运输行业发展理念,有一系列的业务集(set)专门关注交通运输相关问题。许多人及公司工作很多年才能摸索出相关合同,而这个合同就是今天大家通用的合同。这就促使了信息格式的产生。它们基本上都是文件,并带有识别号码。

一些交通运输业务集如下:

204 托运人信息(提单)

205 集装箱/装备转移

……

213 货物状态询盘

214 货物状态报告/邮件

其他一般性业务处理或者运输连接装备:

800 商品计价

900 支付授权

……

第三章 船公司

903 运营商汇款通知

经过承运人和政府人员在相关工业领域十多年的努力,20世纪80年代后发布的交通运输业务集超过了20个。每个业务集都提供了有关具体交易功能内容的完整信息。现今的任务是将这些设想变成现实。电子数据交换已经演变为一个完整的、无所不包的体系,是很多重要系统的基础。电子数据交换的重要性有时会因联合国标准和北美流传下来的美国国家标准协会之间存在差异而被诟病。

很多年里,业务虽然在大量开展,但这项技术的应用却几乎没有发展。原因有很多,但大家更愿意按比例给交易方分配成本,这种做法使得相关的卡车承运人获益最小。工业公司和水路运输承运人会对现有的汽车运输效率进行预测,并以此为依据收取先前发生的电子数据交换费用。按比例的成本分配方式效果最差,会对卡车运输公司和班轮运营商产生定价差异。

随着开发者的不断努力,业务集方法论在某些领域已逐步确定。科技公司是电子数据交换技术的有力支撑者,其作为软件供应商编制业务集和搜集使用过程中的实例。从中受益的水路运输经营商并没有发现该交流方式的既往价值。

基于成本效益解决卡车运输公司的信息传递问题是不可能的。电子数据交换技术的成本不仅是船公司和相关行业的成本,也是卡车运输公司的成本。每个行业的成本收益占比是完全不相同的。船舶航线要求电子数据交换技术具有兼容性,但一般不会对其增量进行补偿。多式联运卡车运输公司或其他参与者需要奖励、节约成本、增加数量、支付报酬等,但都还未实现。

随着计算机数据处理业务的快速发展,卡车运输公司和水路运输承运人的工作变得越来越轻松,特定的大规模水路运输承运人应用电子数据交换技术开发组合方式来开展业务。例如,卡车运输公司就可能是潜在使用者:

"把你每周的工作内容放到光盘上。根据我的格式(电子数据交换读取)向我提供账单信息,并邮寄一张光盘给我。期间不需要任何纸质文件。我的同事将会把信息从光盘上摘录出来,并且匹配相应的数据,处理你的预订信息。我们会在下周支付报酬。"

多式联运卡车运输公司可以充分理解该方式。它减少了文件的处理工作,并在21~30d内支付应收账款,而不是处理期限超过120d的全纸质文件。下面会介绍具体合作及电子数据交换技术到底是什么。

提供该方式的海外东方集装箱公司已经使之成为完整系列产品的组成部分,其要求卡车运输公司具有相对熟练的专业技能。每一步都可能与水路运输承运人内部的附加程序一致。所有工作都(并可能保持)以电子数据交换业务集的格式为基础,或稍做修改。

其他海运承运人建议其卡车承运人使用电子数据交换标准来发送数据。最初,这得益于具有完整数据处理能力部门的重型卡车运输公司。随着时间的推移,与第三方进行电子数据交换的人员会协助规模较小的营运商公平开展业务。计算机技术欠缺的驾驶员负责从成本(支付给第三方供应商)视角维护(或恢复)船公司的业务,水路运输承运人则负责接收统一基础的数据。

船公司的网站:互联网的灵活性带来了信息交流,这些交流在五年前还处于一种难以逾越的水平。

多式联运北美协会在其网站上列出了成员。其下属的统一多式联运换装协会给出了装备供应商的网站,所有供应商均是船公司。卡车运输业务人员输入一家水路运输承运人的网站,去寻找有用的信息结构以及可以与该水路运输承运人开展的业务等。

以最快的速度找出客户最感兴趣的内容,最好的方法或许就是浏览船公司网站的站点地图。一旦网站的某处被反复浏览,则说明该内容对客户有价值,这就避免了盲目地工作。

水路运输托运人很乐意展示自己的相关信息。相关信息包括:广告管理技巧、发展历史、财务状况、运输线路以及办公场所和集装箱码头。除此之外,还有轮船队列范围、日程表、集装箱种类和尺寸等。这些基本上都是该公司组织及业务的固定项目。

不同船公司的商业情况(内陆承运人、费率、提单的起点和目的地)不同。如果卡车联运被命名为"门到门"运输,那提供的数据也可能包括关税信息。客户在打开这些选项前要取得一定的凭证或进行注册。作者研究表明这些信息并不是免费的。对于本书而言,知晓此途径并获得相关知识已经足够。如果具备更熟练的技术,卡车运输公司则可能会进入对方的系统并输入数据。如果卡车承运人能够输入数据且使水路运输承运人获益,那么船公司则有可能会提供相关信息。

整合**装备报告**并放到水路运输承运人网站以供浏览。卡车承运人必须先注册成为该网站的许可用户。凭借注册位置,可以获得特定的集装箱数量信息,包括常规的集装箱和客户指定的集装箱。

订单接收、完成及结算都要与船公司的网络系统一致,尤其是在假定了电子数据交换技术标准的情况下。卡车运输公司收到订单后要严格按照上面提到的 204 标准执行,以备卡车运输公司开展运输业务。对订单信息自动接收并进行筛选、合并,最终输入到卡车运输公司的数据系统。卡车运输公司的数据可以反映出完整的订单(集货或派送)信息,可以将其转换成为不同的电子交换数据或其他格式的数据供自动轮船通知系统使用。

第三方支持:在电子数据交换交易中,中间的第三方专家的支持格外有价值。这些公司从船公司获取初始订单,使其满足卡车运输公司的计算机数据需要。然后他们根据卡车运输公司的数据,使其满足水路运输承运人计算机的要求。卡车运输公司的所有交易都要满足船公司客户的电子数据交换需要。该做法会产生一定的成本,所以卡车运输公司和水路运输承运人需要确定每项服务的价值及谁来承担这个成本。

库存控制对同处于互联网系统的卡车运输公司及水路运输承运人都有利。假设所需要的数据可得,那么卡车运输公司就能从船公司的收据中找出动态的库存报告,帮助自己控制作业的逾期费和库存成本。

第四章 装 备

第一节 多式联运装备概述

多式联运中,挂车和集装箱等装备的使用方法是有限制的,但其所有权却没有限制。

早期的书中已对多式联运装备进行了分类(卡车承运人、铁路运输承运人等)。就此而言,未来主要会提供载运单元获取、管理及运输计划的相关信息。这种分类还包括描述所用装备的类型,以及如何将集装箱运到装货地点。

然而首先介绍的是以下内容。

装备定位:多式联运用户往往没有考虑到在合适的地点、合适的时间使用集装箱或挂车。不一定能够轻易获得多式联运装备的使用权。如果装备使用权容易获得,供应充足(过剩)时则费率较低,供应不足时则费率较高。如果装备供应不足,费率会缺乏弹性。如果多式联运客户被迫选择其他运输方式,这种方式转移将使全程运输的总成本增加。所有供应条件都是可见的,且大多数用户都一样。但是对于业务能力高(数量多、容量大)的托运人却不同,是他们定义了国际供应渠道。

推进多式联运装备的发展是所有用户采用多式联运方式的共同目标。多式联运客户要求货船有足够的装载能力,并能够准时、准确地到达货物运输目的地。集装箱或挂车要停靠在装运地点,需要装载时能轻松移动。

本书中,所有权标识印在所有者的货箱上。CSXZ 表明装备的所有者是 CSX 运输公司,HLXU 表明装备的所有者是德国赫伯罗特航运公司。此处的所有者是指管理运输过程和保证载运单元(挂车或者集装箱)顺利工作的公司。当然,挂车和集装箱也可能没有标识,但一般情况下载运单元都包含所有者标识。不同运输方式的装备所有者管理方法不同,如铁路运输承运人和水路运输承运人及多式联运私营企业之间的管理方法都存在差异。

国际集装箱业务一开始就引起了装备租赁公司的注意。一旦早期对装备融资表现出兴趣,就会慢慢发现其业务性质的发展演变。这一发现有利于装备租赁公司观察并发展自己的市场。世界各地的散装箱也极具吸引力,租赁公司可以通过赚取逾期费来实现盈利。

一般情况下,该租赁是长期租赁,其水路运输承运人的纸质文件可以在内陆处理。装备的长期租赁扰乱了公路集装箱卡车运输公司用于点到点的短期运输的短期租赁的定价。考虑到始发地和目的地的不断变化,以及在目的地的潜在困难,长期租赁和单程运输中关注的更多是多式联运卡车运输公司。

确切地说,短期租赁是指为了特定目的而短期租用集装箱或(和)挂车底盘装备的租赁方式。短期租赁可以全程覆盖并提供装备以应对业务量的波动,同时保证使用者在取得永久购买或租赁权前装备保持正常运转。卡车运输公司并不清楚租赁的性质,可能认为自己可以对载运单元进行处置,就好像从轮船所有者那里获得运输业务一样。驳运人应该知道,集装箱使用过程都需要查清未知的标识。

私人标识:不同于铁路承运人或水路承运人标识,这一术语表明挂车或集装箱的所有权。任何类型的集装箱都可能带有"Z"或者"U",这是标识号码中字母组成部分的最后一个字符。除非在回程(出口)记录单上有损坏记录,否则铁路部门不会为私人载运单元承担责任。

在过去,混乱的标识系统曾导致卡车承运人的挂车和其他非铁路系统的挂车都被标记为"Z",计算机的应用基本上解决了这一问题。非铁路部门拥有的"Z"厢式卡车用户一般是(并非总是)美国铁路协会的会员,按照美国铁路协会的换装规则,可以在美国铁路系统内部对其运输进行调节。标识中带有"U"的集装箱则不会出现类似的问题。起初,铁路运输公司会忽略所有权,除非标识涉及铁路所有装备。

备注:请注意图片上定位门铰链的区别。上图显示了德国赫伯罗特航运公司集装箱更切实际的预防损坏管理做法——四个铰链以相同间隔排列。美国学院商店协会的载运单元采用铁路部门的做法,货箱中心用四个铰链,顶端用一个单独的铰链,以这种结构固定集装箱,使其不会滑到铁轨上。

美国铁路协会曾经发布了标识管理规则报告和机械名称规则,在政府多式联运装备记录中可以找到以上规则的摘录。这些规则包括标准的、非标准的私人公司和铁路公司装备。尽管其关注的是数据处理的一致性,但作为相关信息来源已极具价值。

一、装备说明书

轮船工业和铁路运输公司都有装备规范说明书。铁路装备按照美国铁路协会颁布的规则进行管理,例如集装箱(铁路平车集装箱和公路平车集装箱的换装规则)和挂车底盘(铁路平车集装箱的挂车底盘等)。除上述提到的规范以外,船公司遵循的是国际标准化组织的定义和规范。

所有的集装箱都遵循国际标准化组织制定的标准(J. B. Hunt 除外)。

用牵引车的附加轮将挂车平稳托运到铁路车厢上的技术已相当成熟,其中,附加轮可以看作是一个悬挂装置。当滚装方式使用较多时,该悬挂装置装在一个可以移动的支架上,使其放下时处于甲板上,牵引车和挂车也可以从上面通过。起重机和侧向装卸机可以将挂车

第四章 装 备

抬到铁路车厢上,并用固定装置将其固定。加固了的主销位于铁路挂车悬挂装置上部,并紧紧锁定。

二、在铁路车厢上装卸多式联运挂车和集装箱

可供铁路车厢装卸的挂车很少。历史表明,这些车辆可以从铁路车厢上开上开下,其中包括滚装卡车。首个用于多式联运(公铁联运)的集装箱码头配有进/出铁路的月台,月台高度与铁路车厢尾部高度一致。驾驶员驾驶卡车可直接驶上或驶下铁路车厢。采用滚装方式进行装卸,将挂车拖上铁路车厢并在目的地拖下,这种方式目前在美国应用很少。由于该方式属于劳动密集型,受到天气及工作性质的限制,随着业务量的增加,已经不能满足生产力发展的需求。

运载大量木材的装备从森林出发,经过铁路专用线或卡车装载站,最终改造成配有叉车和叉子的揽货挂车。不同于滚装装载,这些"装卸工人"相对灵活,在很大程度上提高了生产力及其自身价值。在未铺设完成的集装箱码头操作这些挂车也取得了一定的成功,但是货物质量的分布和挂车的结构限制了操作的灵活性。通过配备装有钢板支撑的侧轨或供叉车进入的轮槽,采用该方式装卸挂车和集装箱会持续更长的时间。随着国际集装箱的普及,这种挂车被改装成升顶装置。目前基本都采用该类型挂车,可靠而又实用。

在港口和铁路集装箱码头搬运多式联运装备时会用到挂车和吊车。凡是需要灵活操作的工作一般都由挂车负责。例如,将集装箱搬运到铁路卡车装载工作区。除此之外,挂车还可以将空箱堆存起来以备装货或等待揽货。挂车也可以卸空船舶、铁路车厢。

吊车可以装卸铁路车厢上的挂车和集装箱,在铁路车厢上工作需收取一定费用。吊车可以升起、横向平移,还能快速地从地面上吊起挂车底盘或者挂车上的集装箱。火车上可以有一个或多个吊车同时工作。在某些情况下,可以将货箱从一个轨道搬运到旁边的另一个

轨道上,但对搬运距离有一定要求。吊车受天气的影响程度小于挂车且更先进,因此港口或者码头选用起重装备时首选吊车。

船边及岸边的吊车替代了自卸船。港口、装卸工人或者船公司提供吊车。这些吊车可以移动到船只旁边,吊起集装箱,将它们直接装到轮船的挂车底盘上、铁路车厢里或放置在地上。尽管目前船舶装载能力非常大,但是集中在同一天装卸却很罕见。吊车和计算机在配载中发挥了很大作用,实现了货物的快速装卸。

三、结语

场站驾驶员在单轴牵引车驾驶室里,通过气囊激活的附加轮勾住货物,并快速将货物转移到无轨装备上,这其中包括适当的滚装装卸操作。挂车底盘放在轮船或轨道旁,载运单元放在作业区或堆存区,堆存区或维修区的空挂车底盘用于进行这些载运单元的其他经常性移动。尽管该做法对于生产线来说缺乏经济性,但是有助于吊车和挂车顺利且高效地进行装运工作。

四、总结

上述部分说明了装备定位目标和控制的相关背景、租赁行为及其与多式联运卡车运输公司的关系,还提及了装备规格。最后,完整地总结了处理集装箱和挂车的方法,并以轮船和火车为例进行了概述。

第二节 运输装备(定位)

本章在装备类别中讨论了运输和管理复杂得多式联运货运装备。传统的模式分类描述了装备在负载情况下的运输。几乎没有精细的定位以便其开展工作(除回程外)。

本节将就多式联运装备的主要供应商、铁路公司、租赁公司和船公司如何给装备使用者分配各项装备做以说明。

装备所有者的目的都是让集装箱或者挂车实现货物有偿运输。每个载运单元在盈利的同时,都需要支付一定的所有权成本。生产利润中的隐含部分来源于一直使用的载运单元,而非闲置的载运单元。集装箱的使用效率越高,收益中需要分配给闲置库存的比例就越低。

第四章 装 备

铁路运输的库存控制最简单。铁路运输中的挂车和集装箱留在北美大陆和加勒比海的一些岛屿上。在美国之外的其他国家，交易双方通过关税与合同协议制定装备的使用和支付事宜。

这种简化的方式仅适用于船公司的库存管理。没有装备分配依据（此依据控制装备的移动）的租赁公司就会遇到类似难题。

船公司的库存管理能力依公司目标不同（是以谋生存还是实现盈利为主）而不同。从概念上来说，船舶按照日程表时间到港和离港，运来和运走承运人的海运集装箱。集装箱上遗留的残渣在一定程度上会随着集装箱在国际运输。为了保证装备分布的均衡，亏载或等货的装备往往被放在底部。如果这些残渣没能得到处理及合理的分派和控制，其成本将降低海运承运人的盈利能力。

一、铁路管理装备的定位

正如前面提到的，铁路挂车的字母代码是字母表中的最后一个字母"Z"。无论挂车的所有者是铁路公司还是私人公司，都可能将其称作 Z 式厢卡车。在固定轨道上运行的挂车会有代表其所有权的缩写，这部分属于铁路系统的内部管理。

铁路装备的管理由铁路管理部门负责，其首字母按照美国铁路协会的挂车和集装箱服务规则进行选择。假设：CSX 出租了一定数量的挂车，这些挂车可能被记作"CSXZ 450000 到 CSXZ 450100"。供应商按规定在铁路沿线的火车站给 CSX 发放新挂车。挂车从生产车间到这些站点的运输会产生一部分成本。

上述例子中，CSX 可能不需要这些装备立即在自己的线路上运行，也不会把这些装备就留在制造商的车间里，而是将这些装备放入铁路系统中赚取逾期费。铁路所有者或者供应商安排装载货物并在铁路系统中进行运输。美国铁路协会规则实施后，铁路公司装载的任何货物所产生的逾期费都要支付给 CSX。

业务量下降时，铁路公司拥有挂车其实是不会产生价值增值的，因为会产生供给剩余。铁路公司会将载运单元送回到挂车所在地，并沿着与其所有者（例如 CSX）直接相连的线路，或者向相反的方向，按照与接收挂车时的相同线路将其送回国。尽管这么做不仅烦琐，还有可能产生很多无效运输里程，但该系统确实有作用。每个铁路公司都把装备的放空回程变换为装备的运输。最理想的情况是回程节点与去程节点重合，当然也不一定会这么理想。

正常情况下，铁路运输公司可能在相反的路线上装载装备，并重新配载。否则，铁路运输公司必须为在自己的线路上使用挂车或集装箱支付逾期费。抵达 CSX 公司，也就是到达本国境内后才停止收取逾期费。

如果挂车有剩余的话，情况会不同，这里针对的是铁路公司而非其所有者。当市场处于严峻的低迷期时，美国铁路协会规则下的载运单元返程时会产生处理铁轨方面的非补偿性成本。这主要是因为载运单元要运送回国，但所花费的经费并没有实际意义，而国内铁路公司没有合理的理由使其成为他们的财产，他们也不希望如此。在这种情况下，通常采用的方法是在仓储码头收集脱离运输线路的载运单元。在拥有装备的公司和控制

美国陆路多式联运操作实务

装备的铁路运输公司之间制订一个协议,允许收取逾期费,直到业务量回升(在负载的情况下)。

租赁到期的挂车由铁路部门负责管理,将其按照预先设定的路线送回到租赁公司。一旦美国铁路协会制订订单并参与指定载运单元的回程铁路运输,后面的订单就会按规定执行,并清理载运单元。运送空箱收取的逾期费将由铁路部门支付。

指定的租赁公司有权以美国铁路协会换装规则下的签约人身份为铁路运输系统提供装备。一般而言,该装备不会使用特定的铁路标识,而是采用租赁公司的标识。Xtra 铁路物资总公司的挂车号码前缀为 XTRZ。它的分配规则与一般的铁路公司管理挂车的规则相同。该类型的公司拥有完善的技术及强劲的实力,可以使其装备一直处于铁路系统的运输过程中。当载运单元处于载运状态时,会给予揽货卡车运输公司额外的免费期及补偿。

在铁路运输系统中,具有铁路标识的集装箱遵循与铁路挂车一样的操作规则。铁路集装箱从追求利润的供应商变为主要的后备供给源,其作业处理类似于水路运输集装箱。一旦铁路承运人不再需要这些设备,他们也就对此失去了兴趣。

铁路运输公司在良好的发展时期可以购置多余的挂车,尽管这些多余的挂车很少甚至没有机会去载运货物。这种情况是铁路公司为了避免重新定位成本。

挂车和国内集装箱往往聚集在巴尔的摩和其他东部地区的枢纽,就像其在西海岸和其他可能的地方一样。货运为主的多式联运并不会影响这些地区内外的平衡。

在集散节点上的铁路或其他业主被迫降低运输费率,把重载的挂车运输到具有更好装载机会的节点上,以重新配载。货运代理人或卡车运输公司使用该装备的费率低至 100 美元(巴尔的摩—芝加哥)。这个低收费只是限于一定的客户范围内,或者以先到先服务的基本原则向一般的航运公众开放。较低的费率应用在铁路系统所有堆场指定的目的地枢纽,甚至应用在铁路线上的任何枢纽点。极低的价格可能会鼓励或阻止挂车在原产地以外的铁路线上运输。在这种情况下,根据市场需求,铁路将会具有多重功能。

在货运量很大的情况下,铁路被视为"借"挂车,用汽车装载货物到内陆进行交付。经过一段时间的约定,该装备返回至已经核准的铁路枢纽。这些备受青睐的卡车运输公司也许已经交付了装载好的集装箱或挂车,如果现在解挂,就可使用免费的装备在内陆运输货物。

当挂车使用费较为合理时,可将集装箱卸下后装载到多余的挂车上,然后通过铁路运输或公路运输把货物运送到终点。

二、水路运输集装箱(和挂车底盘)的定位

集装箱装备的生产制造遍布于世界各地。集装箱的生产必须满足 ISO 技术标准,挂车底盘的制造要满足美国进口和国家规定(许可证)的要求。本节内容包括集装箱的运输和卸空。内容讨论中将涉及挂车底盘,但不进行详细讲解。

根据笔者的经验,挂车底盘详细信息的缺乏表明:挂车底盘一旦定位,就成了特定港口或内陆码头固定资产的一部分。铁路平车集装箱的跨区域运输(集装箱放置到挂车底盘上)可能会导致在不同时间、不同地点的挂车底盘过剩。根据工作经验得出的协调挂车底盘供给的方法,可以是:将挂车底盘"借给"其他人;将其调运到合适的港口或目的地;将其堆存之后付费让驾驶员运走。

有多种因素导致了海运集装箱的空箱调运。进出口过剩会使得内陆集装箱闲置。在这种情况下需要将空箱在内陆调运,一种做法是处理多余的集装箱,另一种做法是将其调运到存货处。季节性货物(玩具、干草、草坪长椅等)的运输及与之相关的国内区域装备调运都会导致集装箱剩余,需要对集装箱进行重新定位。以上因素及更多影响因素都要求集装箱载货运输,而空箱则需重新定位。这种反向调运显然是正确的。

以上分析表明,轮船航线上的空箱应该聚集到装货区,而不是立即把它们投放到当地的市场当中。鉴于业务性质,如果不考虑特定的预订,该理论难以实现。最近,这一业务已经被控制在区域运输范围内。主要的中心城市例如芝加哥、纽约、诺福克和奥克兰等都有特定的地理区域。工作人员的指挥中心保持着对整个区域甚至海外的监控。水路运输承运人库存数据采集系统的工作就是收集沿线关于有无空箱及空箱位置的信息。

随着业务发展,船公司利用汇总的信息来分析集装箱的可用性和调运情况,并提供区域调运指令。个人工作站类型计算机的增长、实时共享或计算机导向、向计算机主机报告以及网络编程的灵活性等都推动了集中化的发展。

存在多年的算法非常适合这种类型的分配。在处理大量有关起点和终点的问题时,交通算法的优势是不用关注实际运行情况。

因既往收益转移而产生的空箱,需要从其聚集地调运到一个可以装箱的地方以实现收益。不论是过去还是现在,轮船航线都应该明确运输装备定位的成本不能消除过去或现在潜在的利润。

装备定位的决策不是简单的加减法问题。

(1)首先需要确定的是:如果时间允许,考虑是否要将特定的空箱调运回起点。

(2)然后进行数学匹配,即从所在地调运载运单元所耗费的成本、按日计算的租金加上载运单元自身的成本,与将其运输到装货地点的成本相对应。

(3)该定位成本会从为调运提供的保证金里扣除。如果净余额足够,就进行调运。如果余额不足可估算下一步的预期收入,然后决定是否调运,或是查看是否还有其他资金来源可用于调运集装箱,两种方式都要进行评估。

(4)就理论而言,该项业务应该在调运任一空箱之前完成以满足年出口装载量。但在商业压力下,也可适当变通。

当调运需求出现时,对配置负责的船公司工作人员需要能够变通地看待对其行为的影响因素。这基本以其丰富的经验为基础,这些影响因素有:适当的装备位置、空箱的调运费用、总部的书面指令、承载客户的重要性、销售部门对销售的兴趣、装备管理人员对集装箱在装载地老化的不耐烦程度等。

在调运大批的集装箱时,调运空箱去装箱这种最具成本效益的方法也许会被忽视或被认为不合理。认识到这一缺陷,则要尽最大努力实现最小成本费用方法来调运空箱。

一般情况下,成本最小的途径是采用铁路方式将集装箱运到附近枢纽或集装箱码头。在对有限的空间、合理的地租以及铁路部门的许可等因素进行考量的基础上,卡车运输公司准备集装箱揽货并对其进行实际的装载。可避免的成本有:定位、检查成本,运进/运出和在国内港口的换装成本。与此相反的是,在没有轮船质量验证的情况下需要卸空载运单元以备装载。

卡车承运人可以提供货源,但这种做法常常被忽视。卡车承运人在可能装载货物的区域,将运送的货物从集装箱上卸下,完成交付。如果卡车运输公司是船公司的供应商,并且也关注到这一点,那么就会有一趟完美的回程载运。如果这种协调不合实际,那么卸载的承运人可以在满足装载日程表的时间内持有集装箱。依靠卡车承运人提供货运,水路运输承运人不仅节省了在港口的进港和出港检查费用,还能准确地知道如果装备在运输过程中损坏是否由卡车运输公司承担责任。

为重新装载而进行的空箱定位是船公司的重要成本项目。如果根据经验将这些数字按货流和区域地理特征进行分解,定位就变得较为容易。计算机及其转换算法在此适用。最后的定位基本上依据的是负责实际调运的工作人员的支付模式。这些做法的出发点都是要将货运集装箱从过剩的地方调运到有更好装载机会的地方。

运输工具或计算方法有利于准确地进行以下定位工作:卡车运输公司回程配载、卡车运输公司原地待载、长途铁路运输和本地卡车运输,以及在铁路堆场安排堆存(然后允许卡车运输公司卸空去揽货)。

随着时间的推移,在最后的分析过程中,装备定位成功与否取决于运输流程的管控以及实施定位的人员。

水路运输承运人对从海外返回的空箱有时也会有需求。无论出于什么原因,空箱回程所产生的轮船运费是最高的。有一些方法可将空箱调运至码头。

托运代理人能够在合适的线路上推销40ft或20ft的集装箱。陆上所需集装箱的供给价格由船公司控制,而处于某一级别的代理可以将集装箱转卖给其他客户。轮船航线与铁路线、堆栈列车、代理人之间存在协议以降低集装箱从沿线站点到港口的调运比例。

根据空箱调运的线路将集装箱分配给托运人,从而将货物运输到码头地区。代理人使用该线路需要支付一定的费用,调运的空箱也需交纳这一费用。国内货运卸货时,卡车运输公司为水路运输承运人在港口地区返回空箱到达目的地提供运输服务。船公司调运其自有集装箱到码头是不需要支付运输费用的,此时仅有的"支出"是这段时间内铁路公司和集疏运承运人对集装箱的占有成本。

三、租赁装备定位

装备租赁合同由运输、装备和所有权三部分组成,租赁方式多种多样,具体的租赁方式由掌握运输特性的所有者确定。例如,载运单元的单程短期租赁。租赁公司(所有者)把集装箱出租给运输人员,可能会在目的地安排处理空箱,这部分的费用将计入用箱人员的总费用中。

另一个例子,装备所有者可能会把空箱交给承运人或代理人,从而将其运动到目的地。无论所有者是否为空箱的调运支付费用,承运人或代理人都可以用该载运单元进行货物运输。

还有一个例子,在所有者进行管理的情况下,租赁公司和承运人发现租约到期后收回装备并将其运输到重新出租或回收的地点,需要耗费运输资源。即使卡车运输公司承担了装备运输的最终费用,也不能重新装载或在内陆终止运输,还有可能出现计划外的强制回程。如果卡车想在运输前改变运输线路,为了得到相应的许可需要协商其成本费用。

装备未出租时,可能达不到理想状态,或不能满足商业上(回程)的运输。因此,卡车承运人要么解挂,要么根据其运输能力和需求进行回程配载,以运走这些空箱并为其调运支付成本。

托运代理人可以受雇进行铁路运输或是寻找卡车运输公司去运输这些载运单元。相反,租赁公司一般自己安排运输。如果装有货物的载运单元通过铁路运输抵达剩余地点,同一铁路线路上的空箱回程通常享有折扣率。在这种情况下(入境铁路运输),如果各方进行充分的沟通,就可以找到成本最低的回程方案。

第三节 多式联运装备详解

下面所叙述的集装箱、挂车和各种各样的铁路车厢有所重复。这些信息通常包括先前的分类和使用该装备的实际作业部分。该部分就是把所有的信息都收集在一起。重点在于集装箱、挂车和铁路车厢本身,而不在于多式联运装备的使用。

一、规格和制造

长途铁路运输公司隶属于美国铁路协会。该组织的委员会机构,包括铁路公司的各个部门和相关业务部门。该委员会为所有者或使用者(常常是租赁公司或货运公司)提供多式联运装备的使用说明。

铁路运输公司、一些卡车运输公司和租赁公司使用以下规则:

美国铁路协会的平车载运挂车运输(TOFC)/平车载运集装箱运输(COFC)的换装服务规则。

美国铁路协会手册的内容是由美国铁路协会委员会成员和经验丰富的铁路人员协商制订,其中特定装备的每项条款都是经过仔细考虑的。它涉及所有使用中的多式联运装备。

这本超过150页的袖珍手册指出,其目的在于"**对平车载运挂车运输(TOFC)/平车载运集装箱运输(COFC)换装服务中的换装、维修、结算进行管理**"。该手册只用于多式联运装备在北美铁路运输公司的调运。**所有的用户都应遵循该手册,且遵守该手册的任何部分,但也可能与其他成员之间达成私人协议。**

集装箱和货运挂车的尺寸从20ft到53ft不等。集装箱载运单元的宽度一般为96in(外部尺寸),国内(北美)限制的集装箱载运单元也有可能是96in或102in宽。

二、标识

有关标识的报告定义了装备的分类和所有权。该分类虽然得到了普遍的认可,但未能严格执行。挂车标识最初以字母"Z"结尾并得到了"多式联运装备政府登记"的认可。该装备目录反映了官方通用语言装备登记编码,广泛应用于北美铁路运输公司。挂车编号标识,显示如下:

第一个数字	第二个数字
1 转向架/挂车底盘	1-长 48~53ft，宽 102in，可延伸 96in
2 干货车	2-长 48~53ft，宽 102in，可延伸 102in
3 平板、驳船等	3-长 45~48ft，宽 102in，可延伸 96in
4 铁路挂车	4-长 45~48ft，宽 102in，可延伸 102in
5 冷藏机械装备	5-长 45~48ft，宽 96in，可延伸 96in
6 干货车	6-长 53ft 或更长，宽 102in
7 保温箱	7-长 40~45ft，宽 96in
9 专用装备	9-长 40~45ft，宽 96in

挂车底盘(见前面的第一个数字)：第二个数字显示如下。然而，很多的所有者并没有接受过该系统的相关培训，难以保证标识的正确性和持续性。

第一个数字是 1，第二个数字是：

1 可伸长 40~45ft
2 直线部分 20~20ft，组合部分 20ft/24ft
3 直线部分 48ft 或者更长
4 可伸长 40~48ft
5 直线部分 40~48ft
6 直线部分 40ft
7 鹅颈部分 40ft
8 组合框 40ft(20/40)
9 三通 40ft
0 可伸长 45~53ft

集装箱有其通用的计算机语言标识。美国铁路一贯按照此规则进行标识。无论他们是租赁公司所有者还是轮船所有者或管理者，水路运输集装箱标识不一定遵循此规则。这是官方为集装箱提供的通用计算机语言标识：

第一个数字	第二个数字
1 未指定	1 小于 20ft
2 干货箱	2 长 20~35ft
3 平板	3 53ft 或更长
4 敞顶箱	4 长 35~40ft
5 冷藏机械装备	5 长 45ft，宽 96in
6 干货箱	6 长 40ft48in，宽 102in
7 保温箱	7 长 40~42ft
8 未指定	8 长 48~53ft
9 专用装备	9 长 40~42ft
0 散货箱	0 长 40~42ft

为了适应集装箱和挂车装备在生产和标记上的差异性，Register(人名)推荐以下的信息

并将其印制到当前的多式联运标识号区域,主要包括:
主销设置 42in(标准为 36in);
可延伸 102in 宽(滚装车适合 96in);
长度大于 45in(考虑 89ft 汽车的限制);
宽度大于 96in(对应标准荷载)。

三、描述

我们已经讨论了国际集装箱的 20ft 集装箱和 40ft 集装箱。现在我们变换思路重新审视集装箱的发展。国际货物运输中用到了大量的集装箱,这奠定了其在国际贸易中的重要地位。此处详细介绍 45ft、48ft 和 53ft 的集装箱(20 世纪 80 年代后期),因为经过长期发展这些集装箱尺寸成为国际标准化组织认可的轮船航运业标准(20 世纪 60 年代)。集装箱的后两个尺寸(48ft、53ft)主要用于国内汽车专用车道(部分道路和车辆起动处),应分开讨论。

海运集装箱运输不在美国铁路协会的管控之下,这里将介绍 20ft、40ft 的海运集装箱,其宽度为 96in。带轮的水路运输多式联运载运单元通常应用于短时间和短运距的滚装服务,它们要么与自卸卡车产生竞争,要么就直接取代了不发达国家的自卸卡车。大量的水上联运业务使用 20ft 和 40ft 的集装箱。这些运输为了获取规模经济效益而不使用挂车底盘,因此这些运输中使用的轮船的载运能力越来越大。

20ft 是集装箱的标准尺寸,其外部尺寸最高是 8ft6in,内部尺寸小于 8ft 高,没有依照鹅颈式底盘尺寸来制造。笔者假定鹅颈底盘有限制,则没有必要去增加不稳定的高度,因为这些集装箱的总质量受到途经道路的限制。举例说明:海运货船装得越高对底层损伤越大,且肯定会超过卡车的荷载。该做法很少关注敞顶集装箱和其装载的原材料,例如原木。集装箱外部的宽度尺寸标准严格规定为 8ft。

40ft 集装箱也很常见。不论是运输业务需要更大的装载空间,还是所装货物不能堆叠,该尺寸的集装箱都能满足以上需求,通用性使其成为应用较广的集装箱。

遗憾的是,挂车底盘的联轴通常不能滑动以平衡负载。为海运和堆垛耗巨资制造的载运单元,其挂车底盘应放置于五轴卡车上,一般来讲,允许承载的质量为 42000 磅(约 19.05t)。

轴距较短的牵引车(如果忽略车桥设计情况,即可拖带任何质量)能够运输总重为 80000 磅(约 36.29t)的货物[净重为 5000 磅(约 2.27t)加 42000 磅(约 19.05t)]。轴载可能会超载。无论是对卡车的质量还是对外轮车桥牵引的质量而言,用传统的牵引车运输 42000 磅(约 19.05t)重的货物往往可能会超重。车桥模式的数学计算非常简单,经过少量的实践很快就能算出牵引车的牵引力,专业的计算机程序可辅助计算。卡车运输公司能否按照法律允许的最大装载量进行运输,常常取决于其牵引车的配置情况。

40ft 集装箱种类很多,20ft 集装箱种类更多。由于其最大限重,框架箱并不常见,但是敞顶箱、平板箱、冷藏箱、密封箱、驳船(敞顶、低侧)和其他国家标准的 40ft 集装箱依然存在。

散装船比较罕见。

集装箱长度是一致的(为满足国际标准化组织的要求,要有角件孔以适应挂车底盘的引脚),高度不尽相同。标准规定在水平面上铸造的、内部尺寸高和宽都是8ft的载运单元为标准载运单元。

标准集装箱有一个平面底板,占满了集装箱的总长度,位于标准的挂车底盘上。目前,大多数标准箱前部的中心、光连接器处有一个凹进区域,称为鹅颈口。鹅颈口允许安装标准的鹅颈式挂车底盘,该设计最初用于高箱。如果标准箱中没有鹅颈口(例如,加拿大早期海运载运单元),就需要一个完全平整的、标准的挂车底盘。

高箱的外部尺寸从8ft6in到9ft高,在主销位置铸造有鹅颈口凹槽以适应鹅颈底盘。允许运载高度低于13ft6in的货物。集装箱的外部尺寸通常标识于集装箱左上角(沿驾驶员一侧),所以驾驶员很容易从牵引车的后视镜里看到警告,从而得知增加的高度。其他位置上的标识有助于包装机和起重机操作人员避免将高箱误装到标准挂车底盘上。

一些高箱是带阶梯的集装箱,在集装箱前面有个6~18in的台阶,但是这种集装箱并不常见。

冷藏集装箱也主要为20ft和40ft,它们的隔热、箱壁厚度、底板材料、封门方法等与普通集装箱不同,广泛应用于制冷系统中。挂车底盘上装有制冷装备,航运时,轮船后端就要挂能同制冷装备连接的集装箱。否则,无论水路运输承运人采用哪种方法,或是届时购买,制冷装备都难以装上集装箱。

轮船所有者或合伙代理人一般不具备保持冷藏载运单元完好无损的能力。所以,维修质量难以控制。持续增加的复杂程度对于未培训过的卡车运输公司来说很难接受,难以保证其运输、维护、装载和托运。例如,将冻面包圈送到以色列,将冷冻肉送到美国。

为多式联运制造的挂车很容易从其推拉门上的双套锁辨识出来。相关专家对铁路机械和平车上的滚装/挂车进行了多年的研究,将挂车改造得更可靠,可以经受住在码头上和平台上偶尔的碰撞。因此,美国铁路协会给出了Z式厢卡车的规格。

过去几年里,由未接受培训的发货人和铁路工作人员组织多式联运的装载。如果发货人的装载稍有松动(不是从头到尾挤得满满的),荷载会在运输中来回滑动。当火车驾驶员起动、减速、制动或与其他正在运行的火车发生碰撞时,这种滑动将会发生。荷载滑动到后门,铰链断开,铁路车厢里的货物丢失,而列车仍然在运行。一些铁路的"高峰"分类码特别烦琐。车厢门发展到有四个锁杆和四到五个铰链,对托运人和火车驾驶员进行培训,使用专用的焊接铁路都有助于减少上述失误。

在平车载运挂车运输(TOFC)中,通常会强制挂车主销板使用美国铁路协会的规范,以减少运输中挂车的来回摇摆。连接到干线焊接铁路之前,铁路行业有大量的低容量堆场分散在内陆。当时,内陆运输铁路线路经常存在严重的局部安全隐患,就会导致挂车随着运输而摇摆。很多理论讨论了,到底是车速快挂车从火车上掉下来的概率大,还是速度慢挂车从火车上掉下来的概率大。但无论如何,这些事故确实发生了。例如,一列火车加强了挂车主销而减少了安装板,安装板可以分解挂车底板上摇晃的力量,而它的减少会导致挂车从铁路车厢上滑落。

构建密封挂车的突出部分给早期的维修人员和制造者提出了难题。笔者认为，主销的压力板被绳套的下部托起，挂车会在运行中摇摆，无论这种摇摆多么轻微，都会影响突出部分和边缘的防水性。不论挂车是在公路上行驶还是在铁路路基上行驶，都会产生裂缝，导致雨水渗入。

挂车从底部框架的中间起重，不需要借助角铸件或者外力。重复起重的挂车若没有考虑到这种压力，常常破裂或致使框架开裂。例如，挂车在公路上已经运输了一段距离，直到挂车破裂后才发现该问题。通常来讲，挂车完成起重后就可以完成其运输任务。为承受压力需对挂车进行加固，将其他钢板焊接在升降点上。

底部起重装备的使用或使用的潜力，避免了制冷装置从集装箱挂车上掉下。

多式联运挂车纵深轮子和公路载运单元尺寸相同。直到火车挂车纵深宽度由102in变为96in，一直都存在102in宽的集装箱挂车不能适应实际操作的问题，因为途经的大多数铁路平台的宽度都被设置成了96in。在一个96in的轨道上放置一个102in的轮子，会导致平车载运挂车运输(TOFC)中89ft挂车的轮胎稳定性减少。解决此问题的直接答案就是制造轮胎宽度为96in的102in集装箱挂车。

多式联运装备照明布线时需要遵守美国货运协会规则。美国货运协会的成员于20世纪40年代和20世纪50年代经协商确定了这些规则。其中规定使用标准七路连接器。美国铁路协会承认这些标准，并允许在任何地方、使用任何机械维修照明故障和更换零件。如果铁路公司间能够达成一致，其实他们是更倾向于标准化的，这是一个正面案例。

私人挂车不是Z式厢卡车，也不是按照铁路规范制造的挂车。用于在铁路上运行的私人挂车，可能是建筑挂车、用来牵引的运营挂车、联运挂车，或其他需要移动的轮式车辆。一般来说，在铁路堆场接受这些载运单元之前，机械处要对这些载运单元进行检查，然后再进行运输。随着滚装坡道的退出，运量也随之下降，很多该类挂车没有办法被抬上(放下)铁路车厢。

四、平衡轮胎式载运单元(平车载运挂车运输 TOFC)

集装箱挂车一直都有个联轴设置，是一个滑动的转向架，在挂车拉动下滑动。这个转向架使得载运单元的车轴在负载下可以平衡质量。单轴承载的质量和轴载的总承重会随着转向架的变化向前移动，或后退到门，或在中间平衡，这类似于游乐场的跷跷板。其目标是满足国家和各州(美国)对车轴质量、轴载承重总量和卡车的质量的规定。

缺乏维护会导致滑动顺畅，但一般还可正常工作。移动连接的最佳时机是卸空载运单元时，其次是载运单元被吊起时，或是从其他地方吊起放到地面时。挂车被放置在地面上，开始装载后，是难以移动连接的，需要足够的耐心、知识和力量来把这项工作做好。**锁定杆或把手位置的准确无误对保证滑动安全至关重要。**

研究表明，联轴(在滑动器上)越是向上滑动，火车货运负载就越大。然而，从卡车运输及安全的角度出发，由牵引车托运时，如果轴载减少或车轴质量减少，沉重的货物会超过联轴的负载。起重过程中向前移动相对简单，特别是按照常规安排运输所有挂车。交给卡车运输公司之前，如果联轴没有滑回去，联轴所在的位置就可能会造成超载，这也是上文提到过的。

五、铁路车厢装备及其所有权

铁路车厢的所有权,即挂车和集装箱的所有权归铁路运输公司、银行或租赁公司拥有。拥有铁路装备所有权的公司,可能是由金融机构或银行为其提供资金,所有权体现在装备上的所有权标识或通知。租用车厢的原因并不是铁路公司要管理运输、控制成本和维修装备。专用列车通常是特定运输公司的载运单元,其所有权不同于前述车厢。尽管如此,多式联运的大部分铁路标识属于铁路运输公司或者火车挂车。

89ft 的平车厢作为行业标准已经使用了很长一段时间,目前仍在使用。这些铁路车厢配有轮槽,能够阻挡运行途中给挂车带来的阻力。挂车转向销可以将挂车固定在铁路车厢的牵引挂接装置上。用牵引车的附加轮将转向销固定在活动架上,随着时间的推移故障也会增多。

89ft 铁路车厢的故障得到了改进,使其实现了在主车上的移动。这一特点取决于铁路车厢上挂车的长度以及装载人员的能力。值得关注的是,铁路车厢每一端拖带的挂车,都必须经过业务认证。为了让滚装牵引车在铁路车厢上顺利驶上驶下,坡道的平台最初贴近铁路车厢的尾部。当铁路车厢停下时,平台就落到下一个铁路车厢处,车厢之间相互连续,采用联通的通道,挂车就能从铁路车厢上驶上驶下。这些坡道已经随着滚装运输的消失而被拆除。如果需要从一个铁路车厢开上另一个铁路车厢,可以采用便携式坡道。

较短的平车厢具有较强的业务经济性。最初的 50ft 平车厢是三个、五个或者十个连接成一组。铰接式铁路车厢就是在这一实际操作中发展起来的。

双层车厢是指,为了满足运输中隧道或者桥梁的高度和宽度,堆叠起来并且缩减宽度的铁路车厢。其所有权归火车经营者、铁路运输公司和火车挂车公司共同所有。

多式联运中,一列火车装载类型完全相同的货物的情况并不常见。

第五章　美国政府关于多式联运卡车运输的相关内容

本章讨论联邦政府的相关监管事项,这些监管事项涉及日常的短驳业务,反映了政府行为和政府参与的重要性。

每部分的概述如下。
(1)不同类型的证明都需要联邦与州级证明。
(2)审查联邦政府在这些事项中的影响,比如:
①牵引力,即污染/环境。
②海关问题。
a.保税区;
b.港口和贸易区;
c.铅封的完整性。
③安全问题。
a.码头和港口区域的道路设置。
b.州警察有处理货物质量的权力。

第一节　多式联运卡车承运人的认证

放松管制几乎消除了承运人和使用者对于准入要求所提供的保护的依赖性,这类准入要求是现在已经不存在的认证规则所要求的。现在的注册要求强调安全,这并不符合经济要求。在卡马克修正案(见附件1中关于铅封保护的讨论)和面向安全的不同议案下,法律主要通过联邦政府的监督行为保护使用者。事实上,目前关于实际日常工作安全的责任已经上升到国家层面。

联邦政府对州际贸易的管理主要在可以量化的违反安全规定方面。州警察在处理违规设备和违反驾驶规则时具有强制执行的权力。多式联运基本上不存在费率管制。

早期多式联运货物放松管制允许许多规模较小承运人的加入,促进了国际和国内运输业务的增长。放松管制的扩大使得以前划分的线路变得异常混乱,以至于只有在律师的帮助下才能正常运作。多式联运(国际或国内)运输理论,是基于网站早期分类的描述来运输货物。当发生纠纷时,所运输货物的复杂性混淆了法律专家和法律制度本身。

从多式联运的视角来看,对家居用品的承运人并没有放松管制,这种做法的目的是预先阻止多式联运卡车运输公司对家居用品进行集疏运,由此产生了一个商机。驳运承运人将载运单元从场站或港口运送到HHG(Household Goods)承运人(或工作场所),后者主要从事装卸工作。

一些船公司坚持他们关税清单所列的货运合作伙伴以及承运人必须有特定的认证。这种做法更适合亘古不变的案例法,给予他们费率以及索赔管理者一定程度的安慰。

卡车运输公司进入市场前需要在水陆运输委员会进行注册登记,以确保他们的财产状况和诚信道德符合安全规定,这只是形式上的。2001年9月11日之前几乎不会出现申请被拒的现象,但在现在被拒成为可能。

然而,由于用户寻求最低价格,国内一些城市运营未注册卡车的现象十分普遍;而登记在册的卡车运输公司,无视大多数法律规定,以谋生为工作诉求。这通常会使货主遇到未知的风险。注册认证存在的困难是很难克服的。根据法律或自愿原则,托运人和承运人需要遵守职业道德。

第二节 多式联运运输装备的安全问题

货运放松管制促进了多式联运运输量的显著增长。现在为水陆运输委员会工作的国际监督委员会(ICC)当时在进行裁员。类似的裁员情况在美国运输部也存在。在这种趋势下,运输安全监管的核心逐渐被削弱。由于在放松管制前没有货物多式联运的经验,因此需要对安全工作人员进行安全工作指导。

管理当局最初并不了解多式联运货运车辆维修责任无人承担的事实。卡车运输公司和铁路公司使用别人的载运单元,并且进行日常维修,这并不是一种经济便宜的业务。本书在前面描述了一些无政府状态的细节。多式联运货运业务的安全性问题,也许仍然由货运承运人的道德水平、驾驶技能和常识决定。

从联邦政府层面来看,服从压力流于表面和形式。这些卡车驾驶员所拥有的潜在的信任与在放松管制之前相同;整体来说,工会将会保护公司的工作人员,这些公司的管理人员精通并严格遵守安全知识。将承运人的计算机记录连接在一起,以开发行为模式来衡量联运卡车运输公司对现实标准的应对方式需要花费时间。虽然现场核查人员逐渐开始在这个领域使用计算机,但距大规模有效地控制卡车和卡车运输公司还差得很远。统计抽样技术也得到了应用,技术成熟到更加依赖于卡车运输公司实际发生的事件。

无论是对劳动力还是机器,多式联运业务运输方的无纪律性以及恶性竞争使得所有资产很难被利用。以前关于卡车运输公司、铁路公司和船公司的书籍已经在装备及装备维修方面提出了一些见解。"在任何速度下"劳动力和机器(挂车和挂车底盘)通常(或许仍然)是不安全的。驾驶员要在清醒的时候工作,这使得驾驶员的记录(日志)反映了强制性规定下的工作时间,而不是驾驶员的实际工作的间。

驾驶员的工作和休息时间等问题一直被忽略,直到最近得到关注。调度员有自己的职责,但却把这种"时间"责任推给了驾驶员。所有的调度员都没有驾驶时间记录。驾驶员担心"老板"所提供的出行服务将把他们带入非法领域。

在卡车运输公司的管理层次上,往往不会考虑现实管理中对服务时间的规定。这样的卡车运输公司需要被教授一些方法来适应规则,但这不是刻意的,因为他们经常完全无视法规。

如今,在作者看来,职业执照(CDL)是促进安全生产的唯一有效途径。应将大量的文盲和无知的驾驶员从这个系统中剔除。一些驾驶员已被非英语驾驶员所取代,这是一个需要解决的问题。一般来说,具有职业执照的驾驶员已经具备合格的教育程度,而且职业执照的工作结构是基于安全生产制订的。

假设存在一个有效的管理调度系统,驾驶员能够认同2001h的服务时间规定,以(相对而言)更好地开展多式联运。问题的关键是要有足够的业务量进行正确地调度,受过教育的调度员在工作分配和遵守工作规定两方面都很有经验。

第三节 州和联邦政府对多式联运载重的限制

联邦州际公路法规限制五轴车的车货总重为80000磅(约36t)。在高速公路系统中,收费公路和一些不受新规定限制(允许超重部分预先调整)的道路是有免责条款的。每个车轴有不同的设置,因此允许车轴存在一些差异。

在不受新规定限制的道路中,一些州已经允许忽略基于卡车质量的限制,而在这之前是允许在州际公路上以卡车质量运输货物的。除此之外,还有其他的免责条款。港口城市原则上可以有更大的货运量,允许他们与其他港口城市竞争,或认可该城市或地区所特有的工业行为。

尽管所有的州都有低于80000磅(约36t)的限制,但是基于车轴配置,许多州都存在额外的免责条款,如允许质量高达164000磅(约74t)。例如密歇根州将车轴适当组合用于多式联运。在这种情况下,20ft的多式联运集装箱底盘允许将2个底盘通过卡车进行组合,可以多达11个车轴,车货总重达164000磅(约74t)。

一、计算合理性

以总质量和车轴质量适当地装载挂车或集装箱是一门艺术。存在许多经验法则,这些法则大多数都是正确的。然而,作为个体的自有设备操作者,将驾驶合适的牵引车托运多式联运货物。他们的牵引车的驱动轴间距可能是3~6ft,轮毂是从中心到中心。从转向轴到第一驱动器的长度取决于牵引车的轴距单位,驾驶员通过这个数据来寻找适当的位置。功率从250hp[①]到450hp。

多式联运卡车的中心轴到第一和第二轴之间的长度存在显著的变化。挂车至少有3种长度可以考虑。集装箱有5种长度,挂车底盘的长度范围从20ft到48ft。这些都是公共道路运输承载适当质量的限制因素,公共道路运输牵引车的范围为从平头型到配置传统发动机的卧铺车。

---

① 1hp=745.7W,下同。

美国陆路多式联运操作实务

除此之外,从多式联运枢纽到收货人之间的运输不允许驾驶员检查货物并核实他们收到账单的准确性。通常从铁路或船公司代理处收到的收据中也没有质量显示。就像动力强劲的牵引车经常把50000磅(约23t)载质量当作38000磅(约17t)载质量一样,尤其是新手驾驶员。

显然,在工业地点或仓库集货时,按照常规会签发提单,那么提单中就会显示质量信息。效仿这一概念,以及认识到联运路线之间的松散联系,美国联邦法规要求在多式联运链条中上一个卡车承运人要核实下一个卡车承运人,主要核实换装单元中货物的质量。

这些规定还要求承运人(铁路公司、船公司……)在换装时向卡车运输公司确认质量。20世纪90年代晚期的法规是为起诉提供虚假质量信息的人提供法律参考。这些法规认为这样可以防止卡车运输公司因为无意识的超重而受到罚款。

从长远来看,这些条例使人们在反恐活动中受益。

事实上,无论是收货还是换装,一些铁路承运人重新设置认证要求。许多重新配置的认证要求以及船公司都发现(认证)方法太复杂。2002年的部分审查使得该规定被废止。

美国(以及联邦高速公路项目)对把高速公路上的负载挂车合法化特别感兴趣。超重或错误装载要比合理负载更容易导致道路损坏。关于什么是超重(轮胎、车轴质量……)的讨论虽然是小问题,但超重确实导致了道路损坏。

二、确保合法的质量配置

在美国主要州际高速公路的咽喉要道设置固定式的称重站,是促使装载合法化的举措。也可以尝试流动式称重站。规模经营者也是因为相同的潜在原因而从事多式联运业务,交通执法部门对这个原因也有所关注。执法人员可能会意识到该行业存在确认质量规定的问题,但是从长远来看,他们知道结果是什么,超重问题会因为受到重视而变得成熟。

卡车运输公司的调度可以让驾驶员走出困境,通过正确地调度牵引装备,以最方便的方式装载载运单元。普遍认为,如果牵引车上方的驾驶室可用,那么就不需要用20ft(约6m)底盘的传统长轴距牵引车。如果该原理不能持续指导这项工作,可以将卡车运输公司牵引车配置数据库应用于挂车信息并得到近似的帕累托法则。可以编写简单的计算机应用程序来完成多式联运的牵引车和底盘上的固定转向轴的设置。

驾驶员也需要承担所涉及问题的责任。他们并不是有意超载,调度通知单要求他们坚持合法运载。

第四节 联邦法规方面

多式联运,就其性质而言,通常指州和州之间的运输。因此,根据美国宪法规定,各州之间的贸易成为了联邦的问题。当国内货物运输线路完全在一个州内时是个例外。在佛罗里达州的杰克逊维尔和迈阿密之间的州内运输就是一个例子。

然而,如果不考虑价格和运输时间,由于同一个州内的运输距离太近,使得多式联运没能成为当地卡车运输的竞争者。多式联运更有可能超越起点和终点,从不同的州或国家出发或到达。从本质上看,多式联运接受美国联邦政府监督。

第五章 美国政府关于多式联运卡车运输的相关内容

在放松管制和州际商务法废除之前,美国政府在装备安全、收费价格、成本分配、驾驶员(及其他的员工)工作时间等工作方面是最终决策者。

随着集装箱国际业务大幅增长,集装箱开始进入内陆铁路枢纽,城市商业区的多式联运卡车运输也不受美国联邦法规的管制。据推测,对海洋业务放松管制(联邦海事委员会),为港口和铁路枢纽提供了一个"公平竞争的环境"。

在这些特定区域治安监管以及将不受监管的卡车运输公司保留在商业界限内的不可能性越来越明显。至少,在港口周边区域监管卡车运输公司的效果是显著的。他们接受监管,按照规定有序竞争。联邦政府在商业事务经济方面的管制掺杂了在卡车载质量和多式联运方面没有效果的管制。放松管制也是如此。

这让美国联邦政府间接实现了对交通运输行业的许多控制。

一、卡车功率的限制说明了这一理论

燃料消耗对运输行业和商业用户同样重要,联邦官员只能通过设置废气排放标准来继续控制运输行业。很少有经济学家或交通运输从业人员能够计算出这个不断发展的标准。当然,这些准则看上去随着政治化进程有所演变。拥护者让政客们对他们的坚持留下了深刻的印象,这些留给政客们的深刻印象传递到恰当的联邦部门。这个部门,可能是政府的一个执行部门,他们了解对国会要求做出回应的政治重要性,并且也会做出回应。这种质询会送到一个被认为可以解决该问题的政府部门。

大多数情况下美国是幸运的,联邦政府官员知识渊博,熟悉手头的问题及其后果,并可以针对该问题作出适当的回复。就交通运输,以及驱使货运系统工作的因素而言,对环境和职业危害问题的回答经常就不适当了。

由于政治上缺乏有力的法律法规或缺乏理解力,或不能说服国会,行政部门无法做出回应,政治进程就会产生新的法律。从法律中会产生对国家的供应链监管和限制。

柴油牵引车是一个不能容忍的特殊之处。限制性措施需求反映的是一个心理障碍,这可以追溯到最早的汽车和卡车(包括汽油车和柴油车)时代。过去几乎没有或很少有像21世纪这样精确的计算机发动机系统。忽视科学证据,盲目地认为存在弊端的货运系统会妨碍对这一有效推进运输机制的实行。

通过可用性限制被忽略,故障和成本会继续限制发动机的能力。美国炼油水平远远高于其他地区。柴油生产所需的精炼水平远低于汽油,因此炼油厂可以生产更多基本的柴油燃料。限制柴油燃料的使用量(以便更多地使用汽油发动机)以增加汽油的需求,增加汽油产量以提高炼油产能。由于目前柴油机的磨损严重,即将被淘汰,与2002年10月预计的卡车柴油发动机使用的燃料相比,更多的汽油和柴油燃料被消耗。

与生产燃料和减少每公里耗油相比,替代燃料更昂贵,且无法确定能保持卡车正常行驶所需要的油量。重新设计卡车发动机将增加最初购买时没有预见到的维护和维修成本。把线路基于能力和长途运输要求的时效性测量结果考虑在内时,铁路系统就具有了联运能力,在货物运输中铁路不再是一个主要因素。多式联运系统将处理越来越多的国内业务,如果产能过剩,多式联运的时效性将会降低。

因此,该业务有增长放缓的可能,这将导致大量的库存,同时,不仅燃料和能源成本会上

美国陆路多式联运操作实务

升,商业运营成本也将上升。

从长远来看,联邦监管将导致美国经济放缓。

在 1990 年通过的美国拨款法中,进出铁路和港口设施道路配置已被确认为是需要考虑的重要事项。与此同时,联邦政府的管制能力也对多式联运的核心功能产生重大影响。

在很多情况下,多式联运的设备是陈旧的,在一些海洋港口案例中,这些设备和这个民族一样古老。通往内陆设施的道路往往受到限制。因为许多小站点几乎没有什么税收,所以改善道路条件也基本上没有什么收益。改善道路结构可能会增加或改变卡车运输公司的税收模式,但是却不会给设施的东道主城市带来收入,深水港的利益也很少。港口城市从集装箱水路运输业务中受益,而有关当局可能会更倾向于放宽卡车进出港口的限制。

对道路建设的联邦拨款已超出本文的讨论范围,但必须用提纲形式进行列举。它们是多式联运成功的关键,而多式联运的成功恰好取决于足够可用的集装箱码头设施。获得公路建设拨款的复杂性如下:

以下是对道路拨款过程尽可能简化的概述:

(1)该项有关集装箱码头的提案必须符合美国联邦指导方针下的拨款法案的规定。

(2)咨询专家界定需求和障碍后,自治州可能会成为主要的支持者或反对者。

(3)从技术咨询层面来说,这项提案自身的生命力是主要的,对公民和社区的影响是次要的。

(4)乡村和其他地方当局一并参与该过程。

(5)会受到影响的当地社区居民对于实际道路网络能否与他们的街道交叉的问题具有最终发言权。

(6)如果这些理由不足以合理地补偿非联邦和非国家地区的道路损失,则路网的维修与建设将不尽如人意。

这个过程会出现的问题是,目光短浅的人将注意力集中在基础设施的建设工作上,而不关注这些工作的后果,也不关注其对周边地区的影响。如果当地居民不及时了解(风险),或听从适当的建议,他们有可能会发现街上通行的卡车明显超出了规划时的预测。

2001 年,美国密歇根州的底特律就身陷这个艰难的过程。这个过程持续了将近 10 年,并将继续持续另一个 5 年或 10 年,直到摆脱这种局面。大致情况为:为了满足底特律所有多式联运的需求,从理论上来说一个集装箱码头可以代替 5 个铁路集装箱堆场。所涉及的个别铁路公司对单一的无轨码头并不感兴趣,而且这项计划的进行维持了一片特定区域 5 个码头的日常生产。

它的一个主要缺陷在市区选址上。它由 7 条残留铁路线路组成的轨道网络来提供服务,这将产生服务的不一致性。目前三个码头在城市的外围。关闭它们将导致一年额外的 10 万辆卡车在底特律和迪尔伯恩的街道上行驶。对于那些到码头去寻求装卸来执行其调度功能的解挂挂车而言,这个比例还要上升 40% ~50%。

这些都是保守估计的数据,因为我们的目的不是对笔者认为的一个错误的交通站场提出详细的反驳。不如说,它展现了一种不恰当的观点,就是把生产生活当作是潜在的政府事务。

这个国家存在许多不妥当的设置,如不能持续下去的联运场站。在这个例子中,获得联

第五章 美国政府关于多式联运卡车运输的相关内容

邦基金就是一个显著的差别。

二、海关：作为(美国)联邦法规中的一部分，对报关进行讨论

当船公司的先驱们第一次用集装箱替换开箱卸货船上的吊索时，谁都没有想到内陆运输网络发展得如此迅速。服务于港口的铁路公司都有长远计划。为了处理潜在的货运，它们不断制订和修改规划(铁路利率俗话为定价机制)。随着集装箱尺寸的标准化，内陆运输业迅速发展起来。

为确保没有违禁品进入美国，并且对入境货物征收相应的关税，美国海关总署(The United States Customs Service)应运而生。几十年来，用于评估允许携带未报关货物(货运尚未授权发布给业主)的卡车内陆承运人可靠性的旧体系仍被延伸使用以适应货运体积的显著变化。

三、保税承运人

从事进出口货物运输的承运人在财政上被认为是可靠的。历史上，美国的商业体系认为，如果一个卡车运输公司或仓库可以与一个保险公司绑定业务，那么这比其他方式更可靠。这样安排的目的是筛选出不可靠的承运人。保险公司签发保税单以满足由海关规定的条件。没有进行保税的卡车运输公司不准运输未报关的货物。

卡车运输公司的保税申请必须满足海关的规定，适于公路或铁路运输的不同线路。为了将未报关的集装箱运送给不同的收货人，多式联运卡车运输公司根据客户的需求申请不同的保税形式。这些需求可能是运输干货或白酒，并且在运输过程中需要储存，或者是在保税申请中需要说明的其他类别。

一旦申请通过并且向海关保税，卡车运输公司或者铁路公司就获得了运输未报关货物的许可证。保税与实际的货物运输没有联系。类似地，只有当患者需要医生的服务时，拥有执照的医生才能为病人服务。

实际上，运输未报关的货物需要货主或代理人提供一个报表，这个报表可以说明运输这些货物到内陆的实际意义，即通往另外一个国家时途径美国，或者是运输到美国内部的一个站点进行海关检查和报关。这个站点就演变成了一个指定港(服务于内陆或水路运输)，可以进行报关或贸易区状态。

海关文书(IT Bond 过境保税、T&E Bond 运输和入境保税等)定义了始发地、目的地、集装箱装卸的内容和装运的其他重要信息。这些都是对在途货物保税的具体要求。海运提单由实际的货运运费单据组成，这里所描述的保税在运输过程中保护了海关的利益。卡车运输公司的保税赋予他这么做的权利，被命名为运输保税文书，以及运输已报关货物。

在多式联运业务增长的情况下，该系统已经简化扩大到允许未保税的承运人在港口区运输保税货物，由货运代理人保税。这已经有效地取代了之前由海关签发的港口货物运输许可证。对承运人的驾驶员拥有许可证的要求也已取消，除非承运人自己需要证明。

四、关于保税多式联运卡车承运人的建议

(1)卡车承运人的一个明智选择是在运输前后，从货运代理人或其他人那里获得书面证

明,其中货运服从于"无纸化放行"。

(2)从托运人处揽货时,驾驶员或者卡车运输公司必须将货物出口文件递交给下一个承运人。

(3)在两个承运人交接货物时,驾驶员必须将文件递交给下一个承运人。

(4)在运输给最终收货人、托运人、仓库等时,驾驶员要确保在给收货人之前货物已经报关。

(5)允许非保税承运人在以其他卡车运输公司的名义进行保税(IT – T&E)的情况下运输集装箱,这样做对于指定保税的承运人具有较高的风险。价格和无知不是藐视法律的理由。

五、港口区和自由贸易区

港口区是围绕一个港口(内陆或水路运输服务)的特定的地理区域。这个说法看似简单但实际上是相当复杂的。由于集装箱化的发展和前联邦海事委员会(FMC)的界限限制被延伸甚至忽略,没有受过培训的承运人进入市场,而且商业区最初是被忽略的,随后才进行了重组。几乎很少有美国联邦海事委员会港区或州际商业委员会外部的人知道这个应该包含在国际贸易里的商业区域的界限。

由于竞争的原因,对港口区边界的了解对于卡车运输公司是很重要的。实际情况是,港口的服务时间可能被忽略,而牵引车的寿命和服务能力(安全性)可能会受到影响。这种情况会降低利率,限制服务。当守法的卡车运输公司发现港口界限外的不合法竞争,他们可以采取法律措施,但是采取这些措施的代价经常是昂贵的并且没有赔偿。

自由贸易区,被指定为在美国国内货物到达时免税的目的地,是在报关或是货运之前的仓储和加工制造点。只要产品没有运送出去或者运往美国的目的地,产品在该区域内不征收关税。

海关服务机构可以指定自由贸易区设施的经营人,该经营人可以雇佣非保税的卡车驾驶员(通常是他们自己的雇员或承包商)将货物运输到区域内的火车港口或铁路末端。

六、海关铅封件的完整性

反对盗窃是没有用的,盗窃的关键就是拆开铅封和打开大门。更换破损的特快列车的铅封,伪造铅封的完整性一度被认为是不可能的。一般情况下,如果铅封记录齐全,但是装运出现了数量不足,运输承运人可以受到海关的保护。海关就会要求赔偿关税,这个关税本应该是海关从完整装运过程中收取的。

七、结论

上述所提及的事项仅涉及联邦政府和卡车承运人的业务,与多式联运卡车承运人的努力息息相关。所涉及的方面都只是简要的描述,并且过于简化,目的是为多式联运的过程提供入门基础知识,以及了解政府行为对它有何影响。

第五节 国家(和地方)的调控作用

多式联运,就其性质而言,是跨境运输。这意味着,除了国家有治安权以外,各州没有监管控制的权利。国家和地方政府共享一定的权利。营业时间、严守交通法规、运输和车辆状况、载重运输等都是国家行使权威的核心。

1. 营业时间

各州当局对联邦政府授权执行的相同的规则和条例十分熟悉。联邦政府也强制他们这样实行。一旦州际驾驶员超出其工作时间,国家或地方警察有权力暂停其服务并开出罚单。虽然不清楚国家官员(警察)拦截州际运输的治安权力有多大,但这样的安全机制毋庸置疑是必不可少的。

2. 车况方面的交通法

除了拥有自己的牵引车、底盘和雇佣驾驶员的卡车运输公司,或在每一条铁路运输线路的末端拥有集装箱码头的公司承担多式联运外,与2009年12月美国国会实施的条例规定相比,多式联运挂车维修实施得并不好。除了国家利益以外,此问题已在卡车承运人部分进行了回顾,在这里不重新审视。

(美国)地方和州际警察了解到,暂停多式联运挂车或集装箱往往会导致车况违规行为:白天明显的挡板缺失或者是夜晚指示灯的故障将导致牵引车无法做出适当的制动调整;轮胎的磨损超过合理的厚度;美国联邦公路局颁发的检验标识已过期等。

他们经常发现驾驶员的违法行为、服务许可证或医疗时间过期等问题。牵引车也经常出现胎压或制动等问题。

这反映了国家和地方警察机构已经成为维护公众安全的主要机构。荒谬的是,多式联运卡车驾驶员也是防卫公共安全的主要参与者。应该注意的是,他并不是单独承担责任,调度他的承运人也将和他一起承担货主对车辆事故的最终责任。不安全的装备和消费者也会对驾驶员产生影响。

驾驶员每天也需要妥善处理多种装备并且安全地驾驶它们。同样,他们还要遵循调度日程的安排。如果一个驾驶员不具备在恶劣的情况下发现装备有缺陷(见权威部分)并且妥善处理的能力,那么最后一道(几乎唯一的)保卫公众安全的防线就会被破坏,这时就要靠国家和地方警察在事故发生之前"抓捕"他了。而实际上,驾驶员的数量比国家官员要多。

第六章　多式联运卡车承运人之货运提供商：
托运代理人、经纪人和其他

此部分内容将讨论面向卡车承运人的多式联运货运提供商。根据提供商的不同种类来源，可分为：托运代理人、多式联运管理公司、第三方物流(3PL)、卡车承运人、物流公司、国外货运代理人。但不论什么名称，以上类型都属于客户。

多式联运业务的开拓者是托运代理人，他们通常是铁路公司的市场和销售人员，深知根据第三方提交的提单，在平车上安装两个挂车这种商业模式的潜力，他们离开了在铁路公司这个相对轻松的岗位，投身到把两辆卡车的货物拼装起来进行运输的商业活动中（在初期，铁路公司为了保护卡车运输，要求两个挂车每次只能提交一张提单。同时一张提单上，不同货物的拼装是有限制的，每个挂车需要有不同种类的货物）。

铁路公司此前试图进入这个商业领域，将卡车车厢改装后用于铁路货运，根据全铁路运输、门到门运输、铁路到门运输、门到铁路运输的计价方式，来应对卡车运输的竞争，可以根据铁路挂车和客户列车车厢来定价。这些不同类型的商机可以被称为商业模式。正是这种以两个挂车为基础的定价方法吸引了托运代理人。

托运代理人依托铁路的定价方式，运用已有的知识和销售能力，艰难地解决了操作和理解上的困难，最终建立了新型的运输方式，而这种运输方式如今已被广泛接受。

个体托运人当时没有看到驮背运输方式的前景，即便有人使用这种运输方式，也都心存误解，认为多式联运就如同路上的卡车运输那样进行包装和装载，仅需要装载挂车、填好文件就可以了，无须加固、不用花费心思来稳定装载（货物），将运输过程中的阻碍抛之脑后。这样做的结果导致货物经常被损坏、延误频发，使得很多人对提起"驮背运输"就会有负面的评价。

多式联运早期的装运方法在运输链条中有很多衔接环节，而有运输知识或技能，或有意完善此运输系统的客户未能运用这些环节。许多发货人被低成本所迷惑，并未采取相应的措施而从中获利。在很长一段时间，一些失败的运输经历使多式联运一直步履维艰。

卡车运输公司早在托运代理人之前就已经成为铁路多式联运业务的重要客户。在很大程度上，早期的普通多式联运卡车运输公司并没有在商业竞争中幸存（但如今获得再生）。早在20世纪60年代，卡车承运人的挂车在晚上途径新泽西的集装箱堆场，往返于芝加哥和纽约市之间。当时的卡车承运人（如环美卡车运输公司和州际汽车货运系统公司）在卡车运输业务中占主导地位，并且有足够的远见来尝试多式联运。一些卡车运输公司使用此方式来弥补牵引车不足的问题。他们与其他承运人为新的业务形式做出了贡献。

很多承运人看中卡车零担运输的商业潜力。挂车装满货物后，被装载在经过改装的平车厢上，从目的地集装箱场站到交付地（如芝加哥到纽约）的过程可能不稳定，但结果基本上是令人满意的。比起长距离的卡车零担运输，铁路的延误并不是无法弥补的缺点。

第六章　多式联运卡车承运人之货运提供商：托运代理人、经纪人和其他

装载挂车的列车早上到达终点站，然后卡车运输公司把挂车开往散装货物作业码头，如同将到达的挂车与卡车零担货物那样拆开，然后在当天或第二天完成交付。不幸的是，在二十世纪七八十年代，由于经济波动，加之铁路公司的内部问题，铁路公司未能坚持不间断地提供这种服务。在这种情况下，由于铁路供给不足，加上长途卡车驾驶员需要工作，最终多式联运业务不断萎缩。

最初，卡车承运人开展的多式联运卡车业务运行良好，很多不熟练的装载实践得到了提升。一般来说，卡车运输公司的卡车驾驶员在货场接收到载运货物后进行配送。然而，铁路公司未能提前通知装运挂车的平车早上到达的时间，导致错过了通常的送货窗口期，运输服务质量很难使客户满意。上午，平车的到达时间通常较晚，打破了卡车运输公司早上接货下午交付的常规方式，浪费了他们一天的工作时间。

铁路工作人员在该领域专业知识的不足导致服务中出现了很多缺陷。在二十世纪六七十年代，行业的市场波动和工会的问题使得卡车多式联运逐渐失去了吸引力。放松管制使得无工会的组织不断增长，间接费用很少甚至没有的卡车承运人开始崛起，其仅着力于将货物用卡车往返运输，导致铁路运输公司的卡车业务严重下滑。若干年后，在不同的大环境下，长途卡车承运人对使用多式联运的铁路运输重燃兴趣。

本章将讨论多式联运卡车承运人以及与客户之间的关系和业务机会。不同类型的客户见如下描述，并且将在本章进行深入讨论。

揽货人：通常是指托运代理人、经纪人等，其（主要业务范围内）不拥有货物载运装备，而使用自身能力将已有的运力进行整合，为工业公司和承运客户给出低成本或具有竞争力的单因素成本报价。

国外货运代理人：对于卡车承运人而言，了解货运代理业务蕴含的商业机会至关重要。代理人获得托运和收货进入许可，以及船运方式得到认可，这些都为卡车承运人提供了巨大市场。了解进出口贸易的解决方案对于揭开国际贸易的复杂流程至关重要。

铁路公司：铁路公司控制着货运业务，其中一些存在于利基市场中，其他业务则被卡车运输公司赖以生存的行业规则所控制。

船公司：卡车承运人的主要业务来源。铁路公司每年度货运量（以此获得运价收益）的要求或许超过水路运输承运人的能力。若是如此，他们就与托运代理人合作，而一些线路则被货运代理人所占据。

卡车运输公司：如今巨大的业务量需求，使得多式联运卡车承运人与长途卡车承运人签订协议，后者在长途线路中使用铁路来运输，驳运人则为这些公司进行货物集散。

物流公司：结合上文提到的各种客户的特征。一些成功的物流公司凭借专业的运输知识、计算机系统知识和对于互联网的重视，不仅给行业做出贡献，并在行业中幸存下来。敏锐的判断能够使其满足发货人和收货人的物流需求。

第一节　揽货人：多式联运卡车承运人的业务来源

大多数情况下，多式联运中的卡车运输公司不懂销售，业务主要来源于那些拥有普通货物并需要承运人运输的人们。选择承运人运输货物主要是因为其拥有低价格的优势：

(1) 或在初期具有较高的市场认可度；
(2) 或在需要时拥有别人没有的装备；
(3) 或拥有语言表达流畅的调度员；
(4) 或拥有对此业务感兴趣且善于表达的驾驶员；
(5) 或其他因素。

小规模的承运人，若无其他支持，很难进入此业务领域。本节讨论关于货物业务人给予的支持，出于商业需要，他们拥有上文谈到的多式联运货物，并需要运输这些货物。

这种业务在操作熟练程度和方式上差异很大。老牌运输公司拥有很好的商业判断、预测、规划和执行能力。作为货物业务人的前身，载货卡车车场的操作员起到了重要的作用。作为卡车承运人的客户，他们通过经营状况、ISO 最高水平等一系列衡量标准来判断他们的服务是否有效。不论货物业务人的目标是什么，多式联运卡车运输公司都可以满足。

客户（货物业务人）有以下类型。

托运代理人：通常以公司形式，凭借别人的装备，使用多式联运方式运输货物。他们经常青睐不附属于任何公司的卡车运输公司（至少在运输线路的一端）。铁路承运人基本上提供长途运输。一般情况下，根据单一因素进行运输的定价，若有特殊服务需求，如驾驶员滞留、集装箱堆场挂车保管等，则会对此进行估价并收费。

之所以称之为托运代理人，是由于这些公司拥有多式联运业务知识，利用专属的业务渠道和销售能力，进行业务操作。在多式联运初期，成员主要包括前卡车或铁路承运人员工，报酬形式为工资（经常有奖金）或佣金。当托运代理公司成熟之后，他们倾向于内部培养或竞争上岗，这对那些想供职于他们的卡车承运人不利。

在计算机普及之前的时代，长途运输铁路古老的收账方式较为拖延，就会产生足够的机动时间。这些现金用来经营代理公司，并且和客户较快的付款互相抵消。给卡车运输公司的付款通常会（如今很可能也是）拖延。而如今铁路的开单延迟不再存在，大多数托运代理人也有资金的支持，且需要代表卡车运输公司满足开具账单的要求。

一般来说，托运代理公司的销售员由一些大型公司支持，但这需要核实。其次，还需要核实托运代理人的财务状况和税务声誉。若销售员是特许的经营人，那么很有必要确定托运代理人的总办事处是否对运输费和特殊收费负责。

及时付款是很有必要的。

卡车运输公司对任何托运经纪人形成业务依赖，对他们自身都会产生不好的影响。和一个主顾有过多的业务往来，不仅会导致不合理的财务杠杆，也会使其在工作完成后在折扣计划方案或运费削减中处于被动地位。

经纪人：针对长途运输的货物代理人，主要工作涉及长途卡车运输公司，而不是铁路公司。在运输过程当中有可能也为前来交货的同一驾驶员进行配货，这对托运人和接货人都是有利的。

作为经纪人的长途运输公司，少则一人，多达几百人，去寻找需要运输的货物。由于多式联运卡车运输公司在接受商业订单时可能没有牵引车，经纪人必须拥有相应的资源。

代理人会在港口与轮船公司和国外货运代理人打交道，为他们提供当地的货物集散服务。对于港口业务的了解使得经纪人逐渐获得声望，他们拥有合适的多式联运卡车来运输货物,吸引了一批追随者并发展成为独立的运营者。如果他是拥有营业执照承运人的经纪人,那么这些卡车将被永久地"租用"。一般情况下,半挂牵引车(拖头)是单程租用的。经纪人提供授权(如有需要)、保险和货物,或者如果半挂车(拖头)代表了某一承运人的话,那么由承运人公司来提供授权。

经纪人的可靠性往往取决于他们从事该业务时间的长短。作为最基层的操作员,他们在载货汽车的停车场仅有一个电话,一张书桌,通过给长途卡车运输公司寻找货物(前提是这些驾驶员和他们没有业务竞争)来获益。如果经纪人的运输能力能够为自有经营者和承运人提供坚实的后盾,他们会再次寻找其进行运输。这种类型的经纪人不适合多式联运的甩挂运输方式,除非此货物能够适合多式联运载运单元、挂车或集装箱运输。

一般来说,拥有销售团队、懂得多式联运业务知识的人,成为卡车运输公司货物提供商的可能性更大。提供商可以灵活地派遣装货、搁置空的载运单元或装载空集装箱,以便出口运输。鉴于技能的专业程度,卡车运输公司很有可能完成合约里的所有约定,并得到报酬。

服务提供之后的报酬通常是一件让人棘手的事情。一般情况下,经纪人提供的运输服务是统一的费率,影响因素包括里程、质量、空车返回里程等。卡车运输公司的最佳付款方式也是统一费率。

基于里程的统一费率比较难实现,这是由于计算里程的方式较多,而真正行驶的里程很难和付费的里程数一致,从而很容易带来误解。卡车运输公司往往会根据自己每英里的花费重新计算运输价格,对于统一费率,可以接受,也可以拒绝。

当经纪人获得统一费率的报酬时,卡车运输公司也会使用同样的计酬方式。这样做是因为经纪人希望尽可能少地付款给卡车,而将酬劳尽可能地留给自己。里程的概念不断变化,使得根据里程付款的方式在实践中使用较为频繁。经纪人总是看到卡车运输公司和自有经营者急切地希望得到运输业务,而顾不得考虑实际定价的情况。大型公司委托的经纪人通常拥有高超的议价能力,总会说服卡车运输公司接受这样的付费方式,而从长远角度来看,这种付费方式恰恰会将他们赶出此业务。

索赔有可能是个隐患,不仅是货物,装备也有可能面临索赔。托运经纪人或代理人会向客户作出一些承诺,装货或载货时,货物需完好无缺,且装备在归还时的状况要与租出的时候一致。一般情况下,经纪人的卡车运输公司会有保险。如果经纪人不代表任何卡车运输公司,但他从事卡车运输公司的相关工作,也会有自身的保险。在签订长期或短期运输合约时,需要在纸质文件里包含保险证明(免费提供给受保人)。如果卡车运输公司的经纪人不能立即传真一份保险证明,即便他已经投保,但仍须为此次运输购买一份保险。

托运代理人或经纪人与卡车运输公司签订的协议在卡车运输公司出现过失时,经营会将所有的责任推给卡车运输公司。如果经纪人是一家稳定的多种载运单元公司的代表,那么这种情况是最理想的。承运人必须提供保险,以保护承租人的利益。对于作为自有经营者的卡车运输公司而言,在经纪人那里购买货物或装备保险是较大花费。不论在哪种情况下,如果卡车运输公司出现失误,即使真的与自身无关,仍需承担相应的责任。

托运代理人和经纪人为那些非营运的卡车运输公司和无货物的回程运输卡车运输公司提供重要的业务。卡车运输公司在签合同前需要了解情况。结算时报酬是多少?什么时候收到报酬?运输货物涵盖其他特殊工作吗?此前这个经纪人或托运公司销售的名声如何?

在合同关系建立和服务付款未确定前,这些问题都应被认真、谨慎地考虑。

第二节 国外货运代理人作为货物提供商

本节从书面文件角度出发,阐述公司在国际运输业务领域发挥的重要作用。不论真实的工作能力如何,国外货运代理人都有绝对的权威性。

国外货运代理人深谙国际贸易当中需要的文件知识,其工作职责是确保国际运输过程的每个阶段均没有差错,从而使整个过程顺利进行。他们为负责运输的公司工作。其中一些人是产品方面的专家(如家庭用品),一些是运输道路方面的专家(如在澳大利亚和新西兰),一些是运输方式方面的专家(即航空运输、卡车运输、铁路运输、水路运输),并且熟知运输方式之间的运量规模(零担运输、整车运输、商品车运输、散货运输)。

以上业务种类都需要熟知各自的美国海关操作流程。代理人需要熟悉进口货物在边境卸货、内陆卸货和途经美国去往其他国家(如墨西哥或加拿大)时所必需的文件。当涉及出口货物时,他们不仅需要了解美国关于出口的法律、限制,也需了解进口国的法规。

一旦国际销售行为完成,国外货物代理人就需要为此段运输提供文案,并安排到达目的地的运输过程。

国外货运代理人拥有丰富的国际贸易经验,能够很好地完成进口或出口集装箱的文书工作。而卡车运输公司深谙多式联运业务中的卡车运输环节。国外货物代理人在运输过程中进行监督。

了解这些代理人的工作内容和方法对于从事多式联运集装箱化运输的卡车承运人而言至关重要。发货商和接货商对于代理人的信任,以及海运方式的真实性使卡车承运人已经接受了这样的方式。关键问题在于,代理人了解如何在国际贸易业务的复杂特征下,为特定托运人和收货人的运输业务找到解决办法。

一、出口

出口报关单(常带发票)由发货人或代理人完成,并随着货物一起运输。若由发货人填写,文案工作必须在驾驶员到达码头前交给代理人(或船公司),使出口报关单按计划时间和需要的地点送达揽货卡车运输公司那里。收到报关单后,需要合理规划之后的步骤,以及如何实施。

多式联运的接货卡车运输公司除了会收到出口报关单外,还很有可能收到一份发票的复印件,这是由于发货人认为这些文件会被送给运货单上标明的出港水路运输承运人或代理人。按照惯例,可能出现以下两种情况:①驾驶员把所有的文件交给铁路公司,有可能(很大情况下不会)使之跟随最初的列车离场,之后文件丢失;②驾驶员携带文件,在当天或本周上交。在上述两种情况下的货物运输过程中,保险并没有作用。

指挥揽货卡车运输公司的经纪人或货运代理人必须确定出口报关单和任何附件(发票等)转给离港计划的制订者或者送到当地代理人来进行下一步操作。即使将货物卸载至铁

第六章 多式联运卡车承运人之货运提供商：托运代理人、经纪人和其他

路承运人，卡车运输公司必须意识到自己有义务确保相关文件成功送达。船公司对于什么时候收到出口文件有时间要求，有了出口文件，他们才可以把集装箱装载到指定的轮船上。这些步骤要成功实施，揽货卡车运输公司是关键。

货运代理人适合监管多式联运中所有的卡车运输过程。在这些过程中，一般需要驾驶员将原版纸质文件送到当地代理人的办公室或位于港口的代理人处，几乎没有可能将文件错误传递。但鉴于铁路运输会涉及位于各地的代理人办公室和三家集装箱承运人，不排除文件传递过程中出现问题的可能。

场站收据注明了出口过程中的运输细节，且船公司在码头接收集装箱时必须出示该收据。发货人、代理人或者卡车运输公司都有可能完成该文件的准备。懂得这些规定的驾驶员都会手持场站收据进入港口。如果集装箱到达港口时没有场站收据，通常需要代理人解决。若没有场站收据和可以联系的当地代理人，送货卡车运输公司将会在港口等一整天，除非调度人员可以提供一份场站收据。缺失场站收据常常意味着出口报关单还未到位，也有可能是预定的运输轮船细节不完整。卡车运输公司的调度人员应该提前查看场站收据，以免延迟驾驶员的运输时间。

二、进口

如果集装箱在卸货港由美国海关通关，货运代理人或船公司会做安排，并提供放行文件。此文件的安全性（揽货人身份）与卡车运输公司和代理人的关系以及他们对港口程序的熟悉程度有关。一旦出关，国内提货单则是从港口到目的地的最主要的运输文件。

对于未经过海关检测的货物，承运人需要将货物储存在保税仓库。运输表格包括运输和入境表（T&E）或过境货物表（IT），货物需要在美国海关经过进一步的检查和评估。文件由对货物所有者负责的代理人准备，仅配发给在海关登记过且由保险公司保税的卡车运输公司或其他运输公司。一般来说，只有由海关规定永久保税的卡车运输公司才能够运输未清关的货物进港。此类承运人在货物保税单上会注明（运输和入境表、运输表等），这些表格用来运输未清关的货物。只有这样，水路运输承运人才能够将集装箱交给卡车运输公司。到达内陆海关站或交给指定的下一个承运人时，必须在报税单上签名。对于卡车运输公司而言，保存这些文件的复印件很重要，以避免在海关规定不一致时相关利益遭受损失。

在2001年9月11日前，承运人保税协定执行得比较松散，也允许无保税协定的卡车运输公司使用他方的保税协定。例如：若长途运输的集装箱要通过联运交界点，代理人可能会以铁路公司的名义制订运输协议，从而代表整个运输过程，从港口到最终目的地，使用卡车—铁路—卡车运输方式。在这种情况下，没有保税协议的卡车运输公司很可能接到揽货订单，非法进行本地运输。

代理人（或从事该工作的人）的技能水平对于国际多式联运的效率和质量至关重要。国际多式联运过程复杂、所需知识量大、大量文件陈旧且涉及人工操作；诸多因素导致如果没有能力较强的代理人协调处理所有事务，将会引起许多问题。

正是因为错综复杂的特点，很多付款人并不会注意到工作中有可能出现的过失。其通常归咎于运输的某一环节，或在大多数情况下归咎于海关。一般认为，运输速度慢是正常的情况。这里可以援引一个从加拿大港口到美国的集装箱联运的案例。若入港文件显示所有

集装箱一次性地进入,这将极大减轻代理人的任务。若集装箱分批入境,今天的列车上有4个集装箱,两天后的列车上有2个集装箱,那么第一批有可能在芝加哥(或其他城市),第二批还在路上。第一批被搁浅,通知方收到提醒,铁路堆场开始计时。通知方若先给到达的集装箱清关没有意义,因为相关的文件显示的是6个集装箱,这6个集装箱必须都同时在场,才能接受海关的检查。只有当第二批集装箱到达,并且告知相关方时,才能提交清关材料。

在如上的例子中,把6个集装箱登记在一张入境表格上,而不是分别登记在6张单独的表格上(或者确保他们同时到达),除了制作表格的人员,其他环节均未得到方便。代理人有义务完成清关入境表格,因此必须一次全部清关。上述例子的做法不仅要支付可能产生的铁路储存费用,还会因为不是分批次收货,需要一次性或者在间隔时间极短的情况下接收所有的集装箱,给收货人带来麻烦。

持有第一批集装箱可能会产生铁路或轮船滞期费。如果滞期费用太高影响运输,卡车承运人可能会以单一批次而不是几个小批次来运输,结果会造成收货港口的延期和混乱。若收货方询问,则会声称是因为运输的不稳定,把责任推给铁路公司、海关、船公司,而不过问代理人的过错。

代理人应该为整个运输过程负责。如果他们以客户为中心,就会避免上述失误,而不应该因为自身知识的缺乏来诋毁他人。

三、承运人关系、索赔等

代理人被雇佣来处理运输问题,很有可能也包括运输的付款。这可能意味着不论他们代表谁,都要一直担任付款人的角色。船公司可能要求在卸货前付款,可装卸工和卡车承运人不存在这样的优势。装卸工人会在码头作业完成时索要报酬,而且在代理人业务中处于潜在的重要位置。卡车承运人没有这样的优势,他们只能等候报酬,代理人的业务道德决定他们能否及时收到报酬。

代理人在得到酬金之后,才付款给卡车承运人,因为拖延可能会使各交易方发生纠纷。卡车承运人的工作属于劳动力密集型,而且他们有可能已经付款给合同商,所以报酬的拖延会引发问题的出现。若代理人还处于成长期,或更糟糕的是业务发展缓慢,缺乏资金,则给承运人的报酬有可能拖延好几个月。

代理人安排运输中的保险事宜。一般而言,保险针对货物的发票总额。水路运输承运人的索赔经常由于起航时在价值申报方面的合同限制而难以实施。代理人不是货物拥有者,但在管理期间,当出现遗失时,可以经纪人的身份要求对方索赔。

若一起事故主要是由于代理人没有采取任何行动或者行动不当引起的,那么他们将会涉及相应的索赔。例如,若一个10ft高的机器被搬进一个20ft的平架集装箱,其中一辆标准的20ft车辆底盘是4ft高,那么当集装箱固定在车上准备出发时,总高度大于14ft。

当机器通过一座限高为13.6ft的桥时,将会发生事故。索赔讨论的焦点很有可能集中在装有货物的集装箱高度已经在进口文件上注明,但是此信息未告知内地的配送卡车承运人。

此事故的责任在于卡车驾驶员的无知或者粗心、铁路公司不愿意测量装备的高度、代理人未能提出严重警告以及代理人没有发挥其应有的作用等。而问题主要在于代理人未履行职责,以及卡车承运人未能意识到或在检查过程中未发现异常情况。如果卡车承运人的保险公司不向代理人寻求理赔事故损失和其他费用,那么代理人这种不负责任的行为仍会发生。

尽管发货人或收货人给代理人支付报酬,一些代理人同时也担任卡车承运人或佣金代理人,他们给仓库管理者或卡车承运人分配工作,并从货运公司那里获得服务佣金。由于代理人获得多方的佣金,很快会出现明显的利益冲突,即他们从货运公司那里获得佣金,而货运公司为他们或他们的客户运输货物。在这些情况下,由于雇主不了解相关知识,而且重视代理人的技能,卡车承运人特别容易受到雇主们的压榨。报酬会被削减,但不接受就没有业务;若向客户投诉,情况不会有所改善,而经常发生还会受到代理人的报复性惩罚。

第三节 铁路公司作为:托运经纪人/代理人

本节讨论铁路公司,其身份包括如下内容。
(1)物流供应商。
(2)如果是作为托运经纪人或代理人,则为:
①铁路优势和缺点;
②卡车承运人的不足;
③向承运人付款(时间和条款);
④索赔的根据。

一、物流供应商的历史

在多式联运的发展史上,不同的铁路公司都担当过**全系统的供应商**,该名称在20世纪80年代之前被各类运输服务提供商使用。20世纪90年代后期,随着国际集装箱化的迅猛发展和可用人员的减少,这个概念发展成为广泛熟知的物流管理。在20世纪80年代,切西的CMX卡车货运子公司在全美为重点客户的产品配送提供全方位物流服务,而此举引起了很多托运经纪人的不满。

Milwaukee陆运公司和卡车运输公司与相关的卡车承运人合作,试图向威斯康星州的造纸行业提供这样的服务。佛罗里达东海岸的铁路运输公司,协同卡车运输子公司和糖源供应商也进行了类似的试验。尝试的铁路公司很多,可失败的原因大概是缺乏技能,还有货运

美国陆路多式联运操作实务

承运人的竞争。其他的尝试则被认为是在货运运输竞争的威胁下保留铁路业务，或者是提供厢式车或大宗货物客户通过铁路运输送货至收货人的方式。

在驮背运输、卡车运输和拼箱装载并行发展之前，很多货物（以卡车担货计量）都被装到列车车厢中，在沿途各地停靠，送到不同的目的地。在一些线路上，这些车站的货物被再次装到更小的车厢中（特别是冷藏车厢），然后进行运输。由于铁路运输的经济性，许多发货人给收货人提供小份额货物。卡车运输行业改变了这种情况，他们提供通达全国的（与列车车厢比）更小的挂车、更好的服务和有竞争力的定价。如今挂车的载货能力超过早期列车车厢的载货能力。

20 世纪 60 年代后期以来，这些铁路运输工作开始发展卡车式的全过程运输服务，门到门、卡车—列车—卡车，都属于这一系列的服务计划。铁路公司的 Plan II 提供了全过程服务，和门到门的卡车服务相似，由铁路公司承担所有的责任。从运费价目表的角度来看，一些特定发货人、特定行业或特殊货物可以享受特殊运价。相互竞争的铁路公司注意到了公开发布的运费价目表，而且这些竞争者也发布了同样的运价来保护自身的行业。结果导致了发布的运费价目要远远多于实际使用的运费价目。

为保护 Plan II 的驮背运输业务和铁路运输业务，其他使用铁路公司装备的多式联运运输（其他计划）被限制使用一张运单，同类或同一货物只能使用两次挂车（例如：曾经有法律讨论同一张运单能不能运输不同颜色的墨水）。这些保护性的限制推动了将两位发货人或两类货物牵引车拼起来的业务的出现和发展，从事这些业务的是受过教育的前铁路公司经纪人（也被称为货运经纪人）。随着单一费率被广泛接受，所有者或者经纪人的运输都被归为 Plan II 1/2。

铁路行业试图控制多式联运业务，就像近百年来已经控制了铁路运输那样，但这样的努力以失败而告终，其原因在于铁路公司不能很好地控制在 Plan II 中承担铁路到站后卡车运输服务的卡车运输公司（自己公司的或者雇佣的），或者操作人员。这种商业形式对于驾驶员和操作人员较为新颖，较难理解列车车厢送货和 1960～1970 年间卡车送货之间的区别，而与他们一起合作，使运输参与者和发货人受益。

具体而言：发货人期望可以像当时使用货运车厢那样，无限制地使用挂车。铁路公司卡车承运人没有卸载挂车并且没有将其归还公司的意图，而把挂车用于储存货物或拿去私人使用。行业普遍认为，卡车承运人的劳动力也是铁路运输的一部分，便要求驾驶员在免堆期时卸载装备。铁路公司和卡车承运人就逾期费和货物装卸成本进行了争论，虽然铁路公司在很多争论中获胜，但其实却是失败的。

Plan II 成了一个灾难性的词语。很多铁路公司取消了或者大幅度限制提供范围如此广泛的运输服务。20 世纪 80 年代的全国性变革之后，在多式联运理念下的全方位服务的尝试失败了（有一些个例取得了明显的成功）。

二、现代物流供应商

21 世纪的铁路系统和 1970 年左右获得商业成功的联运制的早期铁路系统几乎没有相似之处。在多式联运竞争下幸存的公司，不同于经常提供服务的堆场或终点港口的地理区域，公司之间几乎没有真正的竞争。尝试使用多种列车采购办法建立不在沿线的物流中心

· 146 ·

第六章 多式联运卡车承运人之货运提供商：托运代理人、经纪人和其他

的例子,有成功的,也有失败的。成功的情况是那些不在沿线的堆场制订了有竞争力的运价和时间安排来进行卡车运输。

1980年左右的多式联运码头,如今大概仅存10%~20%。这些码头现在比众多小码头处理的多式联运业务量大很多。除了常见码头之外(如芝加哥市、纽约州、新泽西州、亚特兰大市),多式联运很少进入与之竞争的铁路公司的多式联运市场领域。对于一些少数堆场,竞争主要是针对陆路卡车运输公司展开的。为促进铁路公司的发展,每个堆场都有一名多式联运卡车的承运人骨干人员,或者有时直接是合同的所有者或操作人员,来满足发货人和收货人的需求。

由于迎合铁路公司的服务倾向,堆场数量的锐减对于他们来说是有益的,即吸引大量有具体可控产品的客户。铁路操作的计算机化,功能升级的计算机(应用在车辆安排的数学运算、运输/分配的算法)和相关的数据库概念为程序控制和进展提供了工具。在被 Plan Ⅱ 主宰了20~30年之后,铁路公司的人员构成发生了变化,同时管理团队的构成和观点也发生了变化。尽管如以往一样,专注于铁路目标和盈利,如今的人员仍然使用计算机控制的多式联运工具来获得业务增长、提高市场定位和盈利。该趋势可以降低铁路与生俱来的优越感,促进多式联运发展。

全方面服务能力的例子:与美国邮政管理局的协议经常会发展成为门到门的全方面服务。这对于铁路和卡车运输公司而言,在特定时期运输是必需的。从另一个角度看,一些铁路公司发布运费价目表,以及门到门的运输服务,其中涵盖了卡车运输公司参与铁路运输和制订起讫点间的价格(Plan Ⅱ 的再现)。

此外,也可以和某些公司和行业签订特定合同,往返国内某些起点,并使用指定的卡车运输公司作为处理货物的联系人。有时,铁路公司成立装配和/或配送设施,使用自己的财务资金、子公司或承包商,为卡车运输公司和员工提供工作。

如今的铁路公司有能力给客户提供物流服务,向多式联运卡车运输公司提供重要的市场潜力。

三、优点和缺点

当一家铁路公司为客户提供物流合同服务时,一般情况下需要征得铁路管理层或董事会的意见。为完成工作,所使用的资源需要被授权。如果从堆场角度考虑卡车承运人的话,地方人员将会被纳入考虑的范围。运输货物需要的运输装备可能从全国的库存当中提取,或者重新制造。

实施阶段经常依赖市场部门人员,成员可能有堆场和终端的操作人员及当地的销售人员。教育水平良好的货运承运人管理人员对于保证商业成功和增长很重要,但是却很难挖掘并留任。

假如货运承运人的选择仅是基于价格和卡车运输公司寻找的销售人员,而不是基于客户的需求和卡车承运人的能力,结果将不甚理想。客户将不会得到期待的收益,并寻求其他的运输方式。丢失或者未谈成的业务是铁路管理团队支持和投资的出发点。当这些不能实现时,铁路公司付出的努力会得到越来越少的内部支持,而且这些支持有可能最终全部消失。对于铁路公司和涉及的人员而言,无论是什么项目,多式联运业务都有可能终止,此做

法也出现在之前的驮背运输上。通常情况下，上述提到的就是铁路公司努力的结果。

之前铁路公司的工作缺乏持久的动力，短途运输伙伴可以打破这个困境。

四、卡车承运人的脆弱性

由铁路公司指定的卡车承运人拥有很多机会和义务来使公司取得成功。由铁路公司指定的卡车承运人抓住机会，与铁路公司合作使双方都获得利润，不仅对客户有利，而且可以通过合作来保护自己。

将特定业务交给小型运输公司，占据其业务量的很大一部分，这么做往往是很冒险的。如果卡车承运人需要在固定装备上投资，最好与铁路公司签订合同，得到合同的保护。例如：铁路公司需要中转站来运输加工高质量的钢锭，这种运输中有些花费只在这次运输中涉及。铁路公司需要铺设铁轨，卡车承运人需要铺设和提供从列车车厢到卡车的吊装装备以及挂车。若不是这类业务的话，起重装备、卡车或轨道铺设则对卡车承运人无任何意义。在资本使用方面，卡车承运人为了提供服务需要进行轨道的投入。然而，为了确保在业务失败或合理的时间内没能达成的情况下，卡车承运人不承担损失，则需要签订协议。

若铁路公司在一条线路上使用了多位驳运人，那么他们之间的竞争不可避免。鉴于提供服务类型的相似性，是否给予卡车承运人运输业务取决于人为判断，主要是基于销售能力而不是实际的价格或者任务表来进行判断。这种人为交涉是难以避免的。

五、给予驳运人的付款

应该存在有关实际运输费用和附加费用(包括计算机联动装置)的合同。此协议应包括(并优先于其他条款)在交换协议中规定的装备交换条款。通常情况下，全方位服务的总价和零星的集散货使用装备的报价单是不同的。

应当说明提供服务后的付款时间。货运服务的付款时间与其提供的计算机服务、追踪报告、延迟、报销或其他费用的付款时间不一致。与铁路公司合作时，在运输之前应该了解并确定服务完成的重要文件和付款的实际任务表。

六、索赔责任

货运公司需要保证运输服务的质量。因此，未能保证质量的赔偿数额应规定清楚，由货运公司承担。此标准最好能够计算从收到可用装备的通知单到实际集散货的时间。铁路公司多次运输(累计多次运输)的倾向应该得到解决。货运公司应遵守的标准属于铁路公司与客户合同中任务表的一部分，但在计划表外的铁路公司或客户方面的因素，如打捆(拼组)货物或装载卸载时的延迟也应该确定好。

丢失或损害索赔责任规定需要尽可能清楚。装载方式、阻碍或者连接也应尽可能具体地规定好。若有需要，也应该涵盖驾驶员对于货物数量和状况的责任。如果需要驾驶员参与装载或卸载，此项义务(需为此项服务付款)也应该被定义。

货运公司或许认为，作为客户的铁路公司应该要求驳运人也为铁路运输段进行额外投保。货运公司应该保护自己在合同中的责任。

第六章 多式联运卡车承运人之货运提供商：托运代理人、经纪人和其他

第四节 船公司作为：托运经纪人/代理人

本节讨论作为多式联运提供商（即托运经纪人/代理人），船公司与卡车运输公司等的关系。

本节讲述水路运输承运人如何处理如下方面：
(1) 国外货运代理人；
(2) 水路运输承运人的优缺点；
(3) 卡车承运人（业务）的脆弱性；
(4) 向供应商付款（时间和条款）；
(5) 索赔。

关于这些业务组成部分的额外讨论可参见本书货运与船运相关章节。本节根据上述列出的要点，就水路运输承运人作为多式联运汽车和铁路的承运人进行评价式的回顾。

一、国外货运代理人

回顾运输公司与代理人的关系，既有合作也有竞争。船公司一般需要外部资源来准备国际商务货物运输的进出口文案材料。许多公司更愿意接受客户的预定，将国际贸易中的规定条例运用在船运当中，处理货物，然后获得报酬。然而，大部分发货人或收货人没有足够的能力准确完成与海关报关、清关以及港口特殊规定等相关的文案工作。若文案工作没有准确地执行，运输过程就会变慢。船公司有可能为了在港口清关，在港口滞留，有可能还会存在描述不准确的货物和服务履行后的账单混乱等问题。

国际多式联运业务的复杂性要求其处理者具有相关的商业知识，而国外货运代理人拥有这些知识。

货运代理人已成为一个实体，为船公司提供预定管理、货物描述和付款等服务。在船运承运人的眼里，他们是批发商，带走货物（船运），并同时监管每个集装箱配送给众多客户的运输过程。近年来，船运内陆代理人的数量逐渐减少。很多责任（和道路管理）都交给了货运代理人。

船公司（除了会在运单上特别指出名字）会推荐使用特定的代理人。一个公认的事实是，这为代理人创造了机会，可以使用其他水路运输承运人，而不是"赠予"代理人运输业务

的水路运输承运人,这样会使船公司受到威胁。在实际操作中,代理人遵循执业准则,(为该船公司)完成工作。只要业务的线路稳定,代理人的客户和运输业务会一直属于这家船公司。

随着时间的流逝,这种关系可能会逐渐模糊,客户与船公司的关系会转变成代理人与客户的关系。这是一个自然的发展结果。假设代理人工作完成得不错,客户在其他运输中也会选择他,故顾客有可能成为代理人的"资产"。

这种关系发展到一定阶段,由代理人处理货物的模式使得由船公司分配业务的卡车承运人遭遇危机。卡车承运人就会:

(1)让代理人认识并接受自己;
(2)或者让船公司捍卫自己的利益;
(3)或者说服真正的客户选择他们的公司。

以上几种做法对于卡车承运人来说是危险的做法。因为两家公司都反感驳运人干预自身(自己认为)的事务。然而这是一个保全自己或得到业务的实际方法。

如果代理人有自己的卡车选择偏好,或者运营自己的卡车,之前在这条线路服务的卡车承运人就会面临业务危机。鉴于代理人对于客户的重要性,若代理人坚持要更换汽车承运人,船公司则很少会反对。在这个阶段,卡车承运人可能就会拜访客户,并请求聘用有经验的人。这种情况下需要考虑到的是,客户一般会认为这是对代理人的侮辱,从而拒绝此请求。

二、优点与缺点

集装箱业务的船运运量对于多式联运的汽车承运人而言很有吸引力,门到门运输的诱惑尤其可观,在多式联运过程中,船公司控制路线的承运部分。若运价和服务对等,船公司会倾向于继续使用他们选择的承运人。一旦货运的订单发出之后,船公司的人员将忙于真正的船运和客户事务,并不会花太多时间去考虑卡车承运人。

在这样重复的运输过程中,客户的当地货运公司会意识到这一事实,并要求替换船公司的承运人,这时,多式联运货运公司与水路运输承运人的关系决定结果。若货运公司能为其众多客户提供优质的服务,则有可能继续拥有水路运输承运人的业务。不论是空载还是载货的集装箱,其他本地运输对此都没有控制权,而载重板车驾驶员拥有控制权,然而失去业务的可能性仍然存在,凡事预则立。

三、卡车承运人的脆弱性

在船公司控制的业务领域,卡车承运人主要会在线路程序与人员安排上面临危机。承运人的工作必须一丝不苟地完成,无效率的定价和不稳定、不达标的服务就像同行的竞争一样,会对自身生存构成威胁。

若汽车承运人能自给自足,几乎不依赖船运帮助,大多数船运的调度员也会很满意。此外,在运输过程进行时,他们需要听取承运人的汇报,所有级别的控制需要与之相适应。在运输过程完成后,需要告知所有者。

不论什么原因,当遇到比较大的失误时,很明显不是卡车承运人的问题。如果确实是货

第六章 多式联运卡车承运人之货运提供商：托运代理人、经纪人和其他

车承运人出现失误，例如因为驾驶员睡过了，出现运输延误，导致错过轮船或工厂马上关闭，此时，在需要的时候驾驶员必须自愿而且能够从这个港口到下一个港口赶上该轮船（自己承担费用），或者至少提出这样的想法。

由于货运公司的失误，一家工厂面临停工的危险，卡车承运人必须自愿并能够采用极端方式来避免这样的灾难。卸载一半货物、用小型卡车运输一部分货物到工厂，或者空运至目的地。这些都是一些暂时缓解的手段，有可能使货运公司不丢失该船公司的业务。

与代理人或铁路公司能控制的货运业务范围相比，大多数卡车承运人丧失船公司控制货运业务的可能性更小。水路运输承运人会更多地关注自身的主要业务，只要总体服务较好，则允许卡车承运人有一些小的偏差。而国外货运代理人和铁路公司在承运人的选择上更加主观。

四、向供应商付款

当货运公司收到运输订单时，应该确认订单中此次运输的运价。如果不正确，应当立即给船公司联系人发传真或电子邮件，这样就能澄清情况。如果计算机系统里是错误的运价而联系人又未修改，那么书面的回答是很有必要的，而且书面信息是唯一确认付款的根据。

若货运公司要求在30d内或运输过程（卡车承运人运输过程）完成后一定时期内付款，一些水路运输承运人就会要求折扣，而一些承运人会在他们认为合适的任何时间范围内直接付款。了解船公司的付款方式、承运人的账单认定方式和付款时间的计划对于货运公司很有好处。

不论是否要求，若为纸质账单，应附上收货收据和提单。不论什么名字，也必须出示预定号码或运输控制号码。

代表船公司的经纪人或办公室在出发港为出口运输中提供卡车货运服务的供应商付款。他们需要在每艘船的所有文件都收集齐时才能付款。有了卡车承运人，付款时间就能控制在合理的范围内，而不是90d或120d，这些时间可以用来收集公司需要的所有文案材料。如今很多水路运输承运人使用电子账单，货运公司应该努力适应这些要求。更多细节请参阅本书的船运一章。

五、索赔（针对运输中的不规范行为）

船公司针对货运公司丢失或损害货物的索赔行为无规律可言。在门到门运输过程中，责任会延伸到处理货物的货运公司，但是船公司无法追踪事故中驳运人的行为。即使送货卡车驾驶员有过失，在直到卸货前，货物的所有权仍属于发货人。货运公司的保险公司发现船运索赔过程中的这个漏洞；尽管出现过失也不用赔付。

然而，最佳的做法是勿依赖这些容易引起混乱的漏洞，而是让国际客户或其保险公司来负担成本。应该向卡车承运人的保险公司告知这种情况。不幸的是，保险公司将这种必要性与实际报酬排名相联系，且在货运公司的运价上有所反映。意外总会发生，而驳运人的诚实守信则能一直保持和船公司客户以及提供商的业务关系。

第五节　卡车运输公司作为其他卡车运输公司的多式联运业务提供商

本书中卡车运输公司被定义为注册且有运营基础的承运人，其拥有行政管理和销售能力、正规法律文件和保险。这种承运人拥有自己的挂车、集装箱装备或铁路公司和其他公司多式联运服务方面的装备。

这些承运人可能需要多式联运卡车运输公司进行业务操作，主要作为：

(1) 在自身运力不足时，使用短驳卡车；

(2) 在需要公司代表时，作为卡车运输代理；

(3) 长期出租人；

(4) 运次租赁出租人。

一、短驳托运

在这种情况下，卡车运输公司作为客户来雇用短驳承运人，这和公司客户或托运经纪人接受订单的方式一样。卡车运输公司想寻找一个符合当地法规（注册、许可证、标识等）、拥有托运能力和驾驶员的驳运人。多式联运卡车驾驶员不能作为卡车运输公司的代理人，他们将雇用这样的驳运人，接受订单并完成装运任务。

如果有理由要求驳运人给出折扣运费，卡车运输公司一定会在首次讨论中提出该要求，那么会谈很可能以价格问题开始。若运价不在可接受的范围内，驳运人尽早结束讨论。在实际操作前，卡车运输公司会寻找折扣运价，以平衡货物的运输费用。

驳运人应该根据实际运输过程，提供平衡运价的概念。短驳承运人应该遵循以下几点。

(1) 货物装载地点：若装备不局限于卡车运输公司所属，则运价可以进行调整。驳运人经常在其区域内拥有空的运输装备，或者其他多式联运运输中卸载后的装备。在这种情况下，由于驳运人在首程运输中已获得回驳费用，因此可以在回驳时提供较大的折扣。

(2) 若有卡车运输公司客户所属或所限定的装备（通过换装），最好使用这些在此区域卸载的装备，然后根据空车里程调整运价。这是一个不考虑交通路程和货物量，就很难满足驳运驾驶员和汽车卡车运输公司要求的业务。

(3) 货物卸载地点：驳运驾驶员在卸货时也有可能降低运价。可以提出根据"来则装载"原则进行定价，将卡车运输公司客户的转载与之前该装备的卸载结合起来。如果目的地区域货物量较大，而且可以将挂车用于其他多式联运承运人的业务的话，就可以得到交叉托运的好处。在其他情况下，若卡车运输公司不反对，集装箱或装备可以用来运输别人的货物，这样的情况需要在协议上特别说明。

根据卡车运输公司客户与租赁人和铁路公司达成的协议，在铁路堆场或铁路站场装载挂车或集装箱是最好的做法。这种限制性的收货方法不是必要的，但却保护了驳运人，并合理分配了逾期费。这项费用由卡车运输公司支付，所以驳运驾驶员的保险收据应该减去这些数额。这种常规做法可以在真正接收订单之后进行安排。若多式联运集装箱或装备在驳运运输经纪人的协定下被装载，那么人员和装备责任则完全不同于卡车运输公司客户负责情况下的责任。

卡车运输公司客户会核实驳运驾驶员保险的涵盖范围,同时很大程度上会核实驳运驾驶员的安全记录,这种做法是合适的。

如果驳运驾驶员的工作适合卡车运输公司的运营,那么卡车运输公司将雇佣驳运驾驶员。随着公司运量的增加,他们会有更大的意向将驳运驾驶员替换为代理人,或者把自己的员工派遣到工作场地。这是一种商业冒险。驳运承运人已经在当地建立了可信赖的戸望,这样的冒险有可能导致卡车运输公司逐渐失去业务。如果丢失业务的比率逐渐增大,驳运驾驶员在变革之际会选择离开并加入新的运营团队,这对于卡车运输公司将会是毁灭性的损失。

二、卡车运输代理

卡车运输公司在合约表上签字后,便成为当地的卡车运输公司。他们将会作为卡车运输公司客户接听电话,他们的卡车也将贴上有卡车运输公司号码的标志。所有的行政成本和关税将会由卡车运输公司承担或支付,卡车运输公司为他们提供保险。此时"卡车"就是卡车运输代理。

若卡车运输公司与卡车运输代理达成共识,不参与激烈竞争,用自己的装备卸载货物,或者不会在非特殊情况下将其免职,这样的规定还算合理。当然,不排除特殊缘由例如竞争需要或者贪婪。总体而言,卡车运输代理选择他们是为了卡车运输公司的利益,不关心他们自身怎样发展或者如何为承运人的总体收益做贡献。

卡车运输公司雇用卡车运输代理的原因有很多,其中最明显的有:
(1)承运人在他们渴望开展业务的区域扩展影响力。
(2)一个拥有货运业务、卡车和牵引车的人带着想成为经纪人的想法找到他们。
(3)拥有不止一辆牵引车的人想在卡车承运人感兴趣的区域发展业务。
(4)卡车承运人目前的代理人不太令人满意。

想要成为卡车运输代理的人,应当知道他们所用的牵引车来自何处。一般来源是自有经营者,通常是拖车所有者。他必须知道如何获得动力、保持动力、如何成长并在需要时代替自有经营者,并且需要让卡车运输公司的安全部门相信他的能力,让操作部门相信他有实力负责经营"连锁店"。

在不影响公司业务的情况下,卡车运输公司会给驳运代理人提供表格和系统(很可能是计算机装备和电话线),将之前的商业方法与新的业务相结合,很大程度上会有收费的可能性。驳运驾驶员的牵引车需要有货运公司标识、车厢标识(如果有的话)和州或联邦(美国)纳税或认证标识。

虽然可以随时通过电话收到订单,但需要正式的传真或电子订单来确保驳运人和货运公司所了解的信息一样。文件是发票的支撑性材料。

格式大体上是固定的,所有运输过程的方式也一致。在货运公司搭建一个与驳运人计算机互联时,后者必须保证所有数据人工或自动录入的系统。如果代理的客车在空载或半挂牵引时有回程安排,应在卡车运输代理把卡车送到现场之外的业务区域时立即通知货运公司。

配送通常由卡车运输代理根据货运公司派遣单制订的框架来完成。货运公司会将其拥有或控制的运输装备换装给代理人使用,不仅是装备,如果驾驶员在场,甚至会借用货运公司的长途驾驶员。这种类型的运输(使用货运公司的人力)应该在原有的协定上被认可,支付给代理人的赔偿费用也应提前安排好。否则,这样的行为会认为是违反合同规定。当卡车运输公司的装备占主导地位时,驳运人应该成为一名经纪人,寻求另外一位主顾或自立门户。

运输顺利完成后,需要向货运公司报告,出现失误则更应该报告。驳运人应认识到失误不是因为自己,而是由于卡车运输公司才错过了配送或收货安排。尽可能地将报告与运输过程的付款结合起来,给货运公司提供一个更快付款的理由。

在不同类型的协议中,对于牵引车的控制程度相差很大。驳运人可能在货运公司派遣下交出控制权,而当卡车运输公司在代理人的工作范围内提供要返程的货物时,控制权也将被返还。这种操作形式对于作为承运人的驳运人是有一定风险的,特别是当卡车为个人所有时。驳运驾驶员应尽量让牵引车在自己的控制范围内,若超出运输范围,将货物换装至其他卡车运输公司。

驳运人应该考虑控制卡车运输公司或换装的集装箱和挂车,就像与铁路公司和船公司合作时注意到一些不同点一样,而且很可能需要例行报告地点、身份和状况。修车事宜应当听从卡车运输公司的指挥;以公司的名义进行换装使得货运公司对自身所有的和非其所拥有的运输装备负责。

由于发货人和收货人是其客户,账目记录应该交给卡车运输公司完成。向代理人的付款应该和很多运行良好的公司一样及时,如下周就支付。知名公司的付款速度取决于代理人在信息、集散货凭据方面符合公司要求的程度。服务完成后两周是最长付款时间。

三、长期出租人

与出租人签订合同允许卡车运输公司提供管理服务和实际的配送派遣控制权,包括标语牌、安全培训、车厢标识(如果有的话)、贴纸等。

卡车运输公司与出租人或牵引车所有者签订合同是很常见的行为。通常公司分配给他们一些业务并让其经营。当出租人交上文件或(和)接到分配的工作时,卡车运输公司会监督他们。在大多数情况下,驾驶员和收货人或送货人建立密切关系,货运公司会丧失对运输过程的控制权,运输过程成为行业供应链上至关重要的部分。

更常见的是汽车卡车运输公司联系卡车和驾驶员,将他们作为运作的"稳定的"部分融合到自身的系统中。公司派遣部门发布指令,行政部门进行付款。以上即为出租人。

四、租赁出租人和用于班次(或短期)租赁的牵引车

有一些自由的出租人,他们不和承运人或运输公司签订长期合同。他们关注的是半挂牵引车,用来拖拉多式联运挂车和集装箱。对于签订了多式联运换装协定的卡车运输公司来说,他们对这种驾驶员的存在很感兴趣。

这些人仅渴望通过开车赚取生存所需的钱。他们没有挂车(没有钱或信用来购买挂车),也不想承担注册许可证的责任。他们和第一批拥有挂车的人有相同特点,不受经纪人的约束,自由发展。

这个群体在行业中艰难地生存着,经纪人或其他与之签合同的人全都榨取他们的劳动力。结果却使他们成为最不能信任,最难打交道的一群人。

除了牵引车和驾驶员,货运公司或代理人为班次租赁操作人提供所有东西,包括暂时的许可证和标识。尽管牵引车很可能有最少额度的保险,卡车运输公司也会承担其客户要求的责任和财产损失。如果以前货运公司使用过这辆卡车,为了增强驾驶员的动力,燃油费很有可能会提高。而事实上,货运公司为了使驾驶员舒服,至少会付给他们较高的报酬。

由于缺乏业务组织,很多从业者在技术上都是最先进的独立卡车承运人。他们在车厢内经常放有电报机、扫描仪和手提电脑。在运输中,使用这些设备收取和发送账单、国际文件的复印件和发送许可证申请。

送货之后,卡车会使用一个提前贴好邮票的信封(由货运公司提前提供)来寄送收据、提单、燃料收据、航运日志的复本等。表面上,这是在履行合同,而实际上,这是确认卡车运输公司是否拥有证据来证明服务的完成。报酬会在文件收到后支付。

鉴于多式联运换装协定的复杂性、装备拥有权的多变性和大多数业务的国际性,不推荐使用班次操作人。仅当货运公司对于卡车承运人或拥有者能够进行管控或制约时,类似30d的短期租赁是合适的。报告工作情况不是他们的长处,特别是当提前支付了足够预付款的时候。

第六节 物流业务:向多式联运货运公司提供工作

本节将讨论这样类型的公司,其发展目标是行业物流服务的供应者,他们主要为客户的货物提供完整的运输服务,并且实行单一的业务源头控制。那些多式联运运输公司额外提供国内、单一运输方式的服务,即铁运和货运。他们提供成本最低的运输,也有可能不属于多式联运运程。物流提供商对于多式联运货运公司的重要性主要体现在两个方面:①他们有权决定使用的运输方式;②他们可以把运输业务指派给任何一个或所有承运人。真正的物流提供商应选择最适客户需求的运输方式,但这可能超过了运输需求的范畴。

在放松管制、计算机应用软件出现、全球市场国际化、铁路公司数量减少、多式联运制成熟、公司集中化和兼并显著增长之前,公司的运输经理所做的工作在本质上与如今的物流供应商一样。随着时代的巨变,懂得在运输货物方式上节约成本的专业人才变得十分稀少。这些有实际操作经验,了解(美国)国内国际运输,熟知各地不同的法律法规的人往往不能适应这些变革,因此未能为雇主提供指导。越来越复杂的业务需要更广泛的知识和能力,而这比公司发货人和收货人所接受的教育要重要得多。

一、运输公司

铁路、汽车和水路运输承运人拥有运输货物所需的知识和能力,懂得运输系统如何操作。在20世纪结束之际,不同的铁路公司为他们的工业客户提供全面的运输体系。在多式联运方面,铁路公司最早为了保留业务或从卡车运输公司取得业务而如此运作。早期进行这样操作的公司发展成为专业公司,他们在集装箱供应商成熟的市场上寻找有利可图的业务领域或地区。切西的 CMX 和联合网路集团的 Mercury 就是最好的例子。

近年来，铁路公司凭借着为特定的客户提供运输系统获得了业务的增长。相对于汽车承运人的竞争来说，铁路公司增长规模有限，但有些公司依然取得了商业成功，例如联合太平洋铁路公司。

最早有相关知识的卡车运输公司作为货物经纪人，通过收购发货人或接货人的船队进入此领域。之后发展成为可以利用承运潜力来满足客户需求的运输公司。从最初到现在，他们的增长远超出了言语可以形容的范围。现在，大家普遍认为，卡车承运人建立物流公司是最成功的。

水路运输承运人实质上保留了其自身体系的物流服务。他们并不后悔成为物流公司路线的一部分。他们似乎在限制自身的发展，并不愿建立经营领域更大的公司。在概述中也存在部分特例的承运人，他们经营着狭窄的运输线路或某些运营区域。

二、第三方物流公司

在收购很多公司的基础上，将这些小公司以降低整体配送成本的方式组织起来，成立超大型的商业集团。第三方物流公司的出现，意味着可以通过结合运输知识、自动化、会计和国际贸易来降低成本。

这些公司开始是会计事务所、货运经纪公司、咨询公司或计算机系统公司，也有一些是长途承运人与上述公司的结合。那些以会计师、咨询师和计算机系统为导向的公司对自身的专业有歧视，结果导致他们所销售的产品与客户之间未能实现顺利的、有成果的互动。

以价格为导向，在系统成熟到能够提高对服务价值的认识之前，第三方物流公司会为多式联运承运人提供大量的货源。业务会在一定的价格基础上成交，新公司和成熟公司之前的摩擦会被调和，使其在商业上更可行，否则将不能生存。可能某些方面对雇用的承运人不太适合，因此需要商定更细致的协议。

只要不是涉及多式联运方面的问题，起源于货运代理业务的第三方物流公司在其他运输业务上有很好的基础。这种公司能够比其他的物流提供商更好地满足客户的运输需求。小型的多式联运货运公司可以在第三方物流代理人的需求中找到自身的位置，这对双方都有利。但是第三方物流从业人员更倾向于大运输量的业务，因此会寻找货运代理人或大型承运人来从事实际区域内或者长途的运输业务。虽然后者对于多式联运货运公司有更好的雇用（签合同）机会，但其所涉及的附加成本会减少利润潜力（给予货运公司的利润也会随之减少）。

第六章　多式联运卡车承运人之货运提供商：托运代理人、经纪人和其他

三、国外货物代理人

货物代理公司所涉及的专业知识对其成功发展为全面的物流服务公司很有帮助。货物代理公司的特点促进了一个完整系统概念的形成。当客户和他们合作越来越顺利时，还会要求他们提供一些文案工作之外的服务。

整个物流领域业务增长的核心是运输过程，而这正是很多代理人所擅长的部分。同时在很多情况下，由于国外货物代理公司在各国都设立办事处，从而确保了其从出发地到目的地的运输能力。代理人获得业务增长的路线很明确，且涵盖了全部物流业务。

如果多式联运卡车承运人能够以全面物流系统为导向，来满足国外货物代理人的需求的话，那么他们很快就会得到发展并且成为整个物流领域重要的一部分。

第七节　货运信息平台：互联网服务提供商

本节简要讨论应用互联网服务公司和历史性资源来进行的多式联运运输业务。

货运承运人提供服务时，需要认识到多式联运汽车承运人行政管理缺乏深度的事实。通常的情况是，驳运人发展成为货运公司，而如今的商业社会已经变得异常复杂，需要行政、安全、销售、维修甚至操作部门的共同努力来开展业务。类似连锁式服务，可以在网络上提供这样的业务。卡车运输公司可以有偿使用这种连锁式的业务来经营公司。

至今，货运公司的幕后支撑公司也未能被普遍接受。由于驳运人缺乏应付多式联运货运各方面的技能，也不习惯为一个看不见的系统提供数据，听从其指挥，货运承运人并不愿意依靠该系统，并且对此存在着怀疑，从而迫使计算机系统服务商不断优化系统，使其方便使用且节省成本。然而，在很多情况下，一个令人满意的系统是计算机系统提供商在先前失败的经验上开发出来的。

一、基础互联网

一些服务提供商使用互联网作为驳运人订单输入、操作和记账的平台。这种计算机系统的结构搭载在互联网上，就如同一个实时共享计算机。货运公司可以根据自身需要输入信息。

货运公司管理人员在与货运信息平台（服务提供商）签约之前，有必要先进行会面，以便

使货运公司正确评价和理解该服务提供商与卡车运输公司相关的系统。不仅要在提供商的总部和货运公司设施上进行演示,其他地方也需要进一步考察。驳运人需要不断进行软件培训,以使其理解软件操作的步骤。货运公司必须能够理解预期的结果。

在使用货运信息平台的终端时,提供商必须提供必要的支持和持续的动力。唯一会导致失败的重要原因是:货运公司没有投入努力,且在购买系统前缺少专业的操作人员以使系统顺利运行。

初始化系统:卡车驾驶员数据信息、牵引车、底盘、客户名称、重要日期、里程等数据应该先输入系统,并且提供相应的数据结构。合成的文件便是"卡车运输公司"在"网络上"的计算机系统中的一部分。这些便构成了数据库,操作系统就可以得到货运公司需要的信息。为了确保信息无误,服务提供商会在输入数据时提供帮助。

调度系统不一定是提供服务的组成部分,货运公司可以根据运输单的进展情况输入信息。

二、订单输入方面

必须知道的方面:当收到运输信息时,需要在系统中输入必要的数据(如,牵引力的分配、首程运输的日期和具体时间、真正完成、交还装备等信息)。

入站与出站运输、平车装载公路挂车与集装箱装载公路挂车、国内与国际运输等不同的指标,即多式联运装备的复杂多样性,使得使用者在签订租用协议时更需要花费大量时间来检查系统。

最常见的疏忽就是在系统中忽视了底盘数据。

互联网(或其他方式)服务完整的货运信息平台应该及时更新系统中的财务与信息系统,并自动备份数据以防服务器故障。货运公司随时使用的虚拟(互联网)系统若拥有以下这些项目会帮助其取得成功:服务信息时间、州内里程报告、承运人或承包商生产率、承包商付款、可收账目报告、可付账目报告、互联网领域的获利与损失、资产负债表、收账协助、维护记录、员工档案、工资表与报告、追踪货物、代理完成记录,以及这些项目的子项目和经营货运业务的其他部分。

考虑到提供商的使用,货运信息平台(服务提供商)应能够真正持续地维护大量货运公司的信息安全,并且保证驳运人在操作和功能上顺利使用系统,就如同计算机操作能力是货运公司的财产一样。所有信息操作需要得到适当、充分的安全保护。

对于驳运人来说,这些操作应该依照预先的预算,根据每张订单、每担货物创建一个提供全面服务的电子数据统计部门。货运信息平台凭借着多年的业务经验和其丰富的员工经验,全面考虑正在使用中的各种计算机系统进行恰当的连接和调整以适应多式联运操作(如卡车底盘)。在销售前,程序和系统必须到位,解决方案也应到位,而不是依赖货运公司发现需求,然后装备提供商才开展调查,重新编制程序。

三、实时共享

货运信息平台的基本原理中,较普通的服务应该是计算机实时共享。实时共享即将一台计算机的容量在众多使用者中拆分开。其理论是计算机运行速度足够快,使得每位使用者感觉他们完全控制了计算机。事实上，随着程序配备时间的流逝，计算机只分配给每位使用者一部分容量。随着千兆字节速度的出现，这些系统进入商业运营已30多年，并且运行状况良好。

实时共享服务商可能使其他卡车运输公司分离了自身的多种功能，重新整合系统来允许类似的客户私下使用。需要计算机技术支持的多式联运驳运驾驶员可能会与此类承运人签署协议，与其分享时间（和系统）。提供商至少会分摊其日常费用，而且使用商可以分享到类似公司的技能。

另外一种情况是，提供商即是从事出售实时共享容量业务的公司，通用电器公司从事上述业务已30余载。此类公司拥有或购买适合承运人需求的卡车运输软件。同样，这些系统除了可以完成工作外，最主要的优点在于无须投资人员或装备。竞争和卫星技术降低了实时共享的沟通成本。操作系统和"免费"的互联网平台一样具有成本上的竞争力，而且有可能比后者反应更快。

第八节　装备：非铁路公司、船公司与其他运输承运人基于非资产型卡车运输公司（作为托运经纪人）所有权的考虑

前述有关承运人的各节讨论各种运输主体的装备供应。本节从非装备拥有者的视角入手，可以指导货运运输过程的出发，重点论述集装箱和挂车的来源。

这些公司为装备拥有者提供很好的服务。如下文所述，他们使得运输公司在市场知识的积累下，用有竞争力的价格，把货物从物资丰富地区运输到短缺的地区。

这些公司即为基于非资产型的公司，意味着拥有房屋、办公设备、计算机系统、人员等，但不拥有卡车、列车、集装箱、挂车等运输装备。抑或此名称仅用来区别拥有装备的运输公司和众多非经营、不拥有车辆，但大批量承接或代理货运业务的运输公司。

在多式联运集装箱化之前，这些（基于非资产）公司与经过认证的卡车承运人是多式联运业务的主要来源，这些业务都是铁路公司负责或卡车自有装备。作为一类客户，他们被称为托运代理人。本节的所有此类货运提供商都为货运托运人。托运经纪人与铁路公司曾一度存在着矛盾，后者尝试成立所有权业务系统或市场，并控制托运经纪人。尽管竞争依然存在，铁路公司和船公司运力的成熟、卡车间的竞争、计算机控制能力的增强使得每种运输方式的界限越来越模糊。

一、装备所有权的替代

从列车车厢理念开始，装备所有权的发展情况已在本书中进行了论述。北美地区的多式联运装备供应由诸如铁路公司、船公司和汽车承运人的运输公司主导。一些国内的货运代理人和卡车零担货承运人使用无自身所有权的装备进行长途运输。

近些年来，装备供应公司（利基市场供应商、租赁公司等）取代铁路公司（在有些情况下是船公司），向满足要求和付款的使用者提供集装箱和挂车装备。

货运代理人可能和这些利基提供商签订合约。合约针对的是一定数量的载运单元或以需求为基准的运输。当有运输需求，所需设备可用时，托运经纪人将指定载运单元，随之将

其分配给合适的货运公司。托运代理人负责所有的逾期费、评估费用、储存费、滞箱费等。货运公司有责任及时有序地归还装备。

二、平衡运力资源

一些区域是货物运输的热门区域,但并不是业务的提供区域。这会导致这些地区累积一些空的载运单元,即只有入站的而没有出站的货物。负责这些装备的人员不愿意其空载返回,富余的装备吸引着货运代理人,其试图以较低的运价使用这些载运单元。因此,卡车运输公司与其他装备拥有人经常提供低运价,试图将装备运往出站货物较多的地方。

多式联运装备富余地区的托运代理人在干线道路运输上提供具有很强竞争力的运价。他们以较低的租价获得装备,并将其用于多式联运业务。他们有效地限制了货运公司的价格。如果回程有货可载,参与最初运输的货运公司比那些未能参与的具有领先优势。在出站货物运输中,若由这些代理人来揽货,货运公司会发现费用有所降低,即获得了双重折扣。

三、市场装备缺陷

当装备的运输量小于多式联运的货物量时(出站大于入站),拥有空载装备的首程运输多式联运驾驶员有机会对装备再次装载。在这种情况下,货运公司可以在首程运输基础上加入回程运输,或者持有装备,先不将其归还给所有者,而是等待再次装载。在铁路公司、利基拥有人(相关代理人可能不喜欢此概念,但不会由于及时归还而受到损失)、船公司允许的免租期内重载和归还将带来返程利益、节约时间(驳运人免去归还载运单元的工作)和装载收入等好处。

四、换装(不同运输方式之间)

多式联运运输使用者基本上没有多式联运挂车和集装箱的所有权。同样,他们对由于区域原因产生的盈利或亏损的业务不感兴趣,除非此情况影响到运价或服务。这就迫使提供装备的承运人和租赁人学习集装箱和挂车的分配和平衡系统。最初,铁路公司尝试运用其他业务中的铁路车厢分配规则。后来,基于经验的数学算法开始被应用,这给托运代理人带来了困扰,因为这些算法使他们出现了装备短缺。最近,造成收支失衡的业务成本支出主要体现在涉及的义务(提高运价),或挂车和集装箱装备的租赁等方面。

装备的失衡促使了换装的出现,当发货人为了最终的运输允许再次装载货物时,把货物从一个载运单元移动到另一个现实的、经济上可行的载运单元。换装的可能性存在于众多情况下,且在实际的再装卸过程中有严格的质量控制。自从2001年"9·11"事件后,换装的可能性成为未知因素。

五、实际控制权

货运托运人通常对装备无所有权,但有着实际的控制权。一定量的挂车或集装箱通常是以总数形式而不是根据某一特定的载运单元安排在某段运输过程中,没有指定或特定的单元,仅是任何时间一段路程或一段运输服务中额定数量的配置单元。对此铁路公司存在固有的方法指导和决定具体步骤。

需要向客户许诺物流进度的托运代理人会从装备提供商处得到运输装备到位的承诺。根据获得的业务量和载运单元的装卸速度(即载货需要的时间和在收货人门前卸载的时间),特定数量的载运单元会随之协商好。因此,在指定的线路上和忽略其他在此地区装载的客户的情况下,对涉及的发货人而言,载运单元的数量是能够保证的。这种想法很难被执行。不论泊位装备的发货人是否满足装载目标,装备池会一直保持下去。

为一次运输分配某些装备和为一次运输分配额定数量的载运单元类似。集装箱和挂车基本上是为该服务而建造或者根据目前多式联运装备的翻新库而翻新。它们通过携带不同的标识来表明它们属于特定的交通车道。发货人会保证货物量,而货运代理人根据这个保证,与涉及的铁路公司进行交涉。通常情况下,发货人会以书面形式确保货物量。如果是特殊装备的话,他们需在合同结束前,保证支付由于业务缺失或协议中止而未使用装备出现贬值的价值和任何特殊化的成本。

发货人或收货人无意地通过装载特殊化装备而非协定的装备破坏了对于指定装备的控制,此现象较常见。装备被送到了约定的运输线路之外。如果合同中未提前说明此现象,铁路公司需要免费将之运送到运输线路上来,对于长期的合作关系而言,这在经济上是不可行的。若装备特别有吸引力,那么其有可能在错误的目的地重新装载,运送到一个新的地点,而当地承运人也不会迫切要求返回正确的线路。

托运代理人通常使用一个更加实际的控制方法进行货物的集散。他们可能让驳运驾驶员在特定的运输中一直持有指定的载运单元。只要他们一直有业务,驳运驾驶员普遍乐意遵守。当保留业务需要计划路线外运输、储存和逾期费时,这种控制逐渐就会消失。此时,驳运驾驶员可能为了操作方便或避免逾期费会再次装载。

六、装备所有权(实际拥有或租赁)

当一个托运代理人拥有装备时,会为它们做上标记,并以各种方式控制它们。根据作者的经验,如果装备是特定的(只是用于某一段运输),则代理人成功的可能性最大。不保证绝对成功但是成功的可能性很大。普遍的服务装备适用于大多数运输,而且最容易被转移且需要精确的控制才能达到恰当的平衡、适当的使用。同时存在维护(轮胎维修等)这个长期问题。最终需要重新平衡空载装备和负担费用。

在任何一端的驳运调度人员都会认为普通服务装备是日常使用的,故一般不会同意将载运单元空载返回至集装箱码头(等待货运代理人再次装载),因为这样会产生无运输收入的运输里程。如果另外一个货运公司前往集装箱码头来装载载运单元,他们会强烈反对,因为他们认为自己有能力处理任何运输。

总之，拥有和管理普通服务装备需要很强的控制力，但是这很难实现。

货运代理人通常会认真地核算拥有或(和)租赁特殊化装备的成本，并且希望拥有市场和保持平衡的潜力得到了切实的评估。但是，有无数背景调查并没有进行或进行得并不恰当，或者市场发生变化，或者由于其他原因收购不顺利。创新市场策略的出现经常会蒙蔽那些依赖这种结果的人。

冷藏式挂车或集装箱装备可能用来将易腐烂货物从生产地区运输到消费地区。恰当的成本计算最能解释生产地之间的船队空载运输或在消费区域的重新分配。在真正购买这些装备前，"冷藏船"载运单元需要进行有偿的运输。丰收时期，将农作物从初始目的地运往其他地区要卡车运输，此时就需要平衡卡车运输。必要的知识，加上计算机技术，使得这一理想成为现实。

此装备在任何一段短驳托运中都需要进行评价。农作物产区由揽货的卡车承运人提供服务，其熟知某一段时间、某一装货场地装载的需要。但也有例外，在东部目的地区可能由驳运驾驶员提供服务，其主要业务为多式联运商业运输的普通货物。货运公司在易腐烂货物运输中，很容易受到乱放、到达时间拖延、质量索赔和其他琐事的困扰。作为易腐烂货物运输的中坚力量，干道运输的中转卡车承运人也会遇到这些问题。多式联运驾驶员在为此运输进行装备投资前需要量化缺少的经验、预估成本。

农产品发货人同样属于冷链运输营销系统中的一部分，其一直依赖于特定自有车辆运输。他们认为多式联运系统是排第二位的。一个新的理念可能需要很多年才能证明其存在价值，鉴于多式联运过程中时间的不确定性，使得任何的装备投入都局限在小规模范围内，且需要认真监管从而保证顺利使用。尽管刚开始发展缓慢，最初小规模的市场会以其即期价值进行估价，在规定期限内对铁路公司(在价格和时间方面)没有很大的吸引力。

任何专用装备市场对于那些没有发展长期投资战略的托运代理人来说都是富有挑战的。他们可能没有后续的能力或人员使理念获得经济上的成功。

其他类型的专用设备已经投入使用。是否成功取决于具体的实施计划以及项目本身的合理性。

敞顶集装箱、驳船用于将土豆从种植区运输到全国的消费市场。他们同农场主自己驾驶的干道卡车或吉卜赛式运输车长途运输相互竞争(不依附于特定承运人的自有车辆卡车驾驶员)。这类运输的载运单元被多式联运的支持者用来运输佛罗里达州的橙子和西红柿。

第六章 多式联运卡车承运人之货运提供商：托运代理人、经纪人和其他

不装载炮筒的坦克炮塔被捆绑在平板挂车上，可以使平车装载公路挂车按照指定的运输路线到达组装库。

在20世纪70年代和80年代，用于运输农产品和水果的通风厢式挂车是铁路运输公司一个主要的运输方式。西瓜运输是一个较为失败的尝试，因为通常情况下在焊接铁路和专用列车之前，由于平车装载公路挂车的压力，装载西瓜的方式不恰当。而且配送人员要求驾驶员不接收有渗漏（西瓜汁）的挂车，使得西瓜运输成为一个失败的案例。但是如今，这样的产品运输也可能取得成功。

在集装箱或挂车上安装类似装载块或撑杆的装置来固定货物。撑杆的本质是装载了弹簧的杆，与挂车的宽度一致，并且与运载单元的内壁与底板装置相匹配。安装装载块和撑杆，在运输的货物有移动倾向时将起到作用。

不幸的是，撑杆不是必备品。通常情况是分配到某一运输任务时，多式联运载运单元备置有装载块，撑杆应该是特定发货人或者运输代理人准备的，也有可能是驳运人准备的。

挂车配有下拉式的内部架子，相当于一个中间隔板。事实上，这种配置已存在很多年，并成功运用于特殊的运输路线。

七、货运代理人的责任

当货运代理人依靠驳运货运公司使用普通牵引车和集装箱运输货物时，其责任是很小的。多式联运货运公司依赖的是可在公路上驾驶的、贴有美国联邦公路局标识的冷藏箱必用装备，和卡车承运人的技术。在这种情况下，最终卡车公司需要归还设备。

货运公司与铁路公司的协议使前者几乎承担了所用装备的所有责任。一直以来，没有任何商业理由促使货运经纪人改变这种现状。

在货物受到损坏时，货运经纪人的职责范围会出现例外情况。近年来，运费指南（即《公路多式联运运费指南》）规定，铁路公司对很多不便运输的产品运用多式联运（或任何厢式卡车承运人）的货物负有责任。例如：炭黑。如果铁路公司无意中接受了这种货物运输，而且此货物破坏了挂车或集装箱，那么对铁路公司的惩罚是很严厉的。

八、铁路公司的前景

在设备结构和供应方面，铁路公司对于货运代理人的态度反映出所能提供的数量、所提供交通的特点和此经纪人与客户间的关系。铁路公司与多式联运提供商更愿意采用的业务方式，究竟是自己提供还是使用经纪人的协助，仍然存在问题。

有迹象显示，铁路公司更希望所有客户提供自己的运输装备。货运代理人享有自有装备运输的较大折扣便可说明这一现象。运价折扣与铁路公司所有权和装备维修的成本相当。运价的降低很可能反映出了对货运经纪人之间的竞争。

附录1　铅封保护没有意义吗?

如果你相信始发地堆场的铅封记录,其实这个铅封是在目的地收货人处破损的。
如果你确信不是驾驶员的责任,那么你就错了,责任可能已经存在。

下面是一个卡车运输公司在交货时的真实经历,基于所谓的卡马克修正案,曾面临美国联邦法院对他们的起诉。

情况是:一位有信誉的知名第三方传真给底特律的联运卡车运输公司一份揽货订单,对在去底特律铁路堆场途中的挂车进行交付。从铁路堆场提取入境的载货铁路挂车,将货物运送给一个在密歇根州利沃尼亚(距离堆场约15mile)的客户。

卡车驾驶员慢慢驶向底特律去寻找挂车。但是到达底特律时第三方坚持马上送货,并且迫使铁路公司准备好集装箱,要求卡车驾驶员尽快运往利沃尼亚。卡车运输公司安排了一名驾驶员在堆场等候。这名驾驶员看着挂车被抬离铁路车厢并且落地。他核对了完好无损的铅封件并通过车载计算机告知调度员数量。他在铁路换装文件上签字确认了铅封码。

当时是上午11时15分。在中午12时到下午12时15分之间,收货人代表签署了卡车运输公司的收据,上面显示铅封完好无损。但是该名员工发现了密封件已破损,打开挂车车门,挂车里面并没有货物。

驾驶员通过电话告诉调度员,并且驾驶员被告知他需要将挂车返回码头,进入挂车进行确认。调度员按驾驶员要求操作之后,也将情况告知了第三方。铁路方也得知了此消息。

随着事态的发展,底特律的第三方通知迈阿密的揽货承运人取了4个托盘的货物(香水产品)到卡车运输公司的码头(途经铁路堆场),并且打开挂车车门。这一行为被看作是其"肯定会通过铁路进行运输"。揽货的卡车驾驶员发誓他按照第三方的要求做了。之后挂车被运到铁路公司,换装单上对新铅封进行了记录。

这个空的、完好的挂车带着其完好无损的铅封抵达底特律堆场和目的地利沃尼亚。

底特律的卡车运输公司将情况告知了他的保险公司,根据经验在底特律和利沃尼亚的明确的铅封记录将使双方避免发生冲突。底特律的第三方致函底特律卡车运输公司表示他们将索取赔偿。这四托盘的香水总价值为25万美元。

大约一年后,底特律的这家卡车运输公司因在这个事故中负有责任而被起诉。原告是一家保险公司,而不是原来要求运输的第三方。看起来第三方摊派了部分费用作为保险费用。但是当有索赔时,经纪人将索赔责任转给保险公司。此类人(托运人或收货人,或其他人员)遭遇损失,将由保险公司进行偿还,并将索赔权转给保险公司。

因此,第三方有效地忽略了他对卡车运输公司的索赔状态。任何第三方暗示的、导致损失的想法都被刻意避免了。在这种情况下,第三方的保险公司几乎或完全没有进行调查就支付了赔偿。然后,保险公司寻找其他途径来弥补其损失。

底线:底特律卡车运输公司被判决为违反了简易判断法案(法律知识渊博的人,请暂时接受我这种说法)。这样判决的依据是,按照卡马克修正案,运输中最后的承运人被视为对所有损失承担全部责任。这是因为(最后的)承运人可以从其他承运者处获得补偿。

其依据为,铁路公司放弃了对卡马克修正案中"依据为第三方提供服务的合同采取行动"的解释。(第三方从未支付涉及的保险费用,这又是另外一回事)。据悉,第三方更换了名字,但仍然继续雇佣迈阿密卡车运输公司(2000年中期)。(在法律行动的冲击下,同时也关注当时的情况),底特律的保险公司同意了原告保险公司赔付15万美元的要求。如果他们不妥协,并且在最后输掉官司,那么底特律承运人将会面临着25万美元和15万美元保险费的罚款。

观察:保险成本已经变得非常高。Shakespeare的律师已经意识到卡马克修正案所规定的多式联运存在弊端,使联运卡车运输公司变得更加脆弱。卡车承运人保险公司的律师因无知而没有意识到局面的复杂,并且无法绕开这个深渊。法院没有记录这种类型案例的解决方案。承运人通常不会向警方报告这种损失,并且联邦调查局对这种损失也不一定有兴趣,至少在这个案例中他们没有兴趣。这些损失会体现在保险公司的记录和费率中,并且会带来对保险范围的不确定。

附录2　多式联运中的术语

附加费：除去运费之外，卡车驾驶员产生并索要的费用。卡车驾驶员在分派卡车之前可能会，也可能不会意识到。例如，驾驶员会是实际上卸载挂车的人。在所有的情况下，为了谨慎起见，卡车驾驶员会在工作完成之前，要求责任方提供一定数量的保证金来承诺费用支付。

反向短驳：从一个地点移动到另一个地点，返回到地面的货物运载。例如：通过铁路从纽约港到芝加哥，载运货物的终点是印第安纳州的戈申。一个多式联运过程是通过铁路到芝加哥，再使用卡车到达戈申，从芝加哥返回到戈申的过程称为反向短驳托运。

回程运输：所有的卡车运输都被认为是往返移动的，一个方向被认为是与另一个方向（返程）相比更加有利可图的去程（往程），一个装载的载运单元被运送出去，完成运送任务之后再返回来。如果不能将往返两个移动过程按照去程来确定运价水平，那就必须为单独的返程确定一个略低的金额，后者（更低的那个）就是回程运价水平。如果卡车在最初被派遣出去时就是为了一个特定的运输活动，但是在这之后的其他运输活动中赚取了额外的钱，那么这些其他运输活动也可被称为回程运输。

计费代码：一种用于可以使用任何方式来识别外部人员或者企业以及交易的名称。多数沿用由铁路部门使用的3-3-3方法。所有的配送中心都使用ALLPOITRA代码。

提单：托运人和承运人之间为了货物运输签署的合约（合同、契约），是根据重要的法律体系确立的。提单有许多种衍生形式。事实上，在第一个货运公司产生重要的混淆损失之前，多式联运通常不会有纸质提单。纸质的铅封号码是最好的保险声明，虽然不是很理想，但是却是目前最好的办法。详见附录1。

半挂牵引车：没有加载挂车的牵引车或驾驶员的牵引车。

半挂牵引车(含驾驶员)：一种用于描述那些只提供牵引车和驾驶员，但不提供挂车的货运公司的术语。

订舱号：一种轮船（海运）术语，用于多种转运形式当中。表明为了从一个指定地点出发或者到达一个指定运送点而标明的特定运送过程的预定。对于订舱号码的发行者而言，数字和字母的顺序通常具有特殊的含义。

预定：一种被分配给特定的路线、船只以及航运企业的（预定）订单。例如，本次装运已经被货运代理人通过东方海外货柜航运公司（OOCL）所预定。东方海外货柜航运公司已经出具了一个预定号码并且准备按照海运提单的条款完成货物交付。货运代理人将会提供给东方海外货柜航运公司必要的纸质文件。

经纪人(行纪)：是指一类特定的人，或者一种工作的做法。

经纪人——是指那些安排（组织）运输（或其他事物），但没有在卡车、火车以及其业务中所需要的"硬件"当中进行投资的人。托运代理人、国际海运委员会员、汽车承运代理人通常都是"经纪人(Broker)",详见"第三方"。

  行纪——是指经纪人所从事的业务,即安排一次多式联运的运输过程。例如,一个卡车驾驶员可能会代理一段超出自身范围的运输业务,即安排铁路运输将货物送到目的地之后再找到另外一个卡车驾驶员来完成最终的交货。

  货运代理:将其自身限制为"本地运输"的汽车承运人——在本地从事卡车运输——在一个给定的地理区域范围内。

  挂车底盘:挂车的框架和垫板(包括轮子),与一个单层的平板挂车相似。集装箱通常被放置在这个框架上,并且锁定从而进行公路运输。

  驮背运输:将有轮子的挂车或者集装箱放置到铁路平车上,以进行平车载运挂车运输(TOFC)。在现场操作时,这些滚装列车是装载好的,载运单元被放在一系列的平车车厢上面,一旦放置好,它们就会被一个可以调整的备用轮固定在铁路车厢上,这种钩挂可以通过一个螺旋装置来进行调节,使其与挂车的主销(转向销)高度相符。

  平车载运集装箱运输:集装箱在运送时,将其直接放到平车车厢上,但没有底盘或者轮子。通过这种方式使用铁路平车或者海运方式来运送。有时会采取堆放,有时不会。用卡车驾驶员的行话来讲,就是将集装箱移动到任何的地方去,但不使用其所有者的汽车。

  集装箱:一个厢式挂车的箱体零件部分。通常会采取一定的加固措施,能够被起重机吊起,并且在没有底架和轮子(也就是底盘)的情况下被移动。海运集装箱通常会使用一个包括4个字母作为前缀的数字来进行编号,最后一个字母是"U",如 MMLU。

  集装箱堆场:是指船运企业(通常是多个)的那些当前没有被使用的集装箱的收集地点。例如,如果一个集装箱不在其出发港,并且已经被倒空,其所有者则会允许(或者要求)卡车驾驶员将其带到一个特定的城市或地点去。在这个特定的地点和对应的时间内,所有者的代理人会拥有这个集装箱,卡车驾驶员则不需要履行保管和监护的责任。

  空车返回:一个载运单元,有或者没有半挂挂车的牵引,在没有费用或者有偿使用的情况下,以空置的状态被移动。在其港口范围内运送集装箱,以及将空箱返回到这个港口的"港口作业区",被称为空车返回(也为空回头车)。

  装备卸载:将多式联运的设备从长途运输搭载的装备卸载下来(铁路车厢、卡车底盘、船舶等)。

  内陆集装箱:两种定义。

  (1)由船公司拥有(或租用)的集装箱,装载国内货物在北美大陆开展国内货运。通常在海上运输结束后,装载货物进行长途运输。例如,进口到印第安纳波利斯,印第安纳州的空箱在哥伦布重新装载零件,印第安纳州将货物交货给纽约艾斯利普的经销商。

  (2)北美铁路运输网络中使用的集装箱,专门为其在火车上使用而设计。

  驳运人:通用术语,用于区分集疏运多式联运装备和货物的卡车承运人。该词来自铁路行业,历史上使用马车(运货马车)集疏运货物。

  驾驶员滞留:装卸时间超过规定时间导致的驾驶员和卡车牵引车扣留在海关。卡车运输公司应建议作业地点支付该费用,如果没有建议,就要在订单执行前向责任方保证,或者由卡车运输公司承担所涉及的费用。

  甩挂:在相同(或串联)的地点,卡车运输公司卸下集装箱,装载另外的集装箱。

出口：卡车运输公司装上货物并出境。

均一费率(FAK)：不分品种运价。定价术语,忽略商品种类以及假定质量合法。一般来说,FAK 费率基于体积计算,并发展到装卸货物的货箱。例如,从纽约到芝加哥运输 40ft 的集装箱需要 1000 美元,作为统一收费,这就是一个 FAK。价格只考虑了集装箱的长度、宽度和高度,也就是它的尺寸和体积,不考虑运输的货物种类。最早使用是在 20 世纪 50~60 年代。

可调载运单元：允许在铁路公司或卡车运输公司之间运输的挂车或集装箱,不需要强制返还到始发地。这些载运单元装载后交给长途运输承运人,可以运送到运输网络中的任何地点。归还载运单元时,除非生意不好,否则不能将其留在所有者的铁路路线上(为其提供收入)。

平车：由铁路公司或船公司管理的在铁路上运输的多式联运集装箱和挂车。可能是链接在一起的小型车厢,每个车厢都有一个放货的槽,几辆(如 5 辆)车用铰链链接,或确保安全为平车配备 5 个轮子。

免费期：

集装箱堆场、泊位区或港口：如果卡车运输公司或者装备所有者没有在规定时间运输指定装备,堆场运营商将对他们按日收费。一旦"免费期"结束,根据占用的空间来估算租金。由于载运单元挡路或者其他原因,还需要对载运单元另外进行运输。

如果集装箱在卡车承运人手中：集装箱或挂车所有者允许卡车运输公司在一定时间内履行订单。例如,卡车运输公司有 2d 时间卸载挂车,否则使用集装箱的费用将逐天增加,直到归还集装箱。

作业线(区)：铁路术语,实际占有装备的承运人。

工作时间：根据美国交通法规,规定卡车运输公司驾驶员工作的时间,超过该规定时间,驾驶员和调度员可以向美国政府提起诉讼。

进口：在美国、加拿大或墨西哥,由北美多式联运卡车运输公司运输的来自其他国家的货物。

保税：货物进入或途经美国,在美国海关的一个默认地点进行检查,交税后可进入美国境内或者用于再出口。保税卡车运输公司或其他承运人在美国海关(USC)注册,并有相应的保税号。这样做是为了对承运人进行规制。

换装：三种定义。

(1) 挂车(集装箱)换装协议：铁路公司、船公司和装备供应商(提供者)需要多种文件材料,在装备交换到他们上手时用以明确卡车运输公司的责任。同时,从公众责任的角度,为提供者(装备所有者)提供重要保护。

(2) 换装作业：卡车运输公司、所有者或者所有者的代理人接收载运单元的行为,或第二个多式联运承运人从卡车运输公司那里接收载运单元的行为。

(3) 换装交接单：通常被称为 TIR(牵引车交接单),由装备提供者和(作为卡车运输公司代理人的)驾驶员签署。任何载运装备在第一次集货和返还时都要签署。可能取代或遵守挂车(集装箱)换装协议。

多式联运：多种运输方式之间,应用不同的运输方式完成货物或者旅客点对点的运输。例如:公路—铁路—公路联运、公路—水路—铁路—公路联运、公路—航空—公路联运等。

多式联运企业(IMC):(通常)轻资产运输经纪人的现代称呼,也称为托运人代理。这些企业主要从事多式联运业务。它们的优势是在运输市场中为发货人和收货人提供单一费率以完成完整的运输过程。多式联运企业具有丰富的联运知识,他们与各级联运承运人之间签订协议,并按照此协议有计划地完成实际的运输任务。简单举例:将货物从法国巴约讷、美国新泽西运输到洛杉矶,多式联运企业的主要工作有:

(1)安排小型卡车来提取订单要求的货物,并运往铁路站台;
(2)安排铁路承运人将货物运输到洛杉矶;
(3)在运往洛杉矶的途中,跟踪货物运输轨迹;
(4)安排卡车接货;
(5)确认与卡车驾驶员交付货物;
(6)与货运服务需求方结算,并支付各承运公司的费用。

零担货物(LCL):在铁路税费或条文要求下,体积或者质量不足以装满一整车的货物称为零担货物。

不足一卡车:见"公路卡车零担货"。

承租人:与出租人对应。承租人在这里指卡车货运企业,货运企业从他人那里租赁设备,例如,从所有者那里租赁卡车挂车。出租人将卡车出租给承运人。

吊装:将载运单元从底盘、列车车厢、轮船或者其他装载设备上卸下(用起重机)。把载运单元放置于其他位置。也可见"卸载"。

公路卡车零担货:货单上不足一卡车或者装载不足一卡车的任何货物都可称为卡车零担货。

日志:驾驶员在美国和加拿大的每项运输任务中,每天都要完成文档记录。跟踪记录他们的工作时间,以完成美国运输部服务业的工作时长法案。

标识:铁路设备(铁路、集装箱、底盘)的标识用于标记该设备属于哪个特定的铁路公司。标识由注册过的首字母和数字组成,这些字母和数字被分配给不同的铁路公司。

集装箱下带底盘:集装箱装在挂车底盘上移动。同时也可以用于在铁路平车车厢上移动,或者沿公路运输返回到其他运输线路或载运工具上。

装载:是指将多式联运设备装上(或者卸下)底盘、铁路车厢或者轮船。详见"吊装、卸载"。

车头所有者:拥有卡车车头的个人或者企业。一般情况下,多式联运设备所有者和货运企业商议,雇佣驾驶员驾驶卡车进行运输。就像业内的车队所有者和自有经营者一样,不同于驾驶员租赁。使用各种各样的设备以避免驾驶员的赔偿责任,如合伙企业或者部分所有权企业。

自有经营者:驾驶自有卡车的驾驶员。

无纸化放行通知:美国海关业内用语。进入美国境内的货物在保税区内运输,美国海关通过电子债券放行这些运输途中的货物。其间,会提供一个编码,货运企业可以并且应该从货运代理人处得到放行通知的复印件。

逾期费：有两方面含义，均为多式联运实际操作中的用语。一方面，大体的意思是一种费用，这种费用是估计每天的成本中超过免费期和免租期的成本。另一方面，指自身的免费期。

卸货港：在美国或者其他国家将货物集装箱从船上卸下的港口。

交付凭证：显示收货人收到货物的收据。最好是附有铅封号码显示"完整无损"，印有收货人的姓名、单位、地址、件数等信息。

预先通知：简称为客户指令，指导货运企业要去做什么，以及时间、设备、地址等信息。这些通知可以电子邮件、电话、邮件等方式来接收。收到订单以后，货运企业参与到运输过程中，并且商定需要支付的费用。通常建议货运企业对通知进行确认。

铁路：用于装有载运单元的铁路车辆装载和卸载的设施。货运企业根据铁路规则在堆场接载、退回载运单元。多数堆场由铁路管理，还有一些由铁路部门代理业务。堆场的所有权往往不属于港口，而在港口所属城市。

铁路仓储：见"仓储"。

铁路车厢：见"平车"。

集装箱上的固定编号：专业术语。参考凭据中给出了货运企业一些可以确认和支付的订单条款。这些号码可以是一种用于计算全程运输费用的常规方法，或者一种用于确认特殊事件（例如，一个驾驶员的等待超过免费期）所需费用的方法。

公路汽车维修企业：一家在事故发生地点可以进行设备维修的，在美国或其他特定地区都设点的轮胎和维修企业。在卡车维修领域与许多当地企业建立了良好信用，主要业务是卡车维修，并在其他陌生领域开展业务。这些维修业务之所以被认为是合理的，是因为没有与无维修服务的卡车进行成本比较，维修成本往往是难以计价的。

铅封：法律上允许的用以确认挂车或集装箱门不被打开的方法。用钢带或塑料带将门闩锁起来并进行编号。当这个数字同时出现在提单上和送货单上时，卡车驾驶员承担损失责任的机会就会比较小。

托运人：定义了工业仓库等，工作地点是将货物运送到目的地的装载地（航运），或完成运输的卸货地（接收）。

托运代理人：参见"第三方"。

双层集装箱平车：参见"平车"。

待货：调度卡车驾驶员，以等待客户装卸货物。

仓储：铁路和轮船。任一类型的运营商可以将载运单元在集装箱堆场、港口作业区、港口等存放指定天数（或小时）。时间到了之后计算费用，付费后才可以提取货物。

结构（数据库）：计算机储存信息的顺序。想象一堆纸牌，每个纸牌都有它的价值和意义。它们可以移动、留存和改变所有权，同一堆栈中不同颜色的纸牌可能价值不同。白色、蓝色、红色、金色，具有不同且不变的价值。在计算机中输入信息就是对纸牌赋值。

TIR：挂车交接单，也被称为 J1、表×××等。作为卡车承运人的代理人，卡车驾驶员在接收或归还载运单元时需要在上面签字。TIR 是载运单元接收或归还时的合同，需要双方签署。任何形式的注释都很重要，无论如何，负面的注释都需要由调度人员来标注。参见"换装（interchange）"。J2 是一种表示铁路接收时已经破损的 TIR。

第三方：指通过各种运输方式的组合，将货物进行点对点的运输，但并不具备货物所有权。作为物流链中某一方的"代理"，没有向相关运营商支付费用的义务，但他们提供发票。第三方也称为：联运营销公司（IMC）、第三方物流、货运代理、经纪人、非资产运营商。

TOFC：Trailer-On-Flat-Car 的缩写，即**平车载运牵引车运输**。轮式挂车或集装箱被开到或放到有轨车上，并且被改造，以通过挂车的转向销和轮子的浅槽使其固定在有轨车上。通过吊车、侧升降设备或滚装方式装载上车。

挂车：一般而言，多式联运服务中使用的两轴半挂车的技术参数说明是由美国铁路协会出版的。公路货运挂车的主要差异在转向销和平板（plate）、门锁、车头的结构和骨架（Nose structure and frame）上。其编号是 α 前缀的 4 位编码，通常最后一位是"Z"。这个编码表示长度、宽度、单位和美国铁路协会对其的命名。

挂车交接验收单：见"TIR"。

作业地点：托运人或收件人，实际装卸业务的发生地。

Z 式厢卡车：北美多式联运业务中，绝大部分的轮式挂车由特定铁路部门"管辖"。所有载运单元都有数字字母标识，由 3 位或 4 位字母和 6 位数字组成（AAAZNNNNNN），最后一个字母是 Z。"Z 式厢卡车"是铁路管辖的轮式挂车的俗称。这个术语通常用于说明联运过程中挂车的外观（摆动门、4 个锁条）。

附录3 汽车承运人:安全问题服务时长(HOS)

(自2004年1月变化生效,不包含2013~2014年的变化)

诚然,有些设备持有者没有意愿且在实际中也不会维护装备,并且对此丝毫不加掩饰。他们对设备不加以维护产生的后果全然不知。或许是因为缺乏教育或者不够特别明智,他们不能预见潜在的问题,且似乎经常不能理解他们给卡车承运人和客户造成的麻烦。逐渐地这些设备持有者分为两类:

(1)长期积累的经验使其了解到维护的必要性,逐渐做到与其他人一样好。这种方式虽会付出一些成本,但也是存在的。

(2)由于缺乏维护牵引车被毁坏,他们受雇于他人成为驾驶员,或者离开此行业。

承运人的管理层能够并需要在牵引车动力产生问题前规避这种可能性。在经验丰富的承运人管理者眼里,登记时设备的问题很容易觉察。对于卡车承运人有效的办法是在卡车登记时进行检查。检查所需的清单很多(如ATA、Keller等),能够辅助检查者进行设备状况检查。新登记的卡车应该拥有30d以内的联邦检查(FHWA),此项检查应该由承运人或一个已知的汽车维护厂完成。

租赁牵引车后,要经常进行常规的、有规律的机械检查。卡车驾驶员每月或者每季度的填写的表格,无任何支撑文件的做法远远不够。此项联邦政府规定不仅要严格执行,还要根据法律实施。这是一项至关重要的管理难题。

如果检查由调度人员支持并制度化以后,开展周期性的检查将不会花费太多时间。设备持有者若知道此项规定会被执行,他们将不得不定期维修设备。此外,懂得相关技术的承运人职员在集装箱堆场或集装箱码头若能进行随意的检查,也会使卡车驾驶员兼持有者对此问题进行重视。

总体而言,驳运卡车承运人不拥有集装箱、底盘和拖车的所有权。运输中大部分装备是长途运输承运人(铁路公司、船运公司、整车运输承运人等)的财产。他们的业务发展趋势要求能够提供货箱(挂车、集装箱等)以满足货物多式联运的需要。大部分情况下,长途运输公司只是这些装备名义上的拥有者,而事实上这些设备是从他处租赁而来。更多信息请参见"装备"一章。

对长途运输承运人而言,集装箱和挂车的持有业务是他们不太乐意接收的业务。他们更倾向于定位为如铁路公司和船运公司那样的货物运输人。这种意识经常导致内部管理散乱,进而导致忽略装备维护。

长久以来,驳运卡车承运人须在卡车修理好之后告知相关方。卡车驾驶员要注意换装收据上标明的卡车故障,同时卡车持有人有责任保证故障已经进行修理。为保证过程中没有造假行为,从以前直到现在都有复杂的协议。鉴于此项业务的复杂性、工作中相关人员巨大的压力以及管理的缺失,几乎没有任何可能性可以保证卡车进行了及时维修和维护。事实也确实如此。

其导致的结果是驳运卡车承运人分派到的装备质量有好有坏,经常是很差的质量。

多式联运汽车承运人行业各自为政、缺乏组织,导致在面对上述问题时没有影响力与装备持有人或提供商交涉。他们也没有兴趣将这种反复出现的问题上报,请求遥远的装备持有人总部或者分公司解决。由于害怕当地堆场人员的报复,卡车承运人只能尽量使问题本地化解决。这种惧怕不仅不能解决问题,只会使这种现象更加糟糕。

卡车驾驶员作为汽车承运人的代理,在强有力的准则和公司的保证下,是有能力进行装备检查的。如果装备不能适应运输,而承运人惧怕向堆场抗议,驾驶员有可能不会坚持要求更换设备。

若承运人对卡车驾驶员缺乏支持或保护准则,驾驶员就会想办法尽快驶出堆场或者码头。他们此时在乎的是是否可以准确送达,而非装备是否状况良好、便于运输。装备自身所存在的问题会被忽略,在签署的换装协议上也不会指出已有的损坏。如果装备出现任何问题的话,此时承运人就需要负责了。

检查表能够很好地量化装备状况。除了美国联邦公路局的校验标识以外,还有一些项目可用来检查挂车(或底盘)的安全情况。这些项目即使在最差的天气环境下,其大部分也可以在白天或者晚上进行检查。

轮胎——胎面花纹的深度、切口、剥皮翻新、胎压不足而造成的颠簸。

轮子——压痕及螺母的磨损。

灯光和信号——是否能够使用、线路问题。

气压——漏气、平衡性检查。

制动系统——制动片、制动踏板的参数。

醒目措施——反光胶带的应用。

手推车的腿——是否带上防磨垫,腿和支架是否坚固。

车架条件——在关键点上的腐蚀或开裂,ICC 缓冲器、保险杠。

卡车运输业务管理和监管人员能够决定什么样的装备维护状况是可以接收的,他们可以确定装备是否安全。对此否认则意味着他们控制不了其业务运作,在出现问题时意味着在法律上承认失责。任何规模的运输公司都无暇坚称是卡车驾驶员被分配了有问题的装备,且没有任何人可以负担此风险。如果驾驶员的经理能够维护卡车驾驶员的利益并据理力争,几乎在所有情况下,装备的提供商(铁路集装箱堆场、港口或者集装箱堆场)都会进行维修。这种提议的致命点就是时间压力。

坚持使用陆路行驶的装备会导致商业和市场危机,坚持使用安全装备对卡车运输公司业务也有不利的影响,个体承运人保护和坚持他的权利也会出现麻烦。装备所有者、铁路、班线的供应者会对客户抱怨卡车运输公司不合作,装备供应商(场站的运营者)也可能会反复骚扰卡车驾驶员,但是如果卡车运输公司对驾驶装备的来源不在意,提供者对装备的条件也不在意,就会出现严重的问题。

至少在货箱单元涉及的公众安全方面,底盘车的换装问题要比集装箱多,但在驳船、平车和其他的开顶集装箱上并不是这样。考虑到车龄和维修的历史,**老旧装备**显然存在更大的风险。

集装箱需要在空载的情况下进行检查,如果在夜晚进行换装作业,则应该有充足的光照。如果卡车驾驶员在装载货物时不进行仔细检查,就是将卡车置于危险当中。卡车驾驶员需要检查集装箱的密封性,确保接缝处和凸角处不能透光;地板若是不安全会比较明显,而不易发现的车身地板问题,只要弯腰检查就能解决,外部的或者旧的切口或擦伤也应该写在换装单上。

换装单上的任何一个标注都可能会让卡车驾驶员与装备供给方发生争吵,正在作业的卡车驾驶员会选择忽视问题而不是和那些每天见面的人吵架,这是个难以克服但不能忽视的现实。如果卡车驾驶员遵守安全条例,装备供给方就可能会差别对待卡车驾驶员和装备,如果卡车驾驶员没有遵守安全条例,就需要自己承担安全责任。除非卡车运输公司要求场站配备安全的装备来保护他们的驾驶员,否则驾驶员们不会认为他们得到了保护。

为了营造一个鼓励卡车驾驶员正确工作的氛围,应该匹配进和出的换装问题,尤其是在入闸换装存在异常的地方。以下的方法是经济有效的:

(1)收集入闸(返回)换装单的副本,上面有集装箱在运到下一个承运人或空载返回所有者时出现的异常(以及在集载货物时没有加封条的数量),这些将是卡车运输公司的潜在问题。

(2)**集货换装后需要对集装箱再次检查**。

(3)再次进行认真的检查,并由专业人员查找差别,如果两个单据之间存在任何差异,就没有必要再浪费时间了。

(4)对卡车驾驶员的工作有不利影响的换装问题才是真正意义上的差错。通过讨论和书信告知卡车驾驶员在工作上的疏忽,避免以后出错。

(5)没有进行换装的站点,给出了有问题标注的换装单,通过换装单就可以清楚地知道这些责任应该由谁来承担了。

(美国)强制执行委员会发布的安全引文中,关于车灯和轮胎的规定对运输安全的影响最大(制动都略居其次)。收货时卡车驾驶员很讨厌这两项检查,因此他们会尽可能避免这两项检查。另外,装备提供者几乎不会在换装单上指明轮胎不好或灯光不足,一些人会利用他们代理的铁路或船运公司的缺席,故意派出有问题的装备,轮胎就是最常见的例子。

在检查时找到问题,驾驶员和调度员应该按照如下规定去做:

(1)在集装箱签收之前进行修正。

(2)卡车驾驶员应尽可能地全面检查轮胎,当轮胎扁平或低气压时,更倾向于打气而不是维修或替换。

(3)调度员应该坚持整改,避免为难卡车驾驶员。

(4)在运输日志或是这趟运送的调度单上,应该标注上驾驶员给调度员的检查报告。因为在出发地刚修理的轮胎走了5mile之后就漏气的情况时有发生。

检查之后出现问题:

(1)一旦检查集装箱后,交通或检查的违规都是卡车驾驶员的责任。

(2)在运输途中,卡车驾驶员负责检查铁路平车的轮胎和他们的载运单元,维修和更换铁路平车的成本由卡车运输公司承担,罚款由驾驶员承担。装备条件不好或从场站分配时受到敌对,都会激励卡车驾驶员进行正确的检查。

(3) 对出现的问题进行讨论之后,发给卡车驾驶员一封信,将会减少未来事故的发生。

应重视服务时间规则。多式联运卡车承运人的问题在于:是否在周末工作、在本地工作还是在外地工作。服务时间的具体规定中没有提及细节。此处主要是对业务操作的服务时间进行说明,2004 年 1 月 4 日对美国联邦服务时间进行修订后,周工作时间还是 60h 和 70h。因此,对一周工作为 60h 和 70h 的模式讨论如下。

2004 年 1 月以后,具体时间为开车时间 11h,可以值班 3h 和休息 10h(而直到 2003 年这个时间都是开车时间为 10h,值班 5h,休息 8h)。驾驶时间不能休息,可以额外申请两个小时以上的卧铺时间,但这个时间必须在上班时间中扣除掉。任务完成后,驾驶员可以申请下班,34h 后工作周将重新开始。下班的意思就是驾驶员在这个时间不做任何工作。

2004 年规则中非常重要的一点是对 100mile 日志的免除进行了保留,这会强制卡车公司让驾驶员保持更好的记录,这也正是这个日志免除的意义所在。时间卡可以用来检验这 100mile 中异常情况。以后路程中不允许安排休息时间,这可能会限制这种记录免除许可的实际使用。驾驶员应全天执行日志,运送货物,进出 100mile 区域,或者应该百分之百地在 100mile 的区域内活动。

对驾驶员进行日志补充的教育是必要的。由于工作时间是公司非常重要的财产,所以日志伪造问题就显得非常严重。2004 年规则的实施,使驾驶员只能将睡眠时间打入工作时间。在牵引车上的睡眠时间只能在下一个工作周期补回。早、午、晚餐以及停泊时间,还有在铁路集装箱堆场和泊位区花费的时间,都将折算成工作时间。

承运人需要确定或制订在铁路集装箱堆场、泊位区、港口等(驾驶,非驾驶)记录时间的方法,并确保该方法得到执行。调度员需要知道进出集装箱堆场、泊位区和港口所需的时间。在当地运输中没有收益的地方浪费了哪些时间?他们是否耗尽了工作时间?必须将能够带来收益的每一分钟都挤出来。

城市调车控制盘的存在使得卡车运营商更有效率。从原理上来讲,这个工作与把院子里的铁路车厢或集装箱码头上的卡车移走是一个道理。城市调车控制在港口的集装箱码头、集装箱场站或泊位区内完成。这种支持业务可以使驾驶员在 2004 年规则下能够保证生产率和收入,并且可以使承运人维持其业务量。

区域多式联运承运人:									
时间	周日	周一	周二	周三	周四	周五	周六	周日	周一
开始	1500	700	700	700	700	700	700	700	700
工作小时数(h)	8	14	14	14	14	6		6	14
完成英里数	2300	2100	2100	2100	2100	1300	700	2100	2100
运行英里数	120	360	360	360	360	40	0	40	360
休息(h)	10	10	10	10	10	34	23	10	10
第二天开始处	900	700	700	700	700	0	600	700	700
累积小时(h)	8	22	36	50	64	70		6	20

美国陆路多式联运操作实务

续上表

时间	周日	周一	周二	周三	周四	周五	周六	周日	周一
投入									
周日开始	1500								
周日工作小时数(h)	8								
周工作小时数(h)	70								
开始时间	700								
工作小时数(h)	14								
每小时英里数	40								
上班 ND	5								
休息时间(h)	10								

设计这个表格的目的是模拟2004年法规对区域承运人带来的影响。如果一辆卡车在周日开始工作，工作8h。星期一早上7时再开始工作，每天工作14h。然后，一周内剩余的几天，每天早上7时开始，工作14h。驾驶员每天至少花5个小时在运输场站，吃、加油和同客户联系，周五就可以完成任务，一周驾驶1600mile。

直到周六，驾驶员平均每天工作12h，里程保持在1600mile。区域多式联运工作应该以70h一周来计算，如果调度需要，驾驶员在周日也要进行运输，或者星期日开始运输的第一程，这很常见。如果不得不进入一周60h的模式，就像上面例子中的一样，驾驶员就要一天工作12h，行驶1240mile，星期五要跑4h。

区域多式联运中，很少有人每周能行驶1200~1600mile。与本地运输不同，区域多式联运中三分之一到一半的里程都会空车回程。经验表明，知道如何重新记录时间可能是卡车车主生存的关键。

在驾驶和吃东西时不能手写记录，因此需要读相应的规定，而"读"在区域运输中就是一个问题。这种情况造成的后果有一个典型例子就是货物转运。托运人将货物转运给卡车承运人，而不是支付溢价费用给更关心回程货箱的多式联运承运人，这种现象并不少见。

美国国内（长途）运输驾驶员需要有70h的记录。承运人需要找到在周末对驾驶员进行定位的有效方法，并且在他们上班时间中找到可能的空闲时间进行运输。驾驶员完成运输任务时，承运人需要尽量保证驾驶员的位置在家周边，或者保证驾驶员是在一个"文明的地区"下班。

否则会滋生日志造假，并使驾驶员暴露于毒品的危害之中。如果承运人对此（驾驶员在哪里消磨时间）并不关注，就会导致前面的问题出现。

本地运输业务中的驾驶员周末不一定工作。他们一般适用于60h模式（星期一至星期五）的工作日志。如果他们工作的海港或场站所在的城市，没有铁路公司或轮船公司在周末（或节假日）提供货运或者允许回程或集货，就没有必要周末工作。同样，如果没有工作，也就没有必要叫他们在岗，即如果收货人和托运人没有安排发货或收货，那么就没有必要安排人工作。周末工作确实存在，这种情况就适用于周工作70h的日志模式。

提前思考。每周工作的60h，不能把时间打散，否则的话会使工作周的工作时间减少。

附录3 汽车承运人：安全问题服务时长（HOS）

早上6时开始，工作12h，5d就是60h。如果在星期日提前工作6个小时，周一早上6时开始工作，一天工作12个小时，那么到周五中午就可以完成工作，详见下表。

时间	本地业务（从周一到周五上班）						
	60h 日志						
	周日	周一	周二	周三	周四	周五	周六
开始	1000	700	700	700	700	700	0
工作小时数（h）	6	12	12	12	12	6	0
完成英里数	1600	1900	1900	1900	1900	1300	0
休息（h）	10	10	10	10	10	11	23
第二天开始处	200	500	500	500	500	0	0
累积小时（h）	6	18	30	42	54	60	0
投入							
周日开始	1500						
周一到周五开始时间	700						
周日工作小时数（h）	6						
休息时间（h）	10						
60/70 小时制	60						

有一些明显的解决办法可以避免造成不便，例如，卡车承运人的行驶需要直接从集装箱堆场到客户等。

除了调车控制盘，货运场站常常尽可能少地配备其服务。2003年规则中，卡车承运人是面向货运场站的，这在2004年的规则中会做以必要修改。更多的管理人员参与，可以确保维修服务和文书工作完成，以及提高驾驶员的忠诚度。

本地运输中卡车承运人的调度技术和固有的谨慎操作是确保业务的源泉。2004年规定的60h，限制了他们的能力。对不完整的设备的处理，是对本地卡车承运人的一个限制。出于对生产效率的追求，调度可能会要求进行双重运输或者使用调车控制盘。

2004年规则中的"中间不断"要求带来的限制，可能使承运人更倾向于选择70h模式，也就是开始或结束工作都在周末。在星期天工作6h、在下午7~9时收工的卡车，可以在第二天最早的时间上班，如果一周内接下来每一天驾驶员的平均工作时间为12个小时，那么等到周五下午的5~7时，这个驾驶员就会有66个小时的记录了。显然三个12h，加上两个14h等于70h。

一天工作14个小时，同时周日开始工作，具体记录见下表。

周日开始	2003年规则下周日开始的一周的工作记录								
	周日	周一	周二	周三	周四	周五	周六	周日	备注
计划开始	800	800	800	800	800	休息	休息	800	
计划工作小时数（h）	14	14	14	14	14	0	休息	6	驾驶员在当天的计划工作小时数
完成英里数	2200	2200	2200	2200	2200	休息	—	0	

续上表

周日开始	周日	周一	周二	周三	周四	周五	周六	周日	备注
休息小时数(h)		10	10	10	10	10	34	10	10	驾驶员的休息时间
下一个工作周期									
可以开始处		800	800	800	800	800	不用记录	-1400	-600	当驾驶员在上一工作周期中剩下的时间完全结束时
累积小时(h)		14	28	42	56	70	70	休息		该工作周期中的累计工作时间
周日开始	800								
周日工作小时数(h)	14								
周一到周日每天的开始时间	700								
周一到周日每天的工作小时数(h)	14								
休息时间(h)	10								
记录日志小时数(h)	70	8							

使用2004年规则中的"在确认休息34h后重新设置'工作时间'"的规则,驾驶员就可以这样做:确认下班,然后在这一周中间休息34h仍然可以记录70h[8d的周期结束时确认(并且实际上就是)下班],这个做法适用于要求一个工作周期工作70h的情况。

举个例子,集装箱周末从密歇根州的底特律出发,以能够赶上芝加哥周六的火车。这样的话卡车就可以在周六带回周一需要装的货。下表例子中,驾驶员在周二休息,然后周四上班。有关这部分的分析在表格下方,可以根据不同的情况对表格进行修改。

周三休息									
	周日	周一	周二	周三	周四	周五	周六	周日	备注
计划开始	1100	700	700	0	700	700	700	1100	
计划工作小时数(h)	10	12	12	0	12	12	12	10	驾驶员在当天的计划工作小时数
完成英里数	2100	1900	1900	0	1900	1900	1900	2100	
休息小时数(h)	10	10	5	24	10	10	10	10	驾驶员的休息时间
开始处	700	500	休息	500	500	500	500	700	当驾驶员在上一工作周期中剩下的时间完全结束时
累积小时(h)	10	22	34	休息	12	24	36	36	该工作周期中的累计工作时间
投入									
周日开始	1100								
周日工作小时数(h)	10								

附录3　汽车承运人：安全问题服务时长(HOS)

续上表

	周日	周一	周二	周三	周四	周五	周六	周日	备注
周一到周日每天的开始时间	700								
周一到周日每天的工作小时数(h)	12								
休息时间(h)	10								

不解决卡车可用性降低的问题，就有可能造成多式联运服务的失灵，(在2003年规则下)进而为完善多式联运服务所做额外和逾期费支出都会使卡车运营成本增加。对于工作周期为60(70)小时制的驾驶员来讲，一个"工作周"结束时，他可能无法空车返回并且接收下一个工作周期(如"星期一")中首次运输的载运单元。为了能够在周一开始运输，很有可能需要减少待运输的载运单元，以使其他驾驶员可以在其工作周期中完成运输，或者该载运单元原地等待原驾驶员将其运回。驾驶员在完成任务下班之前就应该考虑下周一的工作如何开展。未能按时运送的载运单元会有逾期费产生，这个逾期费会从承运人的净卡车收入中扣除掉。

在2004年相应规则的制定范本中，好像并没有很重视装备平衡问题。降低驾驶员生产力所涉及的费用可能无法量化，也可能无法理解。成本上升无疑会导致双重运输、产生逾期费等。日常运营的实际情况将会对成本和服务产生负面影响。受限于2004年规则对承运人和驾驶员工作时间的修订，装备移动将会使得收费增加或者使利润受到影响。

自有车辆驾驶员，或者根据工作时间来获取报酬的驾驶员，不管运程多长，往往都会忽视周末。为了赚钱，如果需要，驾驶员会在周末工作，这时他们一般需要干净的衣服，以及需要对工作起点(集装箱堆场)和周一工作地点进行适当的安排，家庭地点需要在工作起点和星期一工作地点之间。

如果周末没有地方处置集装箱或者底盘，运输工作地点的场站对这些载运单元是开放的，因此周末回家对驾驶员来说是最好的选择。在他们看来他们是被工作所困而不能回家。所以，根据2004年规则，这种情况有可能也被算作是工作时间。卧铺是为疲劳的驾驶员提供休息的地方，需要"计算两次睡眠之间的行驶时间，从11h中减去两次睡眠的时间，剩下的是行驶时间"。对货物的运送看起来对货物的增值没有任何意义，而多式联运业务比标准厢式卡车运输的上下搬运要多，因此可能会造成比较大的损坏。

如上所述，合格的调度员可以按照"服务条例"规定对周末返程的工作和"周一"的工作进行合适的调控，这是不同承运人服务差异的关键，也是决定承运人成功与否的关键。

对装备的换装进行严格控制，能够满足客户需求和降低逾期成本，因此调度的目标应该是对设备换装进行严格控制。如果驾驶员一个工作周结束后剩余的货物能够等到下一个工作周开始或者更晚，这时驾驶员回程进行处理，才不会产生逾期费。如果驾驶员不能回程处理，那么其他卡车完成后续工作的成本将由该驾驶员承担。逾期费和设备控制是生存的关键。

补充结束

不包含2013～2014年的修订

索 引

20ft 集装箱 ………………………… 101
40ft 集装箱 ………………………… 102

A

安全问题 …………………………… 21
安全 ………………………………… 132

B

报价方法 …………………………… 36
北柏林顿铁路公司计算机支持 …… 78

C

操作 ………………………………… 17
操作功能 …………………………… 20
船运公司(作为提供商) …………… 149
船运集装箱 ………………………… 71
船运装备(定位) …………………… 120
出版物与网站 ……………………… 46
程序概念 …………………………… 49
出版物 ……………………………… 41
存放区与集装箱 …………………… 88
承运人关系 ………………………… 144
传真 ………………………………… 111
出口 ………………………………… 141

D

点到点报价 ………………………… 37
底盘泊位 …………………………… 109
底盘(有效性) ……………………… 96
底盘和转向架 ……………………… 106
底盘轴配置 ………………………… 106
底盘例外情况 ……………………… 107

底盘许可 …………………………… 110
调度和进入订单 …………………… 20
毒品管理 …………………………… 31
对卡车功率的政府管制 …………… 132
道路配置 …………………………… 134
第三方 ……………………………… 156
代理人与经纪人 …………………… 9
电子数据交换 ……………………… 112
定价方法 …………………………… 34
多式联运中的装备使用 …………… 123

F

非所有权装备 ……………………… 161
服务时间 …………………………… 30

G

过剩设备平衡 ……………………… 160
国外货运代理 ……………………… 149
国家管制 …………………………… 137
港口区和自由贸易区 ……………… 136
港口 ………………………………… 94
挂车和集装箱的所有权 …………… 72
管理愿景 …………………………… 50
港口的历史背景 …………………… 94

H

换装时装备使用的限制条件 ……… 87
货物批量的改变 …………………… 85,98
货运场站安全风险 ………………… 26
回程费率报价 ……………………… 38
货运信息平台 ……………………… 157
海关相关说明 ……………………… 142

索　引

换装协议 ……………………………	59
换装协议的框架和内容 ………………	60
换装过程的查验 ………………………	63
换装保险要求 …………………………	87
换装和协议 ……………………………	83
混合底盘 ………………………………	107
换装的轮胎部分 ………………………	85
海关铅封 ………………………………	136

J

计算机的维护 …………………………	49
进口 ……………………………………	143
均一费率 ………………………………	38
经纪人 …………………………………	138
计算机使用 ……………………………	20
计算机和自动化 ………………………	47
计算机相关 ……………………………	49
集装箱场站的计算机支持 ……………	77

K

卡车运输公司的货运代理 ……………	153
卡车停车场潜在问题 …………………	24
卡车运输与多式联运 …………………	1
卡车运输公司（业务提供商）………	152
卡车港口作业 …………………………	96
恐怖袭击风险 …………………………	23
卡车运输公司的短驳费用 ……………	152
卡车驾驶员注意事项 …………………	50
卡车驾驶员 ……………………………	83
卡车承运人卡车停靠地点选择	
注意事项 …………………………	24
卡车与挂车上的计算机 ………………	49
卡车承运人支付相关的脆弱性 ………	148
卡车承运人的脆弱性 …………	148,150
卡车承运人的脆弱性（轮船）………	99

L

揽货人 …………………………………	139

冷藏集装箱 ……………………………	108
流向不均衡 ……………………………	89
联邦管制 ………………………………	135
里程定价法 ……………………………	35
联程运输 ………………………………	11
轮船装备 ………………………………	102

M

贸易路线和装备存放区 ………………	92

N

NetRedi 电脑系统 ……………………	80
NS 电脑系统 …………………………	79
内陆运输 ………………………………	81

P

评估人员及专项经费 …………………	38
评估人员费用 …………………………	66

Q

国内运输 ………………………………	8
区域运输 ………………………………	4
签约 ……………………………………	53
清关和保税 ……………………………	135
清关 ……………………………………	97,135

R

弱势地位 ………………………………	14
人工运营系统 …………………………	18
容量和质量 ……………………………	97

S

实时共享与自动化 ……………………	158
市场 ……………………………………	2
锁定装备 ………………………………	102
设备的维护 ……………………………	20
双底盘 …………………………………	107
私人标识 ………………………………	116

索赔责任、卡车承运人脆弱性…… 148,150

T

铁路管理装备之轮胎………………… 77
铁路车厢……………………………… 128
铁路管理装备………………………… 120
铁路与多式联运货运场站…………… 63
铁路公司的前景……………………… 163
铁路运输与多式联运………………… 57
铁路公司（作为提供商）…………… 145
铁路车厢的装卸……………………… 116
托运代理人…………………………… 139
统一多式联运换装协会……………… 40
统一多式联运换装…………………… 83
铁路设备的利基（缝隙市场）供应商
…………………………………………… 71
铁路车厢类型和所有权……………… 73
特殊化装备…………………………… 162
特殊底盘……………………………… 108
托运代理人的责任…………………… 163
铁路介绍……………………………… 57

W

网站…………………………………… 113
无集装箱堆场时卡车司机的脆弱性… 24
物流业务……………………………… 155
物流供应商…………………………… 145
无所有权装备的控制权……………… 161
网络经纪人…………………………… 157
网址…………………………………… 46
危险品监管…………………………… 33

X

协会…………………………………… 40
信息获取渠道………………………… 37
小时费率和短程运输费率…………… 37
县市和区的费率……………………… 36

Y

运输公司……………………………… 155
运次租赁出租人……………………… 153
邮政编码报价法……………………… 36
优点与缺点（货运代理人）………… 150
优点与缺点（铁路公司）…………… 147
运输方式间的公用装备……………… 109
员工稳定……………………………… 56

Z

专业认证……………………………… 130
装备配置……………………………… 121
质量限制……………………………… 132
载货单元的质量……………………… 68
专项仲裁费…………………………… 39
追踪…………………………………… 21
周转量定价…………………………… 37
装备识别……………………………… 123
装备说明……………………………… 123
装备缺少维修………………………… 67
政府种类……………………………… 130
专门费用之日租金与滞留费………… 39
专门的费用之堆存费………………… 39
自动化………………………………… 111
装备…………………………………… 73
装备种类……………………………… 116
装备控制权…………………………… 20
装备移动（定位）…………………… 118
装备泊位区和市场状况……………… 91
装备泊位区客户……………………… 89
装备泊位区操作……………………… 92
装备规格……………………… 70,116,123
装备使用……………………………… 85
招聘…………………………………… 51
租赁合同……………………………… 153
租赁装备定位………………………… 122
租赁公司………………………… 110,115

装备所有权 …………………………… 159
装备的市场缺陷 ……………………… 160

附 件

铅封保护的价值 ……………………… 164

词汇表 ………………………………… 166
作者介绍 ……………………………… 184
服务时长补充材料(2004年1月)…… 172

作者介绍

本书由 Malcolm Newbourne 著。Malcolm Newbourne 生于1930年,于第二次世界大战末期服过短期兵役。退役后,在做酒店服务生的同时,坚持完成中学学业以及雪城大学的学习(在《退伍军人权利法案》的资助下)。1950年,Newbourne 以优异的成绩毕业于雪城大学商学院运输专业,此后一直从事运输工作。

毕业后 Newbourne 供职于纽约州肯地哥亚市的 Lisk Savory 公司,此公司旨在制作、整合各地的清单,并通过使用快速通道和零担货物配送的形式在全美范围内运输货物。基于此工作经历,Newbourne 完成了《发货人货物拼箱指南》一书,并由交通世界出版社出版。以上经验使 Newbourne 能够娴熟地将课本知识和实践经验应用于运输行业。

20世纪50年代,Newbourne 供职于宾夕法尼亚州斯克兰顿市的罗杰斯卡车运输公司,此时35ft 的挂车正替代30ft 的挂车,柴油机(含空气起动器)正代替汽油机。罗杰斯卡车运输公司富有先见之明,替换了牵引车和挂车。作为公司的助理运营经理,Newbourne 熟知了在两轮手推车的场站中使用四轮车移动货物的贸易。此后,他为监督码头的操作人员讲授新的方法,帮助系统和装备提高成本效率。

此后,Newbourne 携带这些操作技能,作为区域主管加入巴尔的摩市的普莱斯顿卡车运输公司,在提高码头生产率和华盛顿、东岸地区及巴尔的摩场站网络的团队合作方面卓有成效。此时,普莱斯顿卡车运输公司拥有常规的75%的业务饱和度和更大的自豪感。

1960年,康宁·格拉斯要求他协助宾夕法尼亚州格林卡斯尔创立一个独特的理念,称为拼装和配送设施。康宁使用计算机来完成他的工作,这在20世纪60年代是订单录入和数据收集的创新之举。

Newbourne 和康宁的数据处理经理开发了一个系统,允许测量运输过程中依赖货物成本和时间的产品或产品线的利润率。这项工作通过使用卡片打孔系统完成。此工作的成功,开发了可以5d到达西部海岸的大宗货物运输,中西部的驮背运输,美国邮政管理局集中托运和格林卡斯尔的其他运输创新,这些促使 Newbourne 升职为康宁总部的交通服务部经理。任职交通服务部经理期间,Newbourne 设计了康宁加拿大配送操作的结构。

之后作者在西马里兰铁路公司担任市场部经理,积累了在以下几个方面的经验:

(1)驮背运输的发展;
(2)20世纪60年代在双层列车车厢上的远洋集装箱;
(3)加宽双层车厢;
(4)高箱木屑运输车;
(5)电子数据处理。

1967年,PPG 工业集团需要一位运输规划总监,Newbourne 成功应聘此职位。通用电气公司刚刚引进了计算机实时共享,他对此工具很感兴趣。借助计算机的运算能力和速度来模拟列车车厢运输、场站定位经济性等的能力正如黑夜里的一丝希望之光。使用120位波特电传完成场站工作并且不会形成遏制作用。

（1）铁路车厢的购买可以根据不同运输和收益计算投资回报率。

（2）可以根据原材料来源引起的不同价值和不同具体地理位置的配送来规划场站地点。

（3）油漆部门配送格局能被模仿，配送中心地点能够确定。

（4）私人卡车运输的利益能被预测。

在此期间，完成了关于工厂选址和拼箱指南的著作。

Newbourne于1972年经人推荐成为美国总务管理局高级交通经理，即运输部助理部长。在任期期间，取得的成就包括成立装备与配送中心、货物分类价值研究、开始重建总务管理局交通机构以此来满足委托的目标。抛开政治因素，后者是失败之举。

之后，Newbourne购买了位于纽约长岛、经营惨淡的哈密尔顿卡车运输公司。此联运承运人在大规模货物发货场站卸下货物，将之装载在挂车上。运输预先分为路线卡车，其货物派送给长途联运卡车运输公司。盈利的关键在于评估每位发货人的贡献，而那些未能向散装运输提供充分利润空间的发货人则会找到其他承运人。

合约结束后，处理卡车承运人联盟行动不是很令人舒心，但很有教育意义、实际中颇有成效。开拓市场使芝加哥的联运承运人负责驮背运输零担货物，运输至该城市目的地，然后至西部，此做法在全美15年间没有人复制过。不幸的是，此业务未能快速增长。1974年的石油危机及其导致的经济萧条使其现金枯竭，在未蒙受破产的污名下，公司被关闭。

Bangor Punta提供了大约一年的咨询工作。他们积极联络不同的公司和货运部门。与此同时，交通世界出版社出版了Newbourne关于实时共享计算机的书籍，同时发表了全新微型计算机（今天的个人计算机）补充读物。

1976年，底特律的Toledo and Ironton铁路公司选择重新建立发往南方的驮背运输。其使用从ConRail铁路公司谈判中得到的轨道使用权。之前的驮背运输尝试遭受失败。在那个时期国家铁路公司环境下，很多铁路部门高级经理拒绝将45ft挂车作为发货人标准。实时共享和早期的Altair个人计算机程序与分析用来计算盈利能力。Newbourne成为美国铁路协会多式联运装备委员会委员。

在加拿大国家铁路公司（西部大干线铁路分公司）打败Chessie以及诺福克南方铁路公司，成功并购底特律托莱多和艾恩顿铁路公司之后，Newbourne成为该公司规划部总监。

之后，作者在一家大型联合公司，B&W运输公司任职大概一年，期间负责设立多式联运卡车运输部门。在1982年，他离开B&W运输公司自主创业，担任新成立的切西快速卡车运输公司的代理人。

由一位富有远见和干劲的切西铁路公司管理人员倡导，切西快速卡车运输公司开始早期的探索，从事门到门（卡车–铁路–卡车）的多式联运运输。业务的学习空间很大。Newbourne负责CMX底特律地区的作业，突破了铁路场站的限制、使铁路公司人员和拥堵不再有利害关系。Newbourne在两次罢工中幸存下来，并经历了三个驮背运输场站的建立和关闭。

与CMX总部合作建立客户质量、作业纪律、安全验收、销售支持、计费方法、装备维护及其他方面的成功的公司结构需要花费很多时间。Newbourne无偿地与CMX管理层合作，设计 CMX 在全国早期的销售计划。他拼尽全力,确保这期间最初的作业和其货运的贡献取得成功。

支持 Newbourne 货运作业的俄亥俄州的 Toledo 和切西铁路公司驮背运输场站最终关闭了。他成立的用来服务 CMX 作业的 CARGO TRANSPORT CORP 由 CMX 在新的干线道路上提供了业务。

Newbourne 试图维持核心业务,并在 CMX 的支持下取得了成功。Newbourne 的公司,现名为 All Points Transport,在其较窄的业务范围下相对经营得比较成功。其成长为盈利三百万美元的多式联运驳运承运人和盈利一百万美元的货运代理人,并在 1999 年营利性出售给了 Evans 公司。